刑務所に回復共同体をつくる

毛利真弓

青土社

刑務所に回復共同体をつくる❖目次

第Ⅱ部　回復共同体をともにつくる

刑務所に回復共同体をつくる

序章　アミティの門を叩く——変化への入口

「あなたについて教えてください」と聞かれても絶対最後まで話さないような、そんな記憶や体験について語ってもらう場をつくることが、私の仕事だった。
言葉にするのは簡単だが、心のうちのうちにあるものを語ること、これほど難しいものはない。

誰かが自分自身の経験を話している。さまざまな記憶がよみがえり、そのときの感情の蓋が開きそうになってソワソワし、呼吸が浅くなり胸がギュッと苦しくなる。普段そうしているように、心の蓋を閉めて当たり障りなく乗り切れないだろうか。いや、ほかの人も話しているんだから、自分も誠実に話したほうがいいんだろう。何を話そうか。あのことかな。考えているうちに涙が出そうになる。ああ、動揺しちゃうから無理だ。恥ずかしいことにはなりたくない。じゃあ何を話せる？　ああ、この人と似たような体験あったなあ……しんどかったなあ。感情に体が反応して手がじんじんとしびれてくる。へえ、あの人もこんなつらさを抱えてたんだなあ。まずい、聞き入って共感してしまった。自分の順番がもうすぐだ。どうしようどうしよう……。

非行少年の心身の査定や非行の分析を行う法務省の少年鑑別所という施設で、心理系専門職の公務員として勤務し数年が経っていたころである。ともに暮らし、グループでさまざまなことを話し合いながら薬物依存やその他の問題から回復する「アミティ」というアメリカの施設があると聞き、人の通訳で勉強できるならラッキー、くらいの気持ちで、何人かの日本人とともにその施設を訪れた。ここに書いたのは、グループの見学や研修講義の間を縫って行われた、アミティのメンバーと日本人が交互に自分について語るウェルカムセレモニーでの私の心の声である。

今思うと、安全感を確保し、自己開示を促す構造が絶妙に作られていた。緑の多い心地よい広場で自由に座り、日本から来た専門職と当事者であるアミティのメンバーがその役割やレッテルを取っ払いただの人としてそこにいられるようにする構造。舞台のようなところに順番に立って話す「告白のための少し特別な雰囲気」づくり。誰かが楽器を演奏しリラックスしたり感情を賦活したりするような時間もあったような気もする。最初にアミティのメンバーが自身の過去の被害体験・加害体験と、今それにどのように向き合っているかを語るので、つられて日本人も自身の子ども時代や学生時代の話を始めるという、開示を促進する手法。途中軽い話に逃げる人がいても、また別のアミティのメンバーがしっかり重い話をしてくれるので雰囲気が戻せるという、話の深さを一定に保つ工夫。セレモニーを一気に終わらせるのではなく、数日にわたって少しずつ進めることで、心の準備が整わない人を待つ配慮……。

当時の私はそんなことを理解する力もなく、ただその場の雰囲気に促され、先ほどの心のつぶやきを数日間繰り返した後に、ボロボロ泣きながら、自分のことを話すこととなった。三人きょうだいの末っ子で、親から「子どもは二人で十分と思っていたのにできてしまった子だ」、「父方祖母は産むことに反対したので上のきょうだい二人と違って故郷に帰らず産んだ」と聞いて、自分は望まれず余分な存在だと思って生きてきたこと。数年前に長男である兄が飲酒運転をして事故死し、親の悲嘆する姿を見て、いらない子の自分が死ねばよかったと思っていること。そんなことを話した気がするが、初めて人前で話す話で要領を得なかったのと、絞り出すことに必死だったのとでほとんど何を言ったか記憶に残っていない。ほんの二、三分しか話していないと思うが、何十分にも感じた。ちなみに、私が気にしていた親の発言は、「誰か一人くらい高卒の子もいるだろうと楽観視して三番目を産んだらみんな大学に行かれてしまってお財布が大変だったわー」という小話の前置きだっただけである。子どもに「お前は橋の下で拾った子だ」と言う昔の習慣があるが、それと同じレベルの話を私が真に受けただけであり、親は普通に愛情深く育ててくれたし、誰が死んでも同じように親は泣いたであろうことは名誉のために付け加えたい。

話を戻そう。自分のことを感情とともに語れた後に訪れたのは、すっきりした感覚だった。記憶や傷は変わらないが、そこで聞いてくれた人が背中の荷物を少し分けて持ってくれたような、ちょっとだけ軽くなった感じと、聞いて受け止めてくれたことへの感謝から来る相手とのつながりの感覚。話し終わってみると、ほかの人の動きや語っていることが心に入ってきて、ああ、自分はずっと下を向いて自分のことに必死すぎて余裕がなかったんだなという気づきもあった。実際には何度も何度も語っていって整理ができていくことにはなるのだが、ひとまず心の机の上に雑然とばらまかれてどう整理すればいいか途方に暮れていた何十枚もの紙がファイルにまとめられ、ラベルを付けられて本棚にいったん安置され、作業スペースができた感じがした。心理職のトレーニングには、自分の生い立ちに向き合う時間が含まれているため、指導者と一緒に自分の過去の経験が今の自分のあり方にどうつながっているか吟味したこともあったが、そのときとは全く違う体験だった。おそらく知的な理解として冷静に語れることだけ語ることと、人前に出すと思ってもいなかった記憶と体験を感情を伴って産み出すこととの違いなのだろうと思う。

そして、語った後最も強く感じたのは、メンバーたちへの敬意であった。こんな私のしょうもない悩みですらひねり出すのが大変だったのに、ここにいる人たちはこんな難しいことに毎日取り組み、語って、整理していっている。ましてやこの人たちの過去の経験はすさまじく、してしまったことに向き合うことも本当にしんどいだろう。そう考えると、世間では加害者と言われる人への尊敬の気持ちが湧いてきた。そして、こういう場と人と準備された手続きが、人が変化するのに必要なのだ、と思った。私は本の中の知識や理論として出会う前に、生《なま》の体験として対等な対話の場に出会い、私自身ものびのびしていられるこういう場を、つくれるようになりたいし、そこにいたいと思った。

＊

訪米の数年後、大学院生時代から個人的に勉強会などに声をかけてもらい、アミティにも一緒に行った藤岡淳子氏（当時、大阪大学大学院教授、現：一般社団法人もふもふネット代表）がアドバイザーになって、アミティの手法を取り入れた新しい刑務所を日本につくるという話を耳にし、私は公務員をやめ、準備を含めて二〇〇七年から二〇一六年の退職まで都合九年弱、官民協働刑務所の民間事業者側のスタッフとして教育プログラム全体の計画や立ち上げに関わった。アミティの門を叩いた直後は、「こんな場をつくりたい」とかっこよさげなことを考えた私だったが、実際にやってみると、「語る場所があって話せたら整理できましたね」という、簡単な話ではないと悟ることになる。犯罪をする人全員に当てはまることではないが、犯罪行動は、自分のしんどさを抱えられずに外（誰かもしくは何か）に解決を求める行為でもある。したがって、まずは、言葉にする前のしんどさを抱える力を伸ばすところからだった。もちろん抱えることができても、今度は握りしめていたものを手放すこと（語ること）も難しい。そしてそれが難しいのは、罪を犯した人たちだけではなかった。

というのも、心理・福祉の専門家にとっても、「支援の対象になる人と対等に話す」「話し合う」というのは、意外に簡単ではないように見えた。専門家、特に心理士は優しく受容的だが、対等な人同士というより「対象」として見るトレーニングを受けていることも多い。また、アミティを初めて訪れたときの私がそうであったように、専門家のなかには自分の率直な気持ちを人に伝えることに慣れていない人がいるとも感じた。個人的には、犯罪をした人とよりも専門家とのほうがよっぽど腹を割った議論や感情のやりとりが難しかった。もちろんお互い様である。私は相手を「専門家の鎧をかぶって感情を表現しない」と思っていたし、相手は私に「感情的に過ぎる、自分勝手、専門家として洗練されていない」と思っていただろう。とにかく、専門家同士でも対話すること、議論すること、理解しあうことが難しい局面があった。

刑務所に勤める刑務官たちと話すのは、もっと難しかった。彼らは「話し合い」以前に、「話すこと」そして「対等」そのものが縁遠いもののようだった。階級に基づく上下関係の構造、些細なミスが事件や問題（場合によっては訴訟）に直結する雰囲気、男性が多い職場環境などさまざまな条件によって、「上の言うことは絶対」という不文律で秩序を保っているように見えた。そんな中突然、民間企業という異質な存在、そして女性スタッフが入ってきたことは、彼らを戸惑わせ、振る舞い方を迷わせただろう。普通の社会で期待される振る舞いで私たちに接してくれた人もいたし、いわゆるセクハラやパワハラをコミュニケーションだと思い「パワーの行使」をする人もいた。組織全体として見ると後者の反応が主流だった。「官が民に委託する」という官民協働刑務所の構造がパワーの行使を促進させた部分はあると思うが、民が提案したことを官が許可するか否かというような上下関係の強い構図になったり、ガラス張りの刑務所幹部の部屋で、民間企業の幹部が小一時間立たされたまま何か注意をされているのを見たりもした。

極めつきは、受刑者の前で刑務官に意見を述べた民間スタッフが次々と現場出入禁止になったことである。出入禁止を命じるのではなく、あくまで民間側が自分たちの判断で自粛したという形にさせるというのも嫌な感じが残った。実は私も、その出入禁止になった一人である。そして一年半後、現場には戻してもらえずそのまま退職した。ものを言えない雰囲気が作られていき、みんなが叱られないように頭を低くし、忖度して目立ったことをしないようにし始める。

それは、私がアミティで体験し、作りたいと思ったものとは真逆の場であった。刑務所で対話の場を作ることは、ある意味最も対等な対話が難しい場所で対話の場を作るという、非常に困難な、いわゆる「無理ゲー」への挑戦に近かったと思う。

＊

さまざまな苦労や愚痴はまた本文に取っておくとして、先に少し説明をしておきたいと思う。私がアミティで体験したのは、「セラピューティック・コミュニティ（Therapeutic Community: TC）」と呼ばれる手法で、主として「治療共同体」と訳される。成長や変化を志向する人たちがともに暮らし、観察や模倣、相互作用の中からさまざまなことを学び、問題や症状から回復する治療モデルのことである。「TCは心理療法の方法そのものとして見るよりはそこに他の心理療法のモデルを適用できるような容れ物（container）として考えることができる」（Warren et al., 2013）と言われるように、特定の心理療法や介入アプローチを指すものではなく、人が変化するための場づくりのために、一定の理念に基づき構造をつくり、その場を通じて人に働きかける関わり方全体を指す。発祥の国や、その派生形、適用されている領域（医療、依存症、刑務所等）によってさまざまな形があり、同じ「治療共同体」と称していても少しずつ異なっている。アミティは、薬物依存からの回復のためのアメリカ初の治療共同体を経験したナヤ・アービター氏によって始められた治療共同体の一つで、映像作家である坂上香氏の「隠された過去への叫び――米・犯罪者更生施設からの報告」（NHK、一九九八年）や、ドキュメンタリー映画「Lifers ライファーズ――終身刑を超えて」（二〇〇四年）、書籍『ライファーズ――罪に向きあう』（みすず書房、二〇一二年）などを通して日本でもよく知られることとなった。

私見であるが、ＴＣは真面目にやれば、ほぼ「修行」である。一緒に生活する「生きた集団」を使いながら自分自身を見つめ直し、自分では気づかないことや見たくないことも他者に照らし返される体験を積み重ねる。他者と葛藤していると醜い自分にも向き合わざるを得なくなる。そして自分の気持ちを言葉にして他者との葛藤を乗り越える体験を積み重ねる。余裕が出てきたら、他者に手を差し伸べ、差し伸べることで自分もまた成長する。正直、そこに「こぎれいな」成長物語はない。淡々と日々しんどい課題と感情うずまく人間関係に向き合い続ける。スタッフもさまざまな依存や期待や批判を受けてそれに対応せねばならない。実際、「よくそんなんで支援者だと言えるな」と言われたこともあるし、逆に「私はあんたたちの母ちゃんじゃない！」と言ったこともある。でも一緒にずっと苦しんでいるからこそ、考え続けているからこそ、誰かの一言で救われて心の歯車が回りだしたり、ふと気づいたらトンネルを抜けていて、（心の机の上の書類が整理されて顔が上がり）仲間の顔がよく見えるようになったりしている。そんな世界をイメージしていただければ、ＴＣの現実に近いかもしれない。

私が勤務した「島根あさひ社会復帰促進センター」（以下、略して「島根あさひ」と呼ぶ）は、国と民間事業者が協働して運営する二〇〇八年に開所した官民協働刑務所である。刑務所に初めて入る犯罪傾向の進んでいない男性約二千人を収容する施設で、治療共同体は、この官民協働刑務所の教育理念の柱の一つとして位置づけられた。導入に当たり、「治療共同体」が定訳であった「Therapeutic Community」について、「治療」という医療や上下関係を思い起こさせる言葉から、本人の主体的な動きをイメージできる「回復」という新たな訳に付け替え「回復共同体」と名づけた。どうでもいい話だが、言葉がもたらすイメージは、気にする人は気にするし、無意識に働きかけるメッセージも大きい。私はいい加減なほうなので、島根あさひで各教育プログラムを作る際にも、何のプログラムかわかればいいと思い、「飲酒プログラム」「性暴力プログラム」などとざっくりと名前を付けていたのだが、受刑者から、「飲酒防止、性暴力防止と、「防止」がついていないとおかしいでしょう。僕ら防止しないといけないんだから」と突っ込みを受けた。ほかにも、認知（行動）療法と呼ばれる心理療法では、例えば「～できなければ自分は終わりだ」など、誇張された非合理的な思い込みのことを「認知の歪み」と呼び、それに気づいて修正していくのだが、受刑者にそのレクチャーをしたら、「僕たちが歪んでいるってことですか」と怒りに来た人もいた。人それぞれ気になることは違っていて、言葉遣いは本当に難しい。というわけで、「回復共同体」というと厳密には「島根あさひ社会復帰促進センターにおける刑務所内治療共同体」を指す言葉となるが、本書は学術論文ではなく、どこの国発祥の、どの領域のと書き分けることに大きな意味はないため、これらを総じて「ＴＣ」と呼ぶこととする。また、島根あさひで受刑者を「訓練生」と呼ぶのに合わせて、本文では「受刑者」の場合は受刑者一般を指す言葉として、「訓練生」は島根あさひに収容されている受刑者を指す言葉として使用する。

＊

本書は、日本の刑務所で初めてＴＣの手法を取り入れた実践の報告を通じて、それをとりまく人や組織の動きをたどりながら、話して手放していくことが何を生むのか、そして誰がそれをしていく必要があるのか、人が変化・成長できる場とはどのようなものなのかについて考えていくことを狙いとしている。考え方は中立ではないと思うが、「国家権力と被抑圧者」「加害者と被害者」「加害者の中の被害者性と加害者性」「専門家と当事者」など、何かと何かに線を引いて、どちらかの良い・悪いを評価したり、「何か（誰か）だけが変わるべきだ」という結論にしたりすることは意図していない。むしろ、そうした分断を越えてそれぞれが持っている当事者性を持ち寄りながら、他者と自分の考えや気持ちを理解し表現できる共同体を作ることの意義と、そのためにすべての関係者が、何を手放し、その手で何をつかみ取ることができるとよいのかということを考えたい。

前提としていくつか伝えておきたいことがある。一つは、本書で非行少年や犯罪者と呼ばれる人との関わりで苦労したこと、彼らから聞いた過去の被害体験などに触れるが、「犯罪者は困った人たちです」という面白話がしたいわけでも、逆に「こんな目に遭っていてかわいそうだから理解しましょうね」と啓発したいわけでもないということである。人は、自分とは異なる世界で、自分とは異なる性質の人間が犯罪を起こしていると思いたい。しかし、実際の彼らはいたって普通で、ときに狡《ずる》く、嘘をつき、見栄を張り、一方でとても純粋で、誠実で、暖かい。つまりとても人間らしく、私やあなたと同じである。ちょっと面倒な人がいるのは確かだが、それは罪を犯した人の世界だけではないだろう。面白いもので、偏見は犯罪をした人同士でも存在し、互いに「どんなひどい奴らが収監されているんだろう」と思っている。島根あさひに入所して最初に行うグループワークでは、感想を聞くと「みんな話してみたら普通の人でびっくりしました／安心しました」と話してくれることが多かった

(「なんで「自分は普通の人」という前提なんですか」、と突っ込み、みんなで「たしかに」と言って笑いで終わる)。もし犯罪をした人に特殊な人というイメージを抱いているなら、本書が犯罪者と呼ばれる人たちとそれをとりまく人たちに「人として出会ってみる」一つの手段になればと願う。

二点目は、本書は私一人の視点で書くが、当然ながら私一人が刑務所内の回復共同体をつくったのではなく、さまざまな意見や別の物語があるということである。私が見た現実とは異なる体験をしているスタッフもいるだろうし、訓練生の中には、私が関わらせてもらったもののうまく支援できず傷つけてしまった人、見放されたように感じたことがある人もいると思う。ネガティブなことばかりを書き連ねるのも味気なく、かつ生きていくにはポジティブに考えないとやっていけないところもあるので、いいことばかり書いているように映ってしまうところもあるかもしれないが、多くの反省と後悔と、感謝の上に本書があるということを申し添えておきたい。

TCの仕事では、彼らに何かをした、支援をしたというより、彼らに出会い、泣いたり怒ったり、言い合いをしたり慰められたりしながら自分も成長させてもらったという感覚が大きい。加害者支援の仕事をしていてよかったと感じるのは、年齢に関係なく人は驚くほど変化するという人間の可能性を見せてくれることと、「欠けたところがあったっていいじゃないか、これからよくなっていけばさ」と自分の欠点を楽観視させてくれることである。別に「彼らが犯罪者で欠点があるから自分も楽」という話ではない。弱みを認め受け入れられ、でもそこで成長しようと互いに励ませる関係性を持つことができれば、肩肘を張って生きていかなくてもいいと思わせてくれたということである。つまり私自身も、TC以外では、そう思える関係を持てていなかったことになる。本書は刑務所での心理士の目から見た、刑務所のTCの話であるが、心の傷や記憶をどう整理するか、誰かにしてしまったことにどう向き合うのか、理不尽だと感じることをどう考えどう立ち向かうか、もう手詰まりだと思ったときにどうやって人生を振り返り立て直すのか、そんな共通する問いや体験を見出して読んでいただけたら幸いである。

第Ⅰ部

回復共同体と出会う

「番号から名前へ」。これは本書で紹介する回復共同体のテキスト内の言葉である。被収容者として番号で呼ばれ、社会的な弱者の立場に置かれると、自身でもそれに慣れて「犯罪者」として自分を定義するようになるが、それをやめて自分の本当の気持ちや感情を取り戻していこうと呼びかけるものだ。

これは加害者だけにあてはまる言葉だろうか。番号で呼ぶ非人間化はされないまでも、私たちは個性を排除したいろいろな振る舞いを期待されて育つ。男らしく／女らしくあること、大人の期待に沿う良い子であること、強くあること、不登校になったきょうだいとは違って社会的に成功すること、しんどい組織の中でも頑張り続ける良き社員であること……。内容は人それぞれとはいえ、周囲からある種の役割を期待され、ときに反発しながらも、生き延びるために受け入れる。いつの間にか自分がどう思うかより、他者からどう評価されるかが自己評価を左右するようになる。ときに不本意な役割を担わされても声を出さず我慢し「仕方ない」「こうせざるを得ない」と自分に言い聞かせる。

もちろん他者の期待通りに振る舞うことと自分自身であることの間でバランスを取って人生を楽しんでいる人もたくさんいるだろう。でも人によっては、我慢することが習慣化して自分の気持ちを主張する声を失ったり、息苦しさに我慢できず叫びだしてしまったりしてうまく乗り切れないこともある。加害者たちも、そのどちらかだったのかもしれない。

私が出会ったTCという手法は、自分の性質や自分がしたい生き方と、期待される援助職のイメージのずれでもがく私自身にとってバランスが取れるものだと感じた。第Ⅰ部では、TCの話に入る前に、私自身が組織の中にいて何を感じたか、そしてTCのどこに魅力を感じるにいたったのかを述べたい。

第1章　「援助職」という名の盾——少年鑑別所にて

組織で働き、そこに何らかの不満を抱えたときの人の反応はさまざまである。ある人は理想の場所を目指して転職し、ある人は組織に見切りをつけて自分で事業や組織を立ち上げ、ある人は組織にとどまり組織内から改革しようとし、ある人は組織に自分を順応させようとする。どの人の生き方にも決断があり苦労がある。

「日本で初めての刑務所内TC」。その立ち上げと運営に必死で取り組む理由について、他人からはさまざまな憶測をされた。良くて「人がやっていないことが好きなんですね」程度で、「名前を売りたいのだろう」「自分がすごいと思いたいのだろう」「自分の研究のために受刑者を利用しているだけだ」といった言葉も耳にした。人にどう思われるかも真実の一つを表すのかもしれないが、私の中での理由は、序章で触れたようにそのときの自分に必要だったということと、TCのやり方が実現していけば、私はこの組織・領域で意義と成果を感じながら仕事ができると思ったということだった。

TCに出会う前、私は、法務省の少年鑑別所という場所で法務技官という仕事をしていた。振り返れば人間関係も指導体制も恵まれた環境ではあったが、我が強く、のめりこむほどもっと手を広げたくなる悪い性分を持つ私にとっては「公務員としての仕事はここまで」という公的機関特有の制限のせいで頭を押さえつけられているような気分になったのも確かだ。まずは、私自身のＴＣへの道のりを知っていただくために、司法領域に最初に足を踏み入れた少年鑑別所での出来事から始めたい。

少年鑑別所という場所

少年というと未成年の男性を思い浮かべるかもしれないが、法律上の「少年」はどの性別であるかを問わず未成年の子ども全体のことを指す。本文中もそれに倣い、性別を書き分けたいときだけ「男子少年」「女子少年」と書く。少年・成人の領域いずれにおいても性の多様性に対応した呼び方やセクシャルマイノリティに十分に配慮した施設処遇ができていないという問題提起があることは認識したうえで、ここでは現状を反映して「男性（男子）」「女性（女子）」と呼ぶことをお許しいただきたい。

少年鑑別所は、非行をした少年のうち、家庭裁判所から非行の背景についてより詳細な調査が必要とされた者が送られる法務省下の矯正施設で、おおむね四週間（重大事件の場合は最大八週間）の間に行動観察・心理検査・医師の診断などを受ける場所である。令和三（二〇二一）年度に家庭裁判所に送致された少年が約三八〇〇〇人であるのに対し、その中で少年鑑別所に措置されたのは約四五〇〇人、つまり一割程度しか入所しない。収容中は、家庭裁判所調査官という別の国家公務員が少年、家族、学校などとも話して全体的な調査を行い、それと並行して、少年鑑別所ではその少年自身をより詳細に調査する。法務技官の仕事は、面接、集団心理検査、必要であれば個別心理検査を行い、生活指導と二十四時間の行動観察を行っている法務教官や医師を含めた他の職種と協議をしたうえで、問題の見立てと処遇意見である鑑別結果通知所を家庭裁判所に提出することである。裁判官は鑑別所から出された通知書と、家庭裁判所調査官からの意見、そしておおむね四週間後に開かれる審判での本人や家族との話を踏まえ、処分の決定を行う。

私が司法領域に入ったきっかけは、大学院を卒業したものの就職活動もろくにせず非常勤職を掛け持ちして食いつないでいたときに、序章でも触れた藤岡淳子氏（当時は法務省職員）が「法務技官を受けてみたら」と言ってくれたことだった。藤岡氏が勉強会などに呼んでくれて他の心理職とも触れ司法領域も面白そうだと思い始めていたこともあるし、大学院生時代からボランティアやアルバイトをしていた児童養護施設内で性問題行動を繰り返す男の子がおり、問題行動の理解と対処に関心が高まっていたことも後押しした。今では採用方式も変わってしまったが、私は心理学の大学院を修了した人が受験可能な法務技官A種という枠で受験し、たまたま出身である名古屋の少年鑑別所に採用枠があったため地元で就職することになった。ちなみに法務技官とは法務省内で特定の技術を持つ人に付けられる官名で、心理のほか医療や刑務作業指導などの仕事に就く人にも同様の官名が付くことから、心理学の背景を持つ技官は区別のために心理技官とも呼ばれる。この本では心理技官以外の技官はほとんど登場しないので「法務技官」と統一する。少年鑑別所における法務技官の仕事の中心は心理面接や書類作成であるが、多くは法務教官の役職も同時に言い渡され、寮勤務、被収容者が暴れたときの制圧、裁判所等への連行などの業務も行う。なお現在は大学院卒から大学卒に受験資格の範囲を広げ「矯正心理専門職（法務技官（心理））」という名前で採用を行っている。

少年鑑別所まで来た少年が受ける処分は主として三つあり、社会に戻って保護観察官等の定期的な指導を受ける「保護観察」、少年院に収容して六か月〜一年程度処遇を行う「少年院送致」、非行のある児童を指導する児童福祉機関である児童自立支援施設や児童養護施設に送致される「児童自立支援施設等送致」がある。私が採用された当時の犯罪白書平成十五（二〇〇三）年版によると処分の割合はそれぞれ、四五％、二六％、一・六％である。また、処分ではなく、児童福祉の枠組みでの指導が適切とされ児童相談所等で指導を受ける「知事・児童相談所長送致」、一定期間社会の中で家庭裁判所調査官の直接指導を受け、様子を見てから再度審判をおこなう「試験観察」（一〇・三％）、成人と同じ手続きに乗せる「検察官送致」（一・九％）などもある。なお、犯罪白書令和四（二〇二二）年版では、保護観察三一・一％、少年院送致二五・八％、試験観察一二・四％、児童自立支援施設等送致二・〇％、検察官送致一・九％、知事・児童相談所長送致〇・五％で、処分等の割合の変化はさほどないと考えていただいて構わないだろう。

少年鑑別所は、非行をした子どもが思春期らしく虚勢を張りながらも、内心は親や親しい大人と離された寂しさを抱え、どのような処分になるかの不安に耐える場所であり、かつさまざまなことを聞かれたり振り返ったりして自分を見つめつつ、社会に戻れるか施設に送られるのかの命運を分ける審判というイベントを待つ場所でもある。

勤務初日の悪夢

勤務初日は、所長室で国家公務員としての宣誓を読み上げ、先輩たちに紹介され、施設を見学して回った。見るものすべてが初めてだった。簡単に逃走できないように二重になっている扉の向こうに広がる緊張感のある閉鎖空間、鉄格子、内側にドアノブがなく、中にいる被収容者からは開けられない居室の扉、収監された男子少年たちの思春期特有のにおい、人がいるのに誰も話していない違和感のある静けさ。生まれて初めて本物の手錠を触り、入所するときには少年を全裸にして身体検査する様子を模擬で示され、油断や隙がどのような危険につながるかを教えられた。面接室に連行される少年とすれ違うときには、私と顔が合わないように少年が壁を向かされ行き過ぎるまで待たされるという独特の風景も体験した。ちなみに、少年同士がすれ違うときや、訪問者と少年がすれ違うときには、不要な接触をしたり、少年の顔が不必要に訪問者にさらされたりしないように壁を向かせておくのが習わしである（成人の施設でも同様）。壁を向かせて横を通る私と、白い壁を見つめさせられる少年。これまでに感じたことのない「異世界」だった。

その日の夜、雰囲気にあてられた私は、これまでしてきた自分の悪行で逮捕され、少年鑑別所に収容される夢を見て飛び起きた。そしてなんとも言えないざわざわとした感覚を抱いた。誰しも単に見つからなかっただけだがやってしまったこと、法律で禁じられてはいないだけで人を傷つけたことはあるだろう。よく「一歩間違えば自分もあちら側（非行・犯罪をして逮捕された側）だったかもしれません」というコメントを聞く。しかし私としては、一歩も間違わなくても、私は彼らと全く同じだと感じた。同じであるにもかかわらず、ほんの少しの違いで立場に著しい差が生じ、私は彼らを判断する職員側にいて、一方彼らは権威の下に置かれ「反省すべき、変わるべき人間」の側に位置づけられ、社会的にはっきりと境界線が引かれる。この現実に、自分だけ狡いことをしているような妙な罪悪感と、「こちら側」の顔を平気でしている自分への違和感を抱いた。そしてその抱えきれないざわざわを抑えるため、「そうはいってもこの人たちは逮捕されるほどの大きなことをしたのだ」と言い聞かせて線引きを合理化している自分を気味悪くも感じた。

のちに思うことだが、この「自分は逮捕されたことがない。しかし目の前にいる人たちは逮捕された犯罪者なのだ」という割り切り方は、複雑な物事をシンプルにしてざわざわした気持ちを収めてはくれるが、いったん使い始めるとなかなか手放せない「盾」となる。これは、私は障害がないがこの人にはある、など別の場面でも同じことだ。この「私とあなたは違う」という盾は、支援の対象となる人と接するときに「人対人として」対話する障害になるだけでなく、自分とは異なる存在として相手を位置づけ、誤った支援に導く。すなわち、最初は「支援が必要な人」という割り切り方から始まったものが「こういう人にはこうしてやらないといけない」という決めつけに変わり、相手の意見や意思を尊重しないようになり、相手の主体性を無視して支援の方向性を決めたりしてしまう動きを促進する役割があるからだ。ましてやなんらかの理由で支援者側に負担がかかる対象者である場合などで支援者側の感情的ストレスも大きくなると、相手を見下し始めたり、施設内で虐待を行うことにつながっていったりすることもある。鑑別所や少年院、拘置所や刑務所などの矯正施設だけでなく、児童福祉施設や精神科病院、老人施設など二十四時間、そして長期間人を管理する施設ではいわゆる「非人間化」とどう向き合うかが課題であるが、その一因は私が感じたようなざわざわする気持ちをなんとか整理し自分の立ち位置を定義するために使う「援助職という盾＝私たちはこの人たちとは違う」なのではないかと思っている。

この「盾」は、実は一般の人たちも使っている。誰かが犯罪をしたという報道が流れると、「なんでもっと考えないのでしょうか」、「人として許せません」などと加害者を批判する発言をしたり、家族関係を調べ上げ「心の闇」「加害者に何が」といった特集が組まれたりするのを見かけるだろう。社会全体が、こんなことをする人は許せない、自分の住んでいる安全な世界の人間とは違うはずだ、何かが自分たちと違うからこうなったのだという「盾」をつくり、自分たちを犯罪をしないまっとうな人間だと位置づける。まだ心の中で思っているだけならいい。朝のニュースを見て、親が子どもの前で加害者の人格を批判し「世の中には道理が通じない奴がいるから気をつけろ」「こんな大人になるなよ」などと言っていれば、子どもは、加害者を「ダメな奴」「人と信義に基づく関係を築けないモンスター」と思うようになる。そして加害者を差別する言動を受け入れ、加害者を排除する考えを持つようになり、社会復帰を妨げる社会が出来上がる。現職の大学の講義でゲストスピーカーに当事者を呼ぶことがあるが、九割以上の学生が感想に書いてくるのは「普通の人でびっくりしました」というコメントである。差別は自分の整理できない出来事を単純化し「盾」でふさごうとする家庭や、大人たちのちょっとした言動から始まるのかもしれない。

同じように自分を守るために「盾」をつくる傾向は「被害者非難」と呼ばれる現象でもよく言及さ

れる。被害者非難とは、夜道を歩いていた女性が襲われたニュースを見て、「夜に出歩いているからそんな目に遭うんだ」と被害者の落ち度を責めるような態度をとることを指す。そしてときにそれは「どうせ短いスカートでもはいてたんだろう」「水商売の女だろう」などという憶測を含むネット上のコメントの形をとって被害者をさらに傷つけていく。被害者非難が起きる背景には、「公正世界信念」(Lerner, 1980) という、努力は必ず報われる、悪事には必ず報いが来るといった世界観が関わっていると言われている。この信念の強い人は、自身の世界観を維持するために「私がいる世界は安全なはず。被害に遭うのは被害者に落ち度があったからだ。つまり私は落ち度がないので犯罪被害に遭わない」という論理を作り上げる。そして自分の子どもに「そんな露出の多い格好をしていたら襲われるよ」と教える。親は子どもを守っているつもりだが、実は加害者の「露出が多かったのでムラムラしてやってしまいました」という言い訳を肯定し、性犯罪に関する神話を強化していることには気づかない。ちなみに性犯罪の神話とは、本当はそうではないのにそうだと思い込まれていることを指し、「派手な服装をしている人が襲われる」や「若い女性が狙われるもの」「加害者はほとんど見知らぬ人である」「性犯罪をするのは性欲が強すぎるからだ」といった社会に共有されている根拠のない言説を指す。自分の作る盾が、まわりまわって差別を行う社会を作り出すことに加担し、子どもたちが被害に遭ったときに自分を責めるような価値観を醸成してしまう。このように心の盾は短期的には自分を守るが、中期的には他者を傷つけ、長期的に社会の雰囲気を排除的なものにしていく。

ベルトコンベアに乗る少年

私にとって、心の盾を生み出し非人間化の感覚を促進させたものは、過剰収容だった。私が採用される前後の平成十三（二〇〇一）年〜十五（二〇〇三）年には、少年鑑別所の収容者は戦後非行少年の第三の波と呼ばれる昭和五十九（一九八四）年を超えるピーク（第四の波）を迎えていた。平成十五（二〇〇三）年以降、犯罪の認知件数全体の減少、少年人口減などさまざまな要因が絡んで非行少年は右肩下がりとなっており、令和三（二〇二一）年の少年鑑別所への入所者数は四五六八人（犯罪白書令和四年版）となっているが、私が採用された平成十四（二〇〇二）年は二二七六七人（犯罪白書平成十五年版）で、今のおよそ五倍もの非行少年が収容されていたことになる。暴走族からカラーギャングと呼ばれる集団に移行する時代ではあったが、私がいた名古屋にはまだ「隊員はみんなパンチパーマ厳守」といった昔ながらの暴走族も多く存在しており、集団暴走をしては道路交通法違反で、暴走族同士で抗争しては凶器準備集合罪・傷害罪で多くの少年が入所してきていた。不良漫画でよく見る「タイマン」と称した傷害事件も多く、その末に人が亡くなっている事件も珍しくなかった。私のいた名古屋少年鑑別所はほとんどの時期で百人の収容定員を超え、共同室（複数人数で寝泊まりする部屋）はびっしり、ときには単独用の部屋に二人分の布団を敷かなければ寝かせられないときもあったと記憶している。

初日の悪夢の意味や余韻をかみしめる暇もなく始まったのは、そんな状況下での怒涛の仕事だった。

学生から社会人になりたてのときには、どんな職種でも組織文化になじみ、仕事を覚えるのには苦労を感じるものだろうが、一人の少年に会って書類を書くのに膨大な時間がかかり、ベテランなら一時間の面接一〜二回で終わるところ、面接に一回二時間ほどかけ、週に二回も三回も会いに行った。新しく入所した少年に集団心理検査をしたり、場合によっては個別の心理検査をしたり、医師と話しに行ったり、生活の面倒を見ている法務教官と情報交換をしたり、面会の記録を読んだり、家庭裁判所から来ている調査官とも情報共有を行ったり。一か月に二回ほどは当直もあって、不規則な生活にも慣れる必要があった。

鑑別結果通知書には、その少年の知能、性格、精神疾患に関する情報、そしてどのような問題性があって非行に至ったかの分析、どのような処分が適切と考えるかとその根拠、そして予後と呼ばれる今後非行行動がどうなると予想されるかという見立てを端的に書かなければいけない。その文章を推敲する時間も新人であれば何倍もかかった。採用されて二、三年間は、先輩が指導者であるスーパーバイザーとなり、ケースを丁寧に指導してくれる。何度も何度も書類を出しては指導をしてもらい、また持ちかえってパソコンをにらむ日々。私に割り当てられたケースの数は先輩方からしたらほんのわずかだが、それでも担当の少年の書類が完成せず、最初の一、二年は夜中二時、三時まで書類を書いていることも珍しくなかった。書いていると、人の行動の説明をするための語彙力が不足していることにも気づく。あるときは、スーパーバイザーに「毛利さんは次から「規範意識の欠如」と「衝動性」っていう言葉、使用禁止ね」と言われたことがあった。非行の機制を個別に書き分けていくのは非常に難しく、「規範意識の欠如（＝ルールを守ろうという意識がなかったから犯罪をＯＫだと思って実行したんです）」という言葉と「衝動性（＝何も考えずにやっちゃう子なんです）」は非常にお手軽な言葉だったのだ。実際この二つの言葉を使えばたいていの非行少年の説明がつく。こうした安直な言葉に頼らずに、その少年のことをきちんと説明できる言葉を探しながら説明するのが、意外と難しく、何度も苦しんだ。

最初に担当したケースのことは今でも忘れられない。いわゆる原付バイクを窃盗した十六歳の男子少年だった。比較的最近暴走族に入った彼は、直結と呼ばれる原付の盗み方を学び、ナンバーを付け替えて乗っていた際に警察に呼び止められ、そのまま逮捕された。私は面接に何度も通って、生い立ちや犯罪行動、仲間との関係について聞いた。聞けば、母子家庭で育ち、弟妹の面倒も見ていて、なんとも健気ではないか。高校を中退して、在学中の仲間とは時間が合わなくなったので声をかけられた暴走族に入り、盗み方を教えてもらったので自分も移動手段が欲しいと思って自分でもやってみた、これが初めてだ、という。私が最初にスーパーバイザーに提出した書類の性格欄に書いた文章は「親思いの素直な少年で」という、心理査定らしからぬ、かつ公文書らしからぬ始まりだった。そしてほかに非行はないと述べていること、反省していることを根拠に、十分更生の見込みがあるとして保護観察処分の意見を書いた。書類を見たスーパーバイザーがかわいらしいものでも見るようにくすっと笑ったが、そのときは笑いの意味がわかっていなかった。その少年は、意見通り保護観察処分となった。

その一か月後、彼は再逮捕され、再入所してきた。少年鑑別所に入る前に数件の原付窃盗をしていたことが発覚したという。私は面接を思い出し「他にやってないってあんな真顔で言っていたのに」

と愕然とした。今となっては、非行少年に限らず人はばれていないことは正直に言わないものだと十分理解できているのだが、当時の私には、あんなに真剣な顔で、人が真っ向から嘘をつけるということが信じられなかった。「人は互いに誠実であろうという信義則の下で生きている」とか、「捕まったら二時間ドラマの犯人張りに観念して全部話すだろう」なんて言うのは、私のかわいらしい架空の世界観だったのだ。先輩が優しく笑ったのは、こういう未熟な、世の中や人間の本質を理解していない甘い感覚だったのだと気づいた。その少年は別の先輩が担当し、少年院送致となった。

嘘やごまかし以上に耳に入るのは、非行少年たちから聞く生育環境の壮絶さであった。小さいころから毎日のように続く家庭での暴力、家庭内暴力の目撃。新しい男性をつくっては家にあげ本人やきょうだいの面倒を見ない母親の話。女子少年に至っては、幼いころから降り積もる家庭での身体的・心理的虐待やネグレクト被害の上に、家庭内外で性暴力被害に遭っていることも多く、それを誰にも言えなかったり適切にケアされていなかったりすることも稀ではなかった。話を聞いていれば「よく生き延びてきたね」という気持ちしかないのだが、実際にやっていることは、今度は加害者側になって暴力漬けの日々を送っていたり、気持ちや時間を持て余して他人のバイクを盗んで走り回ったり、迷惑千万な行動ばかりである。成人不良者と共謀して制裁として人を誘拐し、暴行の末に殺して埋めた男子少年たちや、自分もレイプ被害に遭いしんどかったにもかかわらず、気に入らない仲間の女子に男性たちをけしかけて大勢の前で性的暴行をさせたなんていう女子少年もいた。

やっていることを見れば同情だけでは片付かない加害と、彼らの背景にある壮絶な被害について、どの立場でこの少年たちを見ればよいか戸惑ったし、話を聞いて揺れ動いた感情を落ち着いて整理し、冷静かつ客観的に物事を見るのは二十代の私には難しかった。そしてこうした話を毎日のように見聞きしていると、人間は不思議なもので麻痺してくる。次第に心を守る手段として、「そうはいってもこの少年が問題なのだ」と、少年の病理を見つけて書くことに躍起になっていった。

あるとき、被害者に後遺症を残すような集団暴行をしたリーダー格の少年を担当した際、通常の少年院送致（一年程度）の意見だった家庭裁判所調査官に対して彼の問題を列挙しつくしたうえで押し切り、「三年程度の相当長期」という通知書を提出し、実際に相当長期の勧告付きの処分となったことがある。もちろん最後に決めたのは裁判官なのだが、成長の可能性を見出していこうという調査官を言い負かしてまで問題をあげつらうほど、私は次第に方向性を見失っていった。そんな中でも年数を経るとどんどん担当ケース数が増えていき、一週間に七通以上もの通知書を提出しなければいけないときも出てくる。締切の日の夜に家庭裁判所の夜間窓口に直接書類を届けに行って、その夜からまた次の書類を書き始める生活をしていると、「はい、今回は暴走ね」「はい、今回は原付窃盗か、しょぼいな」「はいはい、そういう生い立ちパターンね」と、ベルトコンベアの上に流れて来る少年を処理している感覚にまでなっていった。

出会った少年たち

そうはいっても、事例からいろいろと考えさせられ、覚えている少年や事件もある。個人情報保護の関係から詳細については少し変更を加えているが、いくつか紹介したい。

一つは、中学一年時に四人で集団窃盗行為をして入ってきたケースである。私が担当した少年は追従した立場だったこともあって保護観察になり、別の技官が担当していた主犯格の少年は、児童福祉施設の一つに送致となった。審判直後は「よくある、家庭が不安定な子たちがつるんでやった事件だったな」と思ってそのことも忘れかけていたくらいだったのだが、しばらくして、施設に送致された少年が複数の仲間とともに強盗殺人をしたとして再入所してきた。施設からの脱走を企て、施設職員の動きを観察したうえで一人になるところを見計らい、首を絞めて殺害し、お金も盗んだ事件だった。本当は被害者のことを悼まなければいけないのだが、そのときの私はもしこれが自分が担当した少年の事件だったらどうだっただろうと思って身がすくんだ。もちろん処分を決めているのは裁判官なのだが、やはり自分も専門家として意見を書いている。その見立てに抜けがあったり間違ったりしていたこと一つで人が死ぬこともあるのか、と恐怖を感じた。もちろん司法領域以外でも、間違った見立てをしてクライエントが自死してしまうなど自分の不十分な仕事が命に関わることは当然ある。しかしクライエントが加害者の場合は、再犯をすると、赤の他人が被害に遭う。そして社会の安全が脅かされる。とんでもない責任を負っているということに改めて気づかされ、「こんな学校出たての社会経験のない自分がホイホイとやれる仕事じゃない」ということにぞっとし、もっと視野を広くして学ばなければいけないと焦った。

身がすくむ感じを抱いたもう一つの理由は、人は環境との相互作用でこんなに短期間で人を殺すまでになるという現実を突きつけられたことだった。その少年だけが施設入所になったからには問題性の差はあったのだが、担当者同士で意見交換をしている限り、私の担当少年も強盗殺人の再犯をした少年も、大きく見れば十代前半の少年として著しい違いはないように思えた。「その小さな差こそが問題性の根深さを示していたのだろう」とか、「施設に行っても改善しない非行性や問題性の高い子だったのだろう」と個人の要因として結論づけることもできる。また施設の体制や処遇が悪かったのではないかと組織を批判するのも簡単だ。どちらも一定程度影響しているだろう。しかし個人的には、人間の悪の側面を急速に引き出せる「場の力」に目が向いた。それまでの自分は、心身の鑑別をしているその一時点のみに着目し、それだけで予後を予測しうるという前提だったが、実際には処分の先にその少年の人生があり、その先にある「場」がどのようなものであるかによって良くなったり、悪くなったりするわけだ。書類に書いたその先にどのような場が待っているかまで予測できるわけでもないのだが、それでも、どんな条件が整えば人は悪を引き出され、逆にどんな条件が整えば人間の良い面が出てくるのかまで考えなくてはいけないのだと気づかされた。今思うとこうした思いが、TCのような治療的な空間をつくり出すことに関心を持つ一つの種だったかもしれない。

二つ目のケースは、集団で実行した強盗致死罪で入所してきた十七歳の男子少年のケースである。少年法では、十六歳以上で故意に人を殺害した場合、少年法第二十条二項に基づき、「調査の結果、犯行の動機及び態様、犯行後の情況、少年の性格、年齢、行状及び環境その他の事情を考慮し、刑事処分以外の措置を相当と認めるとき」以外は、成人と同じ手続きに乗せることとなっており、原則逆送とも呼ばれている。つまり、特別な事情がない限り成人と同様の裁判手続きにかけるということである。私が就職する数年前の一九九七年には十四歳の少年が実行した神戸児童連続殺傷事件が、二〇〇〇年には西鉄バスジャック事件を代表とする十七歳による複数の事件があり、少年であっても厳罰に処すという風潮が高まり、原則逆送は適用されやすい状況にあったように思う。*

私が担当した十七歳の少年は、黒髪短髪、一六〇センチほどの細身でおとなしく、まだ中学生と言っても通じる幼い見た目で、似たような仲間たちと夜中に家を抜け出して神社に集合し、不良に憧れてたばこを吸うくらいのレベルの少年だった。事件は、いつも通り夜中に神社で集まっていたところに非行性の進んだ主犯少年が現れ、「カツアゲしようぜ」と言い始めたところから始まる。集団の犯罪、それも少年ではよくあることだが、見栄を張ってみんなに犯罪をけしかける誰かと、ビビっていると思われたくなく「いいよ」と言ってしまう誰かがいて犯罪行為が始まる。そのうち、最初はしぶしぶだったものが、だんだん高揚感を得てエスカレートしたり、馬鹿にされるのを避けようともっとすごいことができるとアピールしたりしている間に、普通なら考えられないことをしでかす流れになる。この事件もまさしく同じ構造で、主犯格に反抗できず通りすがりの通行人を呼び止め連れてきたところに、多勢に無勢で萎縮している被害者を見ていると強くなったような気がして楽しくなり、多人数で暴行を加え始め、金品を奪い、最終的に主犯格が面白半分に原付バイクを被害者にぶつけて死亡させるに至っていた。

実際致命傷を負わせたのは主犯格の原付であることは明らかだが、私が担当した少年も手は出していたし、事件上は立派な共犯者である。しかし面接の間じゅう、彼の全身からは「自分がやったことではない」というオーラが出ており、現実感がない様子でぼんやりして、頭も心もついてきていないようだった。被害者や被害者遺族のことを聞いても「悪いと思っています」という空虚な言葉が響く。逆送になる心づもりが必要だと思ったのと、あまりにぼんやりしている態度に少し腹が立ってしまったこともあって、最後の面接で、「未成年であることから刑が減軽される部分はあるかもしれないが、あなたのしたことは成人であれば死刑か無期懲役だ。逆送（成人手続き）になったらその理屈で裁かれるということをよく考えて」と伝え部屋に帰した。その日の夕方、法務教官から「先生、あいつに何言ったの。面接の後からずっとすごい落ち込んでるよ」と聞かされ、「よしよし、ようやく向き合えるか」と思う一方、自分のしたことに向き合う手助けではなく私個人の怒りを単にぶつけただけになってしまったことを反省もした。

このように加害者が自分の起こした事件の結果に打ちのめされてしまう、と聞いても「自業自得だ」「わかりきっていたことだろう」「むしろそれに向き合うべきだ」と思う人のほうが多いのかもしれない。しかし私の知る限り、成人であっても、計画してやったことでも、何度も繰り返している人でも、本当の意味で自分がしていることの結果を最後まで見通したうえですべて受け入れて犯罪をしている人などほとんどいない。そもそも事件に至るまでに視野狭窄《きょうさく》があり自分のことに手いっぱいであるうえ、犯罪行為をするときにはさまざまな言い訳をして犯罪を合理化している。捕まれば会社をクビになるとわかっていても「少なくとも今日は大丈夫なんじゃないか」と思うのだ。ましてや逮

＊あくまで当時の私の感覚であり、現在は風潮も変わっていると思われる。また十八歳以上が成人になったことと並行して、十八歳・十九歳の少年は「特定少年」となり、彼らは故意に人を死なせた場合だけではなく、「死刑又は無期若しくは短期一年以上の懲役・禁錮に当たる罪の事件」でも原則逆送されることとなった。

捕されたことのない人間には、逮捕後の社会の反応の厳しさ、失うものの多さなど気づきようもない。これは決して、加害者になんらかの認知の障害があるとか、他者への共感性が欠如しているなどの問題によるものではない。おいしいものを見たら血糖値が高くてもいろんな言い訳をして食べてしまうような、私たちと同じ弱さであり人間らしさである。

現実と予想のギャップが大きいほど、またそれを受け止める加害者が少年で未熟であるほど、呆然とすることは必然であるし、通常であれば冷静に考えられる人の思考力も奪う。どこかに体の一部をぶつけたり、どこかから落ちたり、何かで深く自分の体を傷つけてしまったりしたときなどを思い出してほしい。「あ……」と一時、体すべてが危険を察知して硬直し、痛みを感じない時間がある。その状態の人に「動きが悪いからそんなことになったんだ！」とか「おまえが倒れた瞬間大事なものが壊れたぞ！　どうしてくれるんだ」「自業自得だ」と述べても何も聞こえていないだろう。誰でも大きな苦しい現実に向き合う冷静さを取り戻していくには、時間と、サポートと、そして受け止める心の力が必要である。加害者もしかりだ。そんなこともよく理解しないまま、私は十七歳の少年の首根っこをつかんで引きずり回すようなことをしてしまった。そう考えるようになると、成人手続きに乗った後の彼は、誰からどんなサポートを受けることができるのだろうと心配にもなり、ここから先に手を出せないことへのもどかしさも感じた。決して加害者に優しくしようという話をしているのではない。本当に現実に向き合ってほしいなら、それ相応の働きかけが必要だった。人は自分がしたことの否定的な現実や痛みを突きつけられることで痛みに耐え成長すると思われがちだが、本当は逆で、成長してからでないと、つらい現実と痛みには耐えきれない。

再犯を繰り返して何度も会った少年もいた。シンナーや覚せい剤などの薬物使用の少年は短期間で再犯して戻ってくる代表格である。その男子少年は私の採用前から覚せい剤取締法違反で何度か入所歴があり、採用後、私自身も二、三度その少年を担当した。何度も会い、何度もどうして薬物を使うのか話し合い、知的能力の高い少年だったのでその都度、自分なりに分析して出ていくのだが、また戻ってくる。最終的に、すでに二回は少年院に入り、あと数か月で二十歳を迎えるということで、その少年は逆送（検察官送致）となった。当時のことを本人に聞けば「鑑別所の技官に話を合わせてただけで薬物やめる気持ちはなかったです」と答えるのかもしれないし、依存症のことを何もわかっていない私の話など、なんの役にも立っていなかったのだとは思う。とはいえ、少年とじっくり話す時間の少ない中で、彼とは何度も会えていろいろな話をできた感覚があり、私個人は何か社会に出てから支援できることはないかと真剣に考えたりもした。

しかし立ちはだかるのは「対象者と社会の中で関わってはいけない」という暗黙のルールである。あくまで治療関係として一線を引き、個人的な関係を持たないというルールは臨床心理の世界一般でも言われることであり、互いを不適切な関係に巻き込まないために安易に距離を縮めないことは大事だとは思う。しかし、当時そのルールはかなり厳密で、かつ、依存症の自助グループや回復施設にいる当事者を除き少年院出所者や元受刑者の声を聴く機会も今より断然少なく、私自身も何の声も聴けず何をすれば支援の役に立つのかすらもわからない状況だった。もちろん本で学ぶことは可能だが、人の回復は理論ではない。狭い世界に閉じ込められているのは実は職員のほうで、当時はなす術を見つけることができなかった。

そんな状況だったので二〇一一年に『セカンドチャンス！――人生が変わった少年院出院者たち』（新科学出版社）という本が出た際、少年院出院者たちのグループに元法務教官や元少年院長が関わっているという記述を見たときには驚いた。「えー！　元少年院長で偉かったら外で会ったと堂々と本に書けるんだ」と声を出して突っ込んだ覚えがある。この突っ込みは批判ではない。風穴をしれっと開けてくれたことに感謝した。最近では、少年院出身者や元受刑者が、元職員とつながりを持ちさまざまな場所で研究者や支援者とともに発言をする機会が増え、閉ざされた世界にいた職員たちも多くの声を聴き自分の支援・サービスが本当に有効かどうか確かめられるようになって、支援には何が必要かを理解できる良い時代になったと思う。そして少年鑑別所も法務少年支援センターを併設し、地域社会での支援にも携わっていて活発に社会とつながる活動をしている。目の前にいる間に話をすることしかできず、後は見守るしかなかった時代からは随分変化した。

少年たちにとっては面接者の「当たりはずれ」があっただろう。入所している彼らは担当者を選べない。私は未熟で、共感したり一緒に考えたりすることができなかったことがたくさんあり、はずれ面接官だと思われたこともあると思う。それでも面接を一通り終えた後、彼らに心理テストの結果を返して今後の行動のアドバイスをすると興味深く聞いてくれたり、「誰にも言えていなかったことを話せて少し楽になった」と言われたり、一緒に親とどう接するか考えられたりした時間などは、そういうときには、少しは役に立てたと思えることもあった。手錠を使い慣れずあたふたしている私に、「先生、そこの穴に鍵入れて回すの」と教えてくれた女子少年の顔や、集団居室から一人の少年を連れ出す際、おっちょこちょいでドアを開けっぱなしにしてしまったのだが、残ったもう一人が逃げ出しもせずちょこんと座っていたと聞いて「なんかミスに巻き込んでごめんね」と言いに行ったとき、にっこり笑ってくれた少年の顔を思い出すと、少年にも職場にも許されながら生きていたなあと懐かしくも思う。

不信と悪意の応酬

少年との関わりの中で「この仕事をして良かった」と思うのはごくわずかな瞬間で、あとはいろいろなんだか大変な日々であることに変わりはない。忙しくて心がすさむと、どんどん悪い方向に行くのは常である。

当直をしていたある休日、普段閉ざしている門扉を郵便局員のために開けた少しの隙をついて、少年二人に鑑別所の敷地内へ車で侵入されたことがあった。彼らは少年の居室がある建物の裏手まで入り込んでクラクションを鳴らし、大声で呼びかけ、Uターンして戻ってきた。最近は非行少年同士の絆も薄くなっていると聞くので今でもあるかはわからないが、当時は、入所者の仲間たちが友人を応援しようと、夜中に少年鑑別所近くで暴走行為をしたり、近くまで来て呼びかけをしたりすることがあった。それを防ぐために職員は、定期的に外塀を巡回し、夜はバリカーという柱を立てて車が通れないようにし、宿直中に暴走族が来たら深夜でも飛び起きて近づいてこないか見張り、手紙など何か投げ込んでいないかチェックをしている。それを白昼堂々やられてしまったのだ。その上、車で逃走していくときに少年の一人が、私を馬鹿にしたジェスチャーをして去っていった。この件を受けて、鑑別所内に車が入れないようにもう一つ門が作られることとなり、国税を無駄遣いした。とにかく自分の注意不足で侵入を許してしまったふがいなさが一番だったが、自分の至らなさの隙をつかれ、それをあざ笑われたことは堪えたし、私を馬鹿にした少年の顔は悔しさとともに脳裏に焼き付いた。ちなみにその少年は以前も入所したことのある少年で、カメラで人物が特定されていた。後日別の事件で彼が鑑別所に再び入所してきたとき、怒りにあふれた私が面接を担当しなかったことは言うまでもない。

どうすればいいのさ、と途方に暮れることもあった。鑑別所は女子も収容しており、休日の昼間は女性の法務技官も交代で女子区域に勤務していた。食事を配布したり、何かが足りないから補充してほしいという少年の要望を聞いたり、調子を見るために声をかけて少し話したりしながら、日中の彼女たちの世話と行動観察を行う。この勤務は子どもたちの面接場面以外での普段の顔を見ることができるので個人的には好きだったのだが、ある勤務の翌日、ベテラン法務教官に呼ばれて注意をされた。女子少年の日記に、「休日勤務をしていた職員が特定の少年と長く話し込んで、えこひいきをした」と書かれていたという。

思い返すと、声をかけてきて何か質問をした一人の女子少年と少し会話をした記憶はあって、冗談も交えて少し笑って話したかもしれない。とはいえ、「え？　あれがですか？」というくらいの五分ほどの時間で、それによって日課が遅れたとか、誰かが呼んでいたのに無視したということはなかった。先輩教官は、苦情を申し出た少年のとらえ方の問題だとすぐにわかってくれ、「まあ、俺たちの行動は一つひとつ見られていて、どんな風にとらえられるかはわからないからな、気をつけてな」と助言されて終わったが、個人的には腑に落ちなかった。今となっては、何事も「相手がどうとらえるか」「支援の対象者がそれをどう知覚するか」が重要であることは理解しているし、苦情を申し出た少年のこれまでの経験や大人への信頼感のなさが、職員が他の少年と話しているという中立の刺激を「自分がないがしろにされた」と解釈させたのだろうと推察はできる。とはいえ、誠意をもって接しても返ってこない世界を普通のことと受け入れること、隙を見せたら足をすくわれることを常に肝に銘じることなど、この業界になじもうとすればするほど、いったい誰に何をしたくてこの職業をしているのだろう……と思わされた。

「司法業界だけがしんどい」と言いたいわけではない。人の支援の仕事をしようと思い立ったときには純粋な気持ちでも、実践するといろいろとしんどいこともあり、「やっても誉められも感謝されもしない、失敗したときだけ叱られる」という思いになることが多々ある。それをどうとらえ、どう自分の立ち位置を決めるかは支援職としての最初の分かれ道だと思う。自分のしんどさや認められなさを相手のせいにし、「障碍者がいなくなれば世の中が良くなる」と思って犯罪に走る人もいれば、「俺たちが面倒見てやっている」と上に立った気持ちになって支配を始める人もいる。対象者を馬鹿にしたり虐待したりすることで優越感やパワーを持ったように感じ、無力感をかき消そうとするパターン、自分を守ることに執心し「言われたことだけやっていよう」とチャレンジをしなくなり保守的になるパターン、自分の世界と切り離し淡々と「仕事」としてこなすようになるパターン、しんどさを仲間のせいにし、インフォーマルグループをつくって同僚の文句を言い続け逃避するパターン……。支援職の場合、その矛先は目の前の人に、多くの場合弱い立場にいる対象者に向くことも珍しくない。かく言う私自身が、採用数年目でその関門に出くわし、報われない気持ちと膨れ上がる不信の応酬を前にして、相手を「問題のある人」と切り捨ててしまう道を選びかけていた。

ストレス環境の中でも私にとって支えになったのは、知的好奇心だったと思う。例えば嘘をつかれたときにも、嘘自体にショックを受け、さらに嘘を見抜けなかった自分のふがいなさに落ち込む一方で、「人間って面白いな」という考えも浮かんだ。「人間ってダメな存在で面白いな」のほうが近いかもしれない。最初から正直に言えば少年院に行かなくてもよかったのに、逃げ切れると思ったのか？なんて見通しが甘いんだろう。なんでそんなことを……？　こうした「なんで」はどの少年にも感じた。例えば生活に困窮していたことはわかったが、なぜそこでコンビニ強盗なのか？　成績が落ちて悩んでいるときに電車で盗撮をすると次の日の活力が出るのはいったいどういうからくりなのか？たくさん被害に遭って人によって傷つけられているのにまた人を求めて群がるのはなんでだろう？

モヤモヤする現実をシンプルにする手段として人は心の盾をつくると述べたが、それに対する解毒剤は、知ること、知ろうとすることなのではないかと感じている。知れば自分の世界観とは違う情報が入ってきて理解するのに時間がかかるし、さまざまな感情が刺激されて揺れる。でも、シンプルに割り切ってわかったと自分をだますことも好きではなかった。知ろうとすることが主な仕事だったこと、知ることが楽しいと思う性分を持っていたことは仕事を続ける助けとなった。というより「くそー、絶対理解してもっといいプロになってやる」という負けず嫌いが一番影響したかもしれない。

後に「知る」ことだけでは最終的な解毒剤にならないことに気づくのではあるが、それはまた次章以降で述べていく。とにかく、決めつけずに「なんで」を本人に聞く好奇心が私を変えてくれた。

第2章　専門家役割の模索——アミティとの出会いまで

少年鑑別所に就職して、同じ心理職と呼ばれるたくさんの先輩の背中を見られたのに加え、集合研修と呼ばれる場所では同じ領域で働く法務教官や刑務官たちと交流する場を持てた。法務教官とは、少年鑑別所や少年院で非行少年に対して教育や支援を行う職で、最近は刑事施設で受刑者の教育にも携わっている。刑務官は、成人の施設に勤め、主として収容されている受刑者を見守り逃走や事故がないようにするとともに更生や社会復帰のための処遇を行う職である。

対人支援の領域では、多職種連携、チーム処遇などと言った用語が飛び交っている。言うのは簡単だが、実際にはとても難しい。それでも、例えば子ども福祉の領域であれば、たとえさまざまな職種がいたとしても「子どもの安心・安全と成長」という無視できない共通目標がある。医療の領域でも、儲けを考えて保険点数を稼ごうとする人と患者さんの回復を第一に考える人の間で目的がズレていたとしても、病名を言えばこういう症状の人という共通の認識があり、同じ専門用語が通じる。しかし矯正の領域では、全く異なる教育を受けてきた人が一堂に集まり、共通言語もなく、みんな違う目標を持っているような印象だった。そのために採用後は集合研修が行われ、共通認識・言語を学ぶはずだったが、法務教官と法務技官は同じ少年矯正ということで理解し合える点があるとはいえ、語り合うほど違いを実感する面も否めなかった。それは私と異なり組織に馴染んでいる法務技官に対しても感じた。

本章では、矯正施設に勤めるいくつかの職種の人たちと接し、感じ、考えたことを記していく。いろいろな人と触れ、抱いた違和感をもとに、自分の大事にしたいものとは何かを探った過程を理解していただくために特徴を際立たせて書いているが、誰かへの批判や職業的価値観の否定ではないことはお伝えしておきたい。

法務技官の仕事――面接室の限界

身近なモデルとして法務技官から述べていこう。今でこそ法務技官（心理）がキャリアの最初のほうから刑務所や少年院などの施設に異動になり、特に刑務所では調査専門官もしくは教育専門官と役職名を変えて受刑者の調査や「改善指導」と呼ばれる教育的介入に携わることが一般的になっているが、私はその前の世代だった。当時は、異動と出世がセットになっている国家1種（現在の国家総合職）がキャリアの一環として刑務所や少年院に異動することを除き、技官は鑑別所で大事に育てることが是という雰囲気があった。拘置所・刑務所でも業務はあるため、一定数の、特に都市部の技官は拘置所・刑務所に異動してはいたが、県をまたいだ異動はありながらも鑑別所に長く勤めている技官のほうが多かった。そしてまた、当時の刑務所での技官の仕事は、入所直後の情報収集や心情安定のための個別面接が多く、現在のようにグループワークで多くの人たちを一気に扱う仕事をしている人はほとんどいなかった（面接・調査は技官、教育は移動してきた法務教官が行うという棲み分けがなされていた）。したがって法務技官には心理査定については尊敬する先輩はたくさんいても、少年や受刑者といわゆるガチンコで向き合って処遇を経験した人は私の周りには少なかった。

法務技官は心理の専門職であり、学ぶことにとても貪欲で、仕事をしながらも本や文献をよく読み、勉強会もあり、理論や技術に対する知識は豊富だった。しかし技官は面接室といういわば良い条件が整った場所で少年たちとやりとりはしているが、朝起きて機嫌が悪いとか、何かができなくてイライラしているなどの生活に根づいた場所で、日々その瞬間ぶつかり合って対応しているわけではない。落ち着いた面接室で聞いた話を時間をかけてゆっくり練った考察は、理屈は通っているが生々しさを欠き、この場合はどうする、この場合はどうするという現実よりも、どこか独りよがりなような世界に落とし込まれ、私にとってはインパクトを欠いた。いい例えではないかもしれないが、戦争に行かず兵法だけ論じているような感じなのである。もちろんそうした人に影響を受けて変わっていく人もいるだろうし、好みの問題であり悪いとか悪くないとかということではない。ただ私個人は、司法領域という、相手が自ら相談に来てこちらの提案を素直に受けて自己改善に努めてくれるわけではない場所で働いていくには、人を理解するための知識や言葉だけではなくもっと日常に根づいた場所で、さまざまな状態にある相手の心に届くような交流や人同士の関わりが必要だという感じがした。

法務教官の仕事——経験と人格だけを基盤にする危うさ

日々の交流や関わりを得意とするのは法務教官だ。少年鑑別所には少年院で働いていて異動になった処遇のベテランがたくさんおり、いろいろなスタイルの指導を見た。熱血教師さながらの人も、落ち着いた感じの人もいるが、基本的にまっすぐで熱い。人に関わるのが好きで、子どもたちを良いほうに導きたいという気持ちが言動に表れている。泣こうが暴れようが反抗しようが、小細工は抜きで、まっすぐ向き合い会話する。好みの問題でハマるかハマらないかはあるとはいえ、理屈抜きに心に訴えかけ響かせる力はピカイチだった。

ただ、私が選ぶモデルとしてはこれではないという感じもあった。どんな状況にもまっすぐ関わり届けてつながる力は確かなのだが、とにかく関わりの背景にある知識とその手段が雑なのだ。例えばあるベテラン法務教官がかつて勤めていた少年院での指導について、「生活に投げやりでもう逃げたいという少年の首根っこをつかんでドアの外に蹴りだし、「逃げるなら逃げろ」と言って喝を入れた」と話してくれたことがある。もちろんそこまでの関係性があったからその喝が喝として効いたのは理解できるものの、暴力を含むその指導が最善とは思えなかった。法務教官たちもたくさんの処遇理論を学び頭に入れたうえでそれをこなれたものにしているはずだが、経験が勝ちすぎてもう原型がわからない。少年院の教育を見学した際も、担当教官が扇状に座った少年の前にドンと立ち一対一で順に話すだけのものを「グループワーク」と称していたほか、有無を言わさぬ雰囲気で「これについてはどう思う」と聞いて少年が正論を答え、「そうだな」と、また正論を補強して解説する光景にも疑問を抱いた。見学の場だったので双方緊張していただけかもしれないが、大人の思う更生観や「正しい道に戻す」という処遇側の思いがありすぎて、少年たち自身がどう生きていきたいのかが軽視され、かつ彼らがそれを考えるための場所があまりに感覚的に構成されているように思い、一歩間違えれば安全な場づくりに失敗して押しつけに転じてしまうように感じた。

支援者が犯罪行為をした人と関わるときには、特に関わるほうが司法の後ろ盾を持つ役職であれば、相手が大人であっても一定の支配関係が生まれる。「間違ったことをしたあなた」と「それを正す職業の私」の位置関係になるからだ。相手が子どもであればなおさら、大人にそんなつもりはなくても「良かれと思って」の関わりはときに押しつけとなる。その危険性を自覚し、どうすれば自発的な動機づけが高まるかに関する理論を把握し、さらにコミュニケーションのスキルを高めて十分留意して関わらないと、それは支配となるおそれがある。

二〇〇九年、広島少年院で首席専門官という管理者と法務教官四人が少年への暴行で逮捕され、その後有罪となった事件があった。無罪を主張し続けた被告もいるのであくまで私の個人的な解釈として述べるが、この件も行き過ぎた思いを押しつけ手段を間違えた一つの例だと感じている。責任者は、発達障害の子どもたちの行動を管理し枠組みに沿って行動できるようにする手法に挑戦しているとして当時話題だった。「少年院で発達の偏りがある人に適した処遇をし、より良い人生を歩んでほしい」という思いは間違っていなかったのだろう。ただ、それは一方向であり互いの心に届く交流や関わりではなかった。思いはあっても常に基準に沿っているか確認する基軸が弱く、かつ、自分の思いが子どもの思いを押しつぶしていることに盲目だったのではないか。会社の理念と資金と人材のバランスが取れていないと組織が立ち行かないのと同じで、思いと手段と理論はバランスが取れていないとうまくいかない。人との交流の場合、思いは、相互交流的で互いに届くものでなければならない。第1章で援助職の盾を使って対象者を非人間化することにより対象者にひどい虐待や暴行を加える例に触れたが、それ以外でもパワーが弱い人に対する支援、特に子どもの支援では「良かれと思って」の暴力が発生することもある。

なお、ここに書いた法務教官や少年院の処遇の話は十数年以上前のものである。いまでこそ、少年院法が改正され理論や根拠に基づく介入も導入され、全国統一の教育プログラムが実施されるようになり、ここで書いたものとは変わっているだろう。と言いながらも、少年院の教官がTCの講演の終了後に寄ってきて、大人が持つ強制力には無頓着なまま、話し合いをさせていることだけをもって「少年院でもTCをやっています」と言われたことがあるし、マインドフルネスという瞑想を盛り込んだ心理療法の実践の際、法務教官が「マインドフルネス、はじめー!!!」と理論にも瞑想にもそぐわない大声で号令をかけていたなんていう話も聞いたこともある。どんな心理療法・プログラムであろうと、常にプログラムが滑っていく(理念がずれる、職員の力量が低下する、手法を勝手に変えていくなど)ことは起きる。何かをしていれば、何かの理論に従ったことをしていればその理論の求める治療・介入だというのではなく、理論と手法(手段)と情熱(思い)の間を行き来して、関わりの中で相手に思いが届いているかの確認を続けなければいけないということなのだと思う。

刑務官の仕事――ストレスのある組織下でのサバイバル

少年鑑別所で働いている間はさまざまな職員研修があり、刑務官とは、採用初年度に三か月間、四年目・五年目にはそれぞれ六か月、一か月半で計十か月半ほど一緒に研修を受けた。初年度は私と同じくみんな新採用だったが、四年目・五年目の研修は中等科や高等科といって参加者は管理職になるための試験を受け合格し全国から研修を受けに来た人たちであり、年齢や採用年度もさまざまである。一緒に働いてはいないものの、研修期間はすべて研修所に泊まり込みで過ごしたので、休憩時間の雑談や飲み会などで普段の顔や考え方などを知る機会も多かった。

一言で言うと、とにかく刑務官は、仕事に就いた経緯も目標も本当にさまざまで、理論と手段については素人から始める人がほとんどの集団である。国家1種（国家総合職）で採用になったいわゆるキャリア組もいれば、高卒で入ってくる人もいる。また武道採用（武道区分）といって、刑事施設の保安警備業務や、非常事態時の機動警備隊の仕事をするために剣道や柔道の経験が長い人を採用する枠もある。年齢差、これまでに学んできた環境、そしてなった動機が異なりすぎるのだ。まとまりがないと言えばないが、幅があるのは多様性を含む組織をつくるのに決して悪いことではないし、人の処遇についてはある意味まっさらなので、初年度の研修でむしろ多様な人たちの価値観に触れさせて自分の仕事の意義や目的を明確に意識させ、組織が社会で果たす位置や役割を理解し、自分が仕事をする意義としてうまく取り込めるように教育を組めばいい。しかし、具体的な内容についてはこの後の節で述べるが、研修で受ける教育は、法律に加え、訴えられないための、もしくは従わせるための処遇法だった。必然的に、体系的な知識をきちんと学ぶのではなく、現地の先輩や風土から残りを学ぶことになる。そのため、採用当時はみんな普通の感覚を持った人だったのに、四年目に高等科研修で出会った刑務官たちはもう何やら別人のように見えるほど変わっていた。

高等科という研修で出会った刑務官集団は、その発言のうち、受刑者の社会復帰に対する熱意ある言葉が1としたら、あとの99は、「こんな人たちが幹部になって刑務所を運営するのか」と思うようなものだった。もちろん、例外の刑務官はいたし、往々にして賢くしっかりした人は大声で思想を言いふらさないので、がっかりする発言が多く耳に入ってきただけというのが事実だろう。問題は、悪貨が良貨を駆逐するごとく、がっかりすることを言う人が話せば話すほど、まともな人は沈黙し、ますます不適切な文化が強化され、それが集団の主要な雰囲気になってしまうことだった。

目立ったのは、受刑者を侮蔑する表現を平気で使い、ときにはいかに受刑者たちを困らせてやったかという話で盛り上がる様子だ。二〇二四年二月に法務省が公表した矯正改革推進プロジェクトで、刑務官は受刑者を「さん」付けするという方針が示されたが、当時、刑務官は受刑者を「懲役」と呼んでいた。「懲役刑受刑者」だから「懲役」と略すところから始まったのだろうが、完全に侮蔑的な空気を帯びた呼び方だった。「鍵を振り回していたら懲役のおでこに当たって血がタラーっと出てさ」とか、「拘置所に入所した女性被収容者の身体検査に立ち会った際、お尻を開いたら音が出たんだよ」などという話題で笑っている。そのほかにも、反抗的だったからああしてやったこうしてやったというものから、精神疾患を持つ人や有色人種の受刑者に対する差別発言まで多岐にわたった。もちろん私自身も処遇をしていてイライラがたまったときには「あいつら〜！」などと文句を言うこともある。しかしそんなこととは比にならないほど、受刑者を人として馬鹿にしているのだ。

酒の席などでその考えに言い返すと、言い分を聞いてくれる人もいたが、「そんな生半可なこと言ってるけどな。俺たちの先輩で恨みを買った受刑者から奥さんをレイプされた人がいるんだぞ」とか、「ひどい受刑者を見たことないからそんな呑気なこと言ってられるんだ」、「性犯罪者っていうけど、女のほうがだましてレイプしたって訴える場合だってあるんだぞ」というすれ違った議論になったり、「刑務所で苦しんで、二度と来たくないと思うようにさせればいいんだ」という、古典的・懲罰的処遇観念のごり押しで乗り切られたりすることも多々あった。

想像力を働かせてその行動を分析すれば、彼らも傷ついていたのだと思う。難しい受刑者を抱える刑務所で勤める人ほど、毎日のストレスは強く、うまくいかない無力感を抱き、ときにはトラウマになるようなこともあっただろう。でも傷ついたことは認めたくないため、反応として人を貶めたりけんか腰になったりしていた面もあったのかもしれないし、マッチョな生き方しか肯定されない文化で、弱音を吐くことが許されなかっただけなのかもしれない。ましてや刑務所職員の狭いコミュニティの中で、毎日そのような話を聞かされ続け、濃い人間関係で世話をしたりされたりしていれば、集団の価値観に完全に染まるのも不思議ではない。

何よりおそろしかったのは、ずっとその場にいると、私自身も麻痺して染まってきてしまうと感じたことだ。最初は抵抗があった差別的発言も聞き慣れたものになり、自分からは言わなくても人の話にはその場の雰囲気を優先して同調して笑顔を見せたりもしてしまう。人が人を貶めることで優位性を保つような集団の中では、自分の中の仕事をする目的が、仕事そのものに関するものではなく、「その集団で生き残ること」になってしまうのを身をもって体験した。

もう一つ気になったのは、彼らの熱意が出世に著しく傾いていたことである。昇任したいと思って受験したのだから多少気になるのは当然であるし、上に上がりたいという欲求そのものは悪いと思わないが、誰が本省（法務省）に異動させてもらえるか、どの施設でどのポストに就けそうか、あいつはダメな奴だから無理だろう、お前はどこそこに行けるんじゃないかと延々、本当に延々話しているのだ。そして、成績に関係する授業は必死になり、関係のない授業は「楽勝」と言って力を抜く。研修の後半で異動の内示があった後は、思い通りに異動を命じられた人が「勝ち組」、そうでない人が「負け組」などと冗談めかして互いに呼び合っていた。彼らには独特の序列もあるようで、犯罪性の進んだ人が収容されるいわゆる累犯刑務所に勤めている人が、初犯の人が収容される刑務所に勤めている人を捕まえて「お前のところは初犯だから、そりゃ楽だろ」といった言い方をしたりもする。とにかく、狭い世界で、組織の中で評価されることだけに躍起になり、強いものと弱いものに二分されていく様子は、とうてい健康的には見えなかった。「成績優秀」「難しい受刑者がいる施設に勤めている」「誰かに気に入られていいポストを得た」といった「仮着の権威の争奪戦」を繰り広げるゲームに参戦し続け、「個」であることができず、目的が組織で生き延びることになっていく彼ら自身が一番、力を抜くことができず苦しいのではないかと、勝手ながら同情的な気持ちも抱いた。

違和感をWhat, How, Whyで整理してみる

抱いていた違和感をどうまとめるか考えているときに、ある動画に出会った。作家でありインスピレーション・スピーカーであるサイモン・シネックは、二〇〇九年に行ったTED Talk「なぜから始めよう――優れたリーダーはいかに行動を奮い立たせるか」の中で、人や組織の持つなぜそれをするのか、したいのかという「Why」が人や組織、顧客に影響を与え、さまざまな人を主体的に行動させることに成功すると述べている。* 例えば他の会社の製品と性能はほとんど同じなのになぜアップル社の製品はあんなに売れるのか？　空を飛ぶ計画を立てていた人はほかにもいたのになぜライト兄弟が成功したのか？　彼だけが優れた演説家だったわけではないのに、なぜマーティン・ルーサー・キング牧師は市民権運動を主導できたのか？

シネックは、人を動かすゴールデンサークルがあり、中心にある「Why」から発せられた言葉でないと、人をひきつけ、影響を与え、リーダーシップを発揮することができないと主張した（図）。つまり、人を行動させるのに成功した人は「What」（どんな性能を持った製品を作れるかなどの具体的なもの）でも、「How」（どうやってそれを成し遂げるか）でもなく、「Why」（なぜそれをするのか）を先に

---

* https://www.youtube.com/watch?v=u4ZoJKF_VuA&t=2s（最終閲覧：二〇二四年十月五日）

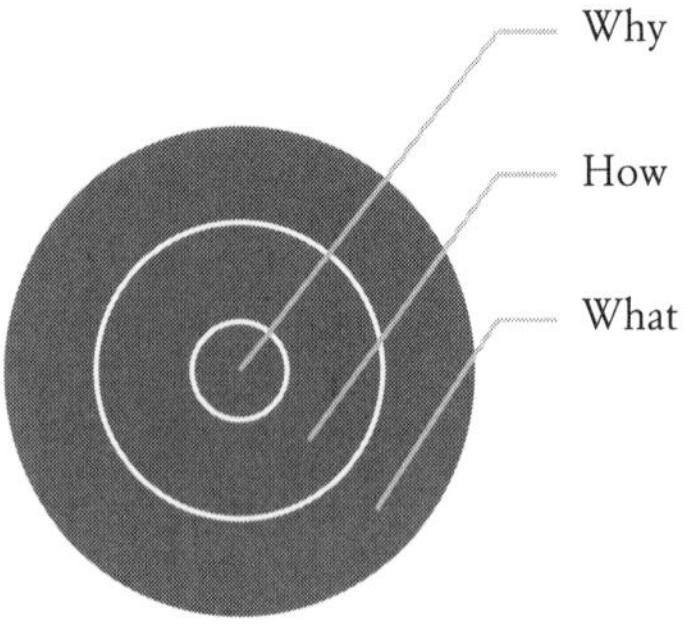

図　サイモン・シネックのゴールデンサークル

示したことで、他者の「Why」つまり動機づけに影響を与えたのだと述べている。具体的に言うと、アップル社は、商品の細かな宣伝をせず「私たちのすることはすべて世界を変えるという信念に基づいています」と伝え、ライト兄弟は「飛行機を完成させることができたら、世界を変えることができる」と信じ、キング牧師は「私は信じている」と自分の信じる世界を示した。これらの言葉によって、アップル社は新しいデザインの新しい世界観を持つ製品がほしいと思う人の心を購買行動に導き、ライト兄弟は金銭報酬を求めない協力者たちをひきつけ、キング牧師は「自分の願う世界を自分も作りたい」と思う（白人を含む）多くの人たちをワシントンに集めたというのである。

犯罪行動変化に関する支援は起業とも歴史的な偉業とも異なるが、「人の心と行動を動かす」という点においては類似している部分がある。What は人間の感情や行動に変化を起こすということで共通するだろう。How は、それをどのように届けるか、どんな手段でそれをなしとげるかという理論やスキルにあたる。Why は、支援者の動機づけ（なぜこの仕事をしているか・支援の相手に与えたいと思っている影響）と、それを相手の動機づけ（本人自身が自分の人生をどうしたいか）とつなげ、届ける力だ。つまり交流やつながり、相手の心に届く関わりを指す。各職種に感じた違和感は、法務技官にはWhatとHowはあるが人を動かすほどのWhyが見えづらい、示しづらいように感じたこと、法務教官にはWhyはあるがWhatが薄れHowが間違っているように思われたこと、刑務官には、どれも欠けているように思ったこととそれぞれ整理できるかもしれない。そう、私が出会ったどの職種にもどれかがなかった。

集団がWhyを失うと起きること

少し話はずれるが、関連する内容としてストレス下における集団の動きと集団のWhyにも触れておきたい。

受刑者や弱い誰かを見下すのも、出世に邁進するのも、同じ構造、つまり「生き延びる」ことにしか関心が向かない集団に原因があることにはすでに触れた。これらは個々人に問題があるのではなく、グループがうまく機能していないことを示している。

集団がうまく機能を発揮できていないときの動きはいくつかある（詳細は**コラム1**参照）。その中でも刑務官集団は、受刑者という敵をつくり見下していないとグループが維持できない、かつ自分たちの中でも誰が上で誰が下か（敵は誰か）でもがいている「闘争／逃走」グループだ。そして、自分たちで状況をなんとかするよりもパワーの強い者に気に入られることで自分を守り、権力を持つリーダーの言うことに従える者こそが力を得られるようにするという「依存」グループでもある。刑務官はストレスの多くかかる仕事だ。Deitch, Koutsenok, and Ruiz (2004) は、刑務官は組織ストレスや仕事のストレスからバーンアウトの確率が高く、かつ高い割合で心臓発作、潰瘍、高血圧、うつ病、アルコール依存症、離婚を経験していることや、全体の平均寿命が七十五歳のところ五十九歳であるという研究を発表している。また深谷・森久・藤岡（2020）は、日本の刑務官たちにインタビュー調査を行い、刑務官は感情労働をしているがその大変さが認識されていないままであると問題提起をしている。組織のリーダーがいろいろなルールをつくり健全に機能させようとしても、この動きに手当をしなければ、容易に集団の機能は低下する。

このことにWhy, How, Whatを重ねると、グループが機能しないときは、集団がWhyという中核を失っているときであると言い換えることもできる。集団のWhyは自分たちの仕事に対する動機づけ、つまり誇りや手ごたえであり、自分のしていることを組織が見ていてくれるという組織とのつながりであると言えるかもしれない。刑務所にWhyがないと思うのには、根拠がある。二〇〇二年、名古屋刑務所で収容中の受刑者に暴行を加える不適正な処遇を行い受刑者を死亡させたとして刑務官五人が逮捕・起訴され、有罪判決を受けた。被収容者の人権を守り、受刑者に対する社会復帰に向けた処遇の充実を盛り込んだ二〇〇五年の法律改正のきっかけになった事件である。法律は最終的に二〇〇七年に名称を変え「刑事収容施設及び被収容者等の処遇に関する法律」となった。そして刑務所も変化に向けて努力をした。しかし、二〇二二年十二月、同じ名古屋刑務所で二十二人の刑務官が複数の受刑者に繰り返し暴行を加えていたことが明らかにされた（十三人が書類送検）。加えて、他施設の監視カメラの記録調査の結果、十四の施設で、計一二二件の不適正な処遇が見つかり、四十二人の刑務官がそれに関わっていたことも発表され、一つの施設の問題ではないことも明らかにされた。

この集団はなぜ同じことを繰り返すのだろうか？

不適正な処遇が発生する背景にはさまざまな条件があると思うが、根本的な理由の一つは、刑務官集団にWhyがない、もっと言えばWhyを醸成する教育・研修ができていないことだと私は考えている。一人ひとりが頑張っていないということではない。しかし何のために働いているのかわからない会社員に利益の上げ方、営業の仕方を叩き込んでも燃え尽きていくだけなのと同じで、Whyを欠いた集団に、HowやWhatで小手先の「してはいけないこと」や適切な処遇法、法律や罰則をいくら叩き込んでも無駄に等しい。なぜなら以前の風土、つまり生き延びるために培われた不適切なHowが勝ってしまうのだ。罪を犯した対象者たちに指導をして、自分はどのように生きていきたいかというWhyを思い起こさせ行動を変化させるはずの職業集団がWhyを欠く。その成員は誇りとやりがいを失い、組織とのつながりが薄く、自分が役に立っているかもわからない。その影響で個人のWhyも見失って保身に走るしかなく、被収容者たちとの関わり、つながりを欠いていく。これでは、人に影響を与えようがない。人に関わる現場では、集団のWhyは普通の組織以上に重要で、やるべきことを達成できるかどうかに直結する。

管理と抑圧を教える研修所

集合研修で他の職種の集団に触れるとともに、研修を通じて、法務省矯正局という組織の方針にも触れた。同期は個性にあふれていて面白い人たちだったし、現職の法務技官、法務教官、刑務官から異動して教官の役職に就いている指導者たちからは、個別には良いリーダーシップのモデルも見せてもらえたが、全体としては、支援者としての私が得たいと思っている知識や経験を得るよりも、疑問を抱くことのほうが多かった。

基礎科と呼ばれる初年度の研修では、法務技官は採用数が当時は少なかったので、その年に採用された技官は東京の中野にある矯正研修所東京支所に集められた。大学院卒枠で採用された人が七人、国家1種（現在の国家総合職）で採用された人が五人で、全部で十二人くらいだったと記憶している。同時期に関東地区で採用された初等科研修を受ける刑務官が七十人ほど、関東地区の法務教官の基礎科研修を受ける人が三十人ほどいた。授業は、法律など共通のものは全員で同じ部屋で受け、それぞれの専門性に関することは職種別に受ける。寝泊まりは二人一部屋で、朝は部屋を出て整列して大きな声で番号をかけ、全員いるかどうか確認する点呼がある。始業時には制服を着て整列して再度点呼をしたうえで、身分証明書を所持しているか、異状を知らせる笛が鳴るかどうかなどの点検を済ませてから、その後一日さまざまな授業を受ける。五時に解放され自由時間となるが、門限が決められ、夜にはまた点呼がある。夜遅い時間に突然放送が流れてヘルメットを持って集合する抜き打ち招集があったり、柔道着を着て護身術を学んだり、集団行動訓練といって少年や受刑者を統率するために声をかけ行進する練習があったりした。正直勉強以外のすべてが嫌だったが、これは私の好みであって職業上の意識を高めるためなのだろうし、致し方ないのだろうと受け入れていた。

しかしときには、さすがに好みの問題ではなく、適正なパワーの行使を超え、適切なアプローチではないのではないかと思うこともあった。例えばあるとき、大人数の教室で法律の授業を受講した直後に教官が入ってきて、「今の授業で寝てた奴いるだろ！　手を挙げろ」とすごんだことがあった。暖かい五月に、淡々としゃべる学者から法律の授業を聞いていたら眠いに決まっている。実際多くの人が居眠りしていた。教官の突然の怒鳴り声に全員に緊張感が走る。私は幸いそのとき寝ていなかったので手を挙げるかどうか悩みはしなかったが、その教官は延々と間をつくり、寝ていた人が手を挙げるのを待った。私の心に浮かんでいたのは「何この支配の仕方……」という言葉である。そもそも百人以上いる教室の誰が寝ていたか教官自体も把握していないであろうから、答えがない。「給料をもらって授業を受けている自覚を持て、寝るなよ」の一言で済む話を、罵声で威嚇し、手を挙げた人に罪悪感や失敗感を持たせ、反省文を書かせて提出させることで次の行動変容につなげようとするのだ。しかりつけること（How）で寝ない職員をつくり出す（What）。それを受けた側は、自分の仕事の根拠を学ぶために積極的に受講しようという動機（Why）を見失い、怒られないために（What）起きていよう（How）となる。そのことに気づいているのだろうか。

そのほかの例もある。矯正施設では布団の畳み方や物を置く位置をすべて決めて被収容者に実行させるのだが、研修時の私たちの部屋も決まりに従って布団を畳み、部屋を出なければいけなかった。布団の畳み方、置く位置、順番などは全部決められ、時折、朝礼前に教官が部屋を確認することがあるのだが、そのとき指示されたようにできていないと、全員が朝礼のために集まっている場所で大声で名前を呼ばれる。「毛利ー！　シーツの角がベッドに入ってなーい！　今すぐ部屋に戻って直してこーい！」と名指しで叫ばれるのである。きちんとしていれば叱られることがないと言われればそれまでなのだが、問題は、人前で名前を呼んで恥をかくように叱る行為だ。人前で叱ることは、タイミングと叱り方を見計らえばよい効果をもたらすこともある。でも繰り返し行うことは、感情的には見せしめができて満足できても主体的な行動変化には効果的ではない。これもまた恥の感覚を植えつけ、「怒られないために」という刷り込みをもたらすだけなのである。

管理・支配・抑圧の文化は管理者には楽である。それをする側にも言い分はあるだろう。高校や大学を卒業したばかりの若者に対して一定の洗礼を与えてしゃきっとさせようという意図が大きく、役割として憎まれ役をやっていた面もあると思う。とはいえ、集団の維持のために最低限のパワーを使って制限や指示を行うことと、そのときに使うパワーを乱用したり、間違った使い方をしたりすることは異なる。最も大きな問題は、そういう叱られ方を学んだ職員が、現場に帰って同じようなパワーの使い方をすることだ。そんな職員からひどい叱られ方をした被収容者たちは、相似形のように「施設の中で叱られないために」振る舞うことに腐心し、ばれなければいいと陰で違反することを考え、Whyを自分に問うて主体的に変わるチャンスを失う。

四年目に参加した高等科と呼ばれる昇任者のための研修では、上司である教官から抑圧されるのではなく、互いに抑圧し合う組織の風土に変わっているのを感じた。研修の途中から、毎朝、研修員たちが自主的に集団行動訓練と呼ばれる行進の練習を始めたのだが、私は、「自主的なんだったら別にいいか」と思って参加していなかったら、同期が寄ってきて「ちゃんと参加したほうがいいよ」と注意された。誰のために、何のために「そうしたほうがいい」のか誰もすり合わせていないが、従う圧力だけが存在する。あるときには女子のリーダー格が女子研修員全員を呼び出して「夜中にトイレットペーパーを引き出すカラカラ音がうるさい」という議題で話し合ったこともあって、さすがに呆れたこともあった。基礎科では教官（研修員集団の外部）から枠組みを教え込まれコントロールされる感覚だったのが、高等科では、研修員集団がすでにその管理文化を内面化していて、自らをそのルールで縛っているように見えた。

これは、哲学者ミシェル・フーコー（1975）が述べた「規律訓練型権力」、すなわち看守の存在を内面化させることによって看守が不在でも架空の視線や評価におびえ、自分（たち）を監視しようとする権力のあり方と類似する。規律のもとに置き、規格化し、管理する。規格外の人や物事は非難や排除をする。それは、規律による支配とも言えるだろう。この方法で学校教育で管理され、公務員になれるほどその文化になじんできた人たちには、苦もなく受け入れられるのかもしれない。でもそれは、その社会の中で「べき」に従えなかった、規格外とされて排除された人、つまり非行・犯罪者に適用して本当に意義があるのか？　刑務所や少年院にいる時間だけ管理できたとしても、社会に出た後、日々のさまざまな状況を自分で判断し、より良い決断ができるように、べきに従うだけではなく、考え、感じ、議論していけるような支援をすることができていると言えるのだろうか？　そんな疑問がぐるぐると廻った。

法律や処遇技法、心理テストの実施法や解釈などHowとWhatについて学びはするが、一歩教室の外に出ればそこを支配するのは、学んだことを実践できるのびのびした場ではなかった。そして管理や支配一辺倒ではない成長の場はあるような気がしていたが、それに代わるものはまだはっきりとつかみきれていなかった。

アミティとの邂逅

文句ばかり言うなら研修なんか行かなければよかったのに、と自分でも思うが、私が高等科研修という昇任試験を受けたのは、異動の可能性を増やして少年院や刑務所での処遇について実際に体験したいという思いからだった。結局その希望はかなわず、広い世界に出たいのに出させてもらえないような気持ちを抱える中で、二〇〇六年、大阪大学の藤岡淳子氏に誘われ、弁護士や法律の研究者たちとアメリカの治療共同体、アミティを訪れることとなる。実は私はアミティのことをよく知らず映画も見ていなかったのだが、そのフラットな心持ちのおかげで先入観なく治療共同体というものを体験できた。

アミティでの滞在中、私の心に最初に浮かんだのが、大きな反省である。アミティでの最初の儀式で、自分は援助職として以前に人として自分の感情に向き合えていないことを痛感し、自分に向き合っているメンバー（犯罪をした人たち）に人として敬意を抱いたことは序章で触れた。それはひるがえって、それまでの自分が罪を犯した人を「欠点がある人」「弱さを抱えた人」とみなし相手を「弱者」の立場に無意識に置いていたことに気づかされることとなり、恥じ入る気持ちでいっぱいになった。この反省は、自分の仕事を便宜上「支援」とは呼びつつも、「支（ささえる）・援（たすける）」ではなく「対等な二人の関わり」という感覚を持つ、もしくは持つように努力するという私のWhyの確立につながった。

同時に、彼らの語りは、明らかに私が少年鑑別所内で聞いている「質問への受け答え」と異なっていることにも気づいた。語彙が多いとか表現が巧みだとかいう表面的な部分を超えて、人が本当に自分の意思で自分について語るときの、内面と向き合っている目つきや、感情が込み上げたときのちょっとした間、それでも次の言葉を紡ぎだすために決意したときに息を吸う音、それを見て聞いている側もその人の心の動きとシンクロしていくような感覚が、鑑別所で少年の語りを聞いているときのそれとは全く違うのだ。彼らは自分のために語り、自分のWhyを主体的に言葉にし、変化したいという自分の中から出る希望を語っていた。「こういう心からの語りを重ねていくことで人は変わるのだ」ということとを肌で感じると同時に、「私は少年鑑別所で単に「話させていた」だけであって、「語って」もらっていたわけではなかったんだ」ということにも気づき、いかに自分が驕《おご》った支援者で、語りの搾取者だったかということも思い知らされた。

これ以外にもたくさんのことを感じ取った。何よりアミティの創始者であるナヤ・アービター氏のレクチャーやワークは圧巻だった。グループの動きを掌握し、内面を見つめるための空気を一瞬でつくり、心理的に安全で話しやすい空間を保つ細かなスキルは当然素晴らしかったが、それはスキルとして発揮されているというより、「あなたという存在を歓迎している」「何を言っても受け入れる」というメッセージを感じる空気感として伝わってくる。ちなみに、ここで言う「受け入れる」というのは議論をしないということではなく、「どんな意見でもウェルカムだ。一緒に考えよう」と思っている感じという意味である。ホスピタリティという言葉が近いのかもしれないが、サービスの色合いはなく、無条件に存在を受け止められる愛のようなところがあり、でも相手に呑み込まれてしまい絡め取られる愛情のような居心地の悪さもない。ナヤさん自身が心から人の変化の力を信じ、自分を見つめ変わろうとする人を心から尊敬し、歓迎している信念、つまりWhyが漏れ出ていた。

また、アミティ全体に言えることではあるのだが、ナヤさんは、当事者や専門家という言葉をほとんど使わなかった。便宜的には使ったかもしれないが、そういうラベルで人を紹介したり、レクチャーやワークにそうした区別を持ち込んだりはしなかった。当時、日本で回復者の話や当事者体験がある人の話を聞きに行くと、「当事者性こそが回復の資源であり専門家は役に立たない」くらいのメッセージを受け取ることがあった。思えば、当事者の回復グループである自助グループがその存在価値と意義を一般社会に主張していく時期で、当事者性の重要度を意図して押し出していたのかもしれない。また実際に専門家と名乗る人に嫌な扱いを受けたり役に立たないことを言われたりしたという嫌悪感もあったのだろうと思う。そんな私も「当事者の話を聞きに行こう」と思って講演に出向いているので、専門家と当事者という線をどこかで引いているという点で同じだったのかもしれない。でもアミティでナヤさんの話を聞き、そこで過ごしていると、「薬物依存や犯罪歴があるという意味での当事者性」も、「なんとかの資格を持っているという専門性」も取るに足らない違いでしかないということがわかってくる。私たちはみな同じく一生懸命生きていて、どこかで傷ついたり、裏切られたり、大切なものを失ったりしている。逆に人を傷つけたり、裏切ったりしてずっと心に引っかかっていることもある。犯罪行動や資格の有無はすべて「経験」やその場の「役割」の違いでしかなく、重要なのはそれぞれが持っている当事者性を持ち寄り、互いに傷をさらし、膿を出し、人を傷つけた情けない自分に向き合い、そのときよりも人として大きくなることだ、というメッセージがたくさん飛び込んできた。すべてにおいて「We（私たち）」の感覚で接している。言われてみれば簡単な事実なのだが、「なんだ、そうだよ、気にしなくていいんだ」と、援助職の盾を一生懸命握っていた手の力がふっと抜けたような気がした。

ちなみに、支援をしていると「薬物を使ったことのない人には俺たち／私たちの気持ちはわからん」という言葉に必ず出会う。「薬物」は「貧困で生活に困ったことのない人は」とか「親に殴られたことのない奴には」とか「被害に遭ったことのない人には」などいろいろ置き換え可能である。言う側にもそう言って防衛したい何かがあって発言しているので、たいてい攻撃的なニュアンスを帯びる。こういう言葉を聞くと未熟な私は一瞬「なんだとコノヤロー」と反応するのだが、そんなとき、このナヤさんから得た感覚を思い出すようにしている。私たちは違うところもあるが、違わないところのほうが多い。わからないと思うから話して一緒に考える。違いを話していくうちにお互いに気づけることがある。そしてそれを言葉にして伝える。もしその人とグループワークで時間をともにすることがあれば私自身が抱えきれない痛みを感じたときの体験を分かち合い、その人の痛みの体験と感情に耳を傾けて、人としての共感をし合う。そうしていくと、次第に「お前に俺の気持ちはわからない」と言われなくなる。そうなればこちらもまた、相手の言葉がすんなり耳に入ってくる。言葉だけではない対等が実践できる。互いの違いよりも共通点を探すこと。それはアミティで学ぶTCの基本的前提「排除よりも包摂」のワークの一つでもある（第5章の表2を参照）。

ナヤさんのレクチャーに話を戻そう。ナヤさんはときどき、話があちこちに飛び、何を言っているかわからなくなった。しかしそれがとても興味深かった。個人の特性も反映していると思うのだが、彼女は一つの概念を説明するのに、さまざまな次元で話す。具体的な例を盛り込んだ話をしたあと、抽象的な詩を読み、今度は哲学の世界に迷い込んだのかと思うほど広くて大きい話をする。だんだん何を言っているのかわからなくなるのだが、後で、それでいい、いやそれがいい、とわかった。なぜならわかりきったことをレクチャーされても、人は先が読めるので思考しないし、結論を受動的に受け取るだけだ。でもナヤさんのやり方だと、人は、自分の理解できた範囲で、自分の感性でメッセージを受け取り、自分の考えを独自にまとめていく主体的な動きが生まれる。変化に向けた特定の価値観や、コミュニティがどうあるべきかという価値観を示されてはいるのだが、押しつけないので、自分が理解できた範囲で実践をすればよい。つまり、Whyをしっかり示すのだが、べき論で話さない。また、どこに刺激を受けて何を感じ何を考えるかが聞く人によって異なるので、「正しい答え」がない。みんな、刺激されたことから何を考えたかを話し、それについて分かち合えばよい。このやり方の良いところは、そのことについてよく知っている誰かひとりが延々と知識をひけらかす、なんてことが起きないことだ。ネガティブな行動を変化させようとすると、つい正しいことを教えることに傾きがちになるが、この方法なら、心地良く考えを深められる。そしてこの構造はアミティのテキストにも反映されている。テキストは正直読んでも何を言っているかわからないので、島根あさひでも訓練生から意味不明だとかなり苦情を受けた。でも何を言っているかわからない中から主体的に何を言わんとしているのか自分で考えるほうが、人は何倍も思索する。

支援職としてのナヤさんのスタイルとしても、そしてコミュニティのあり方としても印象深かったのは、スタッフもメンバーも、「自分のすべてを使っている」ということであった。時間的にずっと働くという意味ではなく、自分の持っているものをすべて使うという意味だ。ナヤさんは当事者としての経験も使っているが、その後に学んださまざまな知識や考えを最大限に持ち込み、研究者でも、当事者でも、支援の専門家でもなく、「ナヤさんそのもの」だった。当事者としての経験だけを強調することもない。テキストをめくり話していることを聞けば、どこかの心理療法や何かの理論のつぎはぎなのだが、カリキュラムのすべてが、コミュニティが教育的治療共同体として成立し、メンバーたちが成長・変化をするために編み込まれていて、全くバラバラに感じない。ナヤさんのWhyの明確さはテキストにも如実に表れていた。そのWhyのためにはどんなHowでもWhatでも、理論や立場や国や文化に関係なく使い、自分と、自分が得たものをすべて投入していた。序章で、TCは特定の心理療法ではなく容れ物と述べた研究者がいることに触れたが（Warren et al., 2013）、ナヤさんはまさしくTCの枠の中に自分のWhyに合うものを自分の経験も含めてすべて盛り込み、HowとWhatとのバランスを保つことに成功していた。

そしてコミュニティ全体もそれに呼応するように、自分なりにWhyを見つけ出し自分の全部を使っていた。もちろんコミュニティ・ミーティングという全員が集まる場所で理念を毎日確認するとか、きちんとしたテキストを作って教えているなどの構造によるところもあっただろう。しかし頭で理解して「はいはい、こうすればいいんですよね」という感じではなく、メンバーたちが自分たちなりに理念について考え、実践しているのがわかる。もちろん新参者と思しきやる気のなさそうな人や、今は向き合うことが難しいんだなと思うような消極的な人がいたりはするのだが、一回一回のグループが既定路線をとらずに、その場で起きたことや誰かが言ったことに反応して対話や議論を進め、基本的に、グループではみんな未熟さを含め自分を全部投入しているのだ。このことに関連して、何回目かの訪問の際ナヤさんがグループの誠実性というテーマでレクチャーとデモンストレーションをしてくれたことがある。

このグループの真ん中に泉があると思ってください。私たちはそこから水を飲んで喉を潤し、生きていくことができます。ある日グループのメンバーがこの水に毒を盛るとします。それは、グループでの秘密を漏らすことや、正直に話さないことなどで起こります。いったん水に毒が入ってしまえば、私たちはその水を飲んで生きていくことはできません。グループの真ん中にあるのは「命の泉」です。私たちが誠実性をもってグループに水を注ぎ続けることで、あなた自身もその水を飲み生きていくことができるし、他の人を生かすこともできます。

こんな風に言われたら、コミュニティのメンバーとして誠実に振る舞おうと思わないだろうか？「グループの中で話したことは秘密にしましょう」とルールを唱えられるより何倍も守る気が湧いてこないだろうか？ TCの特徴の一つは、コミュニティを良いものにするのもそうでないのもメンバーの責任であるということを明確にしていることにあると感じている。言い換えればこれは、集団が機能しない状態（**コラム1**参照）に陥るのを予防するため、コミュニティへの責任感を刺激してグループの健全な機能を発揮させるための「仕掛け」だ。

みんなが自分のWhyを模索・表現できる構造をつくり、コミュニティにそれぞれが責任を持つ風士ができれば、支援職やスタッフと呼ばれる人の役割と責任はぐっと減る。これができないグループをつくってしまうと、不快な感情をなだめてもらうとか要望を聞いてもらうことが支援だと勘違いする不健康な集団ができてしまう。しかし返すべき責任を返すことができれば、スタッフは時間割やイベントの調整、プログラムの進捗の管理、少しのレクチャーをして、グループの内容がずれ始めたときに少しコメントをする以外の責任はない。みんなが自分が追うべき責任を自分で負うからだ。そしてスタッフも、メンバーの一人となれる。もちろん同じメンバーとして間違いを指摘されたり、自分がうまく反応できないことへの指摘を受けたりすることもあるだろう。でも完璧でなくていいのだ。支援者と呼ばれる立場と当事者・被支援者という立場を超えて人と人として影響を与え合い、支援者も成長するし、支援者も欠けているところを許してもらう。TCでは、いろいろな議論やレクチャーをしWhyを押し出すが、それは押しつけにならないような構造になっている。それまでは「援助職の盾」への解毒剤は「知ること」だと思っていた私だったが、それよりも「自分が開かれること、すべてを使うこと」だと考えを更新した。それが効果的だということだけではなく、自分自身もそのほうが何倍も生きやすいし楽しい。

＊

私のWhyは、「良いと思ったこの場をもっと多くの人と分かち合いたい」というシンプルなものに定まった。支援の対象になる人と、互いにいいところも限界もある人間同士として向き合い、わちゃわちゃと議論したり泣いたり笑ったり喧嘩したりする日常の中で、昔のお互いの未熟さを笑い合い、変化を喜び合いたい。専門家と当事者が立場を「超えて」でも「無視して」でもなく、それぞれの当事者性と専門性を、それぞれの色が混ざり合って境界線がわからなくなるまで練り込んだ場ができれば、「罪を犯した人を変えさせる」ことが当然となっているこの司法領域の支援と指導のパラダイムを変え、支援者・被支援者お互いにとって良い支援の場がつくれると信じる。What は刑務所内に、関係性を重視し、互いに感情や考えを分かち合うTCという場をつくり、できる限り多くの人の変化を促すこと、How はそのために、自分のエネルギーを全部使うことになった。

コラム1　グループが健康的な機能を発揮できないとき

部活動や会社で、互いの悪口を言い合う、自分は動かず愚痴ばかり、目的もないおしゃべりをだらだらと続けているだけ、などという非生産的な集団を見たことはないだろうか。ごちゃごちゃ言っていないで自分のやれることに全力を尽くしたらいいのにと思う集団では、個人ではなく集団がストレス反応を起こしているという見方ができる。

精神科医であり、精神分析家として有名なウィルフレッド・ビオン（1961）は、集団を支配する無意識に注目し、「作動グループ」と三種類の「基底的想定グループ」という概念を提唱した。何もないときには合理的で客観的な判断ができる人間が、なんらかのストレスの下では心の防衛機能を使って他者に攻撃を向けたり、酒を飲んで逃避したりしてしまい機能低下を起こすのと同様、グループもグループの持つ目的に沿って合理的に機能している「作動グループ」が、さまざまなストレスがかかるとうまく機能しなくなり「基底的想定グループ」になるという考え方である。

基底的想定グループには、次の三種類がある。

（1）依存基底的想定グループ：強いリーダーシップを持つ人に依存し、自分たちには何の力もないかのように振る舞う。メンバー同士ではなく権威と仲良くなろうとし、互いに協力しない。リーダーが期待に応えられないことがわかると裏返って強い批判をし、次の強いリーダーを探す。

（2）闘争／逃走基底的想定グループ：グループ内・外に敵を作り出し、その敵と戦うことで、もしくはその敵から逃げることで団結しているかのように振る舞う。要は戦いに没頭することで自分たちのグループが機能していないことから目をそらしているだけであり、次から次に敵が生まれる。

（3）つがい基底的想定グループ：まだ生まれていないリーダーが現れて自分たちを救ってくれるという期待を持ち続ける。救世主が現れれば事態は良いほうに進むはずという期待で現実を見ないようにする。

身近に一つくらいは思いあたる例があるのではないだろうか。重要なのは、この状態が解決したところで、もっと見たくない現実に向き合わざるを得ないので、最悪を避けるため、結局はよりマシな悪い道を選んでしまうことがあるということだ。つまり、依存をやめれば組織の成員一人ひとりが重い責任を果たさなければいけない。内部の闘争／逃走をやめれば、もっと巨大なストレスに向き合わなければならない。つがいをやめれば、本当は救世主などおらず事態は何も変わらないと受け止めなければいけなくなる。基底的想定グループを作動グループに戻していくには、目の前の依存や喧嘩をやめさせるだけではなく、ぶちあたる現実を直視し対応できる集団の力を強化する必要がある。

余談であるが、基底的想定グループを提唱したビオンは、軍医として働くイギリスの病院で最初にＴＣを始めた精神科医の一人である。当然ながらこのグループに関する知見は、ＴＣの受刑者集団を相手にしているときにも、グループがうまくいっていない場面で何が起きているのかをどう見立てどう手を打つかを考えるときにも非常に助けられた。

第3章　回復共同体構築への準備——対話にならない会話

第Ⅱ部で述べるような受刑者たちの動きやTCのグループワーク場面、彼らの語りや出所後の活躍が「表舞台」だとすれば、準備段階での出来事やスタッフたちの動きは裏方といえるだろう。もっと時間軸を広げれば、刑務所を民間に運営してもらうという発案をして実現させた法務省の人たち、刑務所事業に参画しようとした民間企業の人たちなどさまざまな裏方の物語がある。

第2章では、矯正施設に勤めるさまざまな職種について現場時代の経験を述べたが、刑務所開所にあたって最も多く接したのは、現場ではなく法務省内で勤める刑務官たちだ。彼らもこれまで国家公務員だけで管理してきた刑務所の仕組みや制度を民間企業に理解してもらい、不文律で培ってきた歴史や文化を伝えていくのは大変難しかっただろう。そして民間企業側も、仕事として多少慣れている面もあるとはいえ、異文化を理解したうえでさまざまな提案を行っていくことは苦労の連続だったと推察できる。なぜ官民協働刑務所が計画されたのかまでさかのぼれば、私には知りえない多くの人の想いや苦労もたくさんあるだろうが、それは他の本や語りに任せよう。

本章では、回復共同体という視点に限って、開所前にどのような人たちがどんな想いでつくろうとしたのか、そして準備段階で理念についてどのように法務省の職員（刑務官）たちとすり合わせていったのかについて私個人の視点から述べていきたいと思う。

動き出した人々

島根あさひは、「民間の資金と経営能力・技術力（ノウハウ）を活用し、公共施設等の設計・建設・改修・更新や維持管理・運営を行う公共事業の手法」（内閣府ホームページ）であるPFI（プライベート・ファイナンス・イニシアチブ）という手法を用いて建てられた官民協働刑務所である。簡単に言うと、法務省が「最低限こういう基準で刑務所をつくってください」という募集を掲げたところに、建設や警備などを担う企業がグループをつくり、民間のノウハウを生かした施設運営を考え「うちはこんな内容で、いくらでやります」と提案・入札し、一つのグループが選定される。また、その後も、提案通り進めているか、取り決めが実行されなかったことはないかなどのチェックをしながら一緒に運営していく。公的機関だけで実施するよりも良質な公共サービスが安く提供できることや、地域の雇用が生まれることなどがメリットと言われており、国、都道府県、市町村などさまざまな単位で導入されている。このPFI手法を使った官民協働刑務所は、日本で四つ（山口県、島根県、兵庫県、栃木県）ある。

刑務所をTCにするというコンセプトは、島根あさひに入札した事業者である島根あさひ大林組・ALSOKグループが教育の一つの柱として提案した内容であった。現実的な導入に向けて動いたのは、株式会社大林組で当時PFI刑務所提案の責任者であった歌代正《うたしろただし》氏である。歌代氏はアメリカの刑務所内TCを撮影した映画「ライファーズ」を見て日本の刑務所にTCをつくろうと思い、教育プログラム全体のアドバイザーを、二十年ほど国家1種法務技官として矯正領域で勤めた経験のある藤岡淳子氏（当時、大阪大学大学院教授）に依頼した。歌代氏が会いに来てTCの話をしたとき、藤岡氏は最初「日本では無理でしょう」と言ったと聞いている。矯正領域で関心を持った人とともに映画「ライファーズ」の上映会をしたこともあるらしく、藤岡氏はそれ以前から治療共同体のことを知っていたし、TCの取り組みの素晴らしさは理解していた。ただ、矯正を、刑務所を知っていたからこそ、「対等」「対話」「つながり」など真逆のコンセプトとも言えるTCは相当ハードルが高いと思ったのだろう。それでも、矯正でできなかったことがあると感じていた氏は、「よし、リベンジだ」と思って話に乗ったそうである。このように、できるかできないかを脇に置き、熱意を持ち実際にチャレンジしようとする人たちが具体的に動き始めたからこそ、TCは始まった。

伝えたいことがあり映画を作った映画監督がいて、それを見てやりたいと思った会社員がいて、話に乗った大学教員がいて、周囲がついてくる。そのようにして「想い」がつながっているのが島根あさひのTCである。そしてTCが始まった後、アメリカのTCを日本に紹介した映像作家の坂上香氏は、島根あさひのTCを長時間の取材交渉を経て撮影し、「プリズン・サークル」という映画を作った。その映画を観て「TCをやってみたい」と島根あさひに就職した人もいる。島根あさひを出所した後、自分たちなりにサークルをつくったり支え合ったりしている人たちもいる。アミティが掲げるTCの理念に「あなたにもできる、しかし、あなた一人ではできない」というフレーズがあるのだが、まさしく島根あさひのＴＣは多くの人の「想い」を含み、続いていくコミュニティである。

ＴＣとパワー

自分の考えや感情を素直に表現し、対話し、理解し合い、互いに成長する場をつくる。文字にすれば簡単であるが、実際の生活ではそこにパワーが絡み、対話になりえなかった会話の残骸がたくさん生まれる。ＴＣの歴史はまさしく、対話の場をつくるための試行錯誤の歴史でもある。諸外国のＴＣがどのような軋轢や揺れ動きを経験してきたかという細かい歴史は**コラム2**を参照していただくとして、ここでは概略だけ述べておこう。

歴史から汲み取れる教訓は、「平等」「対等」「対話」は、それを阻止する何か悪いものを取り除けば実現されるという簡単なものではないということである。対等な対話の場をつくる作業は、既存の権力と被支援者が両端からレンガを積み上げて水平な橋をつくる作業にも似ている。どちらのレンガが高すぎても水平な橋はできない。対等な場をつくろうとして権力の不均衡を排し既存のパワーバランスを崩れると、パワーがあった者、なかった者、それぞれの心の中に敵が生まれ、弱者の立場に置かれていた者はパワーを得て暴走し、強者だった者は反抗ととらえてより抑圧する。こうした失敗を教訓に、ＴＣを軍の規律を乱すと判断し、ＴＣを推進する精神科医を更迭したイギリスのＴＣでは、別の精神科医が軍に批判されないバランスの取れたやり方にＴＣを修正した。アメリカのＴＣの前身であるアルコホーリクス・アノニマス（ＡＡ）は、「アルコールをやめることが唯一の目的で、政治的にも宗教的にも中立」という立場を貫くことで、政治に傾き当事者の変化から焦点が逸れたオックスフォードグループの二の舞を防ぐ手立てをとった。「平等」「対等」「対話」を維持するためには、「声を上げ」て従来の不均衡に一石を投じると同時に、脅威を感じたパワーを持つ者からの「言い渡し」によってつぶされないようにしつつ、それぞれがそれぞれのパワーを良い方向に使い、「想いを伝え合う／話す・聞く」文化を絶妙なバランスで構築・維持していかなければならない。共同体をつくるのは本当に難しい作業である。

言い渡す文化に声を上げる不毛な争い

二〇〇七年四月、法務省を辞め株式会社大林組に入り、そこから島根あさひの立ち上げとなる二〇〇八年十月までの一年半、準備の期間が続いた。プロジェクトを担当する部署は東京にあったが、当時大阪大学に勤めていた教育アドバイザーの藤岡淳子氏と密に打ち合わせをする必要があったことから、私はもう一人の担当者と一緒に大阪で勤務した。入札のときに提案した改善指導と呼ばれる受刑者の教育の概要をより詳細な計画にし、何人のスタッフでどのプログラムをどの時期に立ち上げ、どう運用すればすべての受刑者に教育がいきわたるかという大きなところから、各種プログラムの細かい内容まで詰めていく。そしてそれらの計画を持って法務省の担当者と打ち合わせを行い、出た意見や指摘を踏まえて再度修正することを繰り返す。

メンタル面での疲弊を大きくしたのは、折衝におけるパワーの差である。もちろん法務省の担当者は刑務所をより良い場所にしていこうという熱意を持ってさまざまな要求、コメントをしていたことに疑う余地はない。それでもしんどいと感じたのは、「国が出した要求水準を満たさなければいけない」という構造の中にあるパワーの差によるものだったと思う。計画が稚拙で指摘を受ける分には自分が悪いのだが、無意識に流れる「言うことを聞かされる感覚」は存在していた。例えば、民間の提案は最初「刑務所全体をTCにする」というコンセプトで、受刑者が住む居住区（ユニットと呼ばれる）やその食堂でグループワークをする前提だった。しかし蓋を開ければ「刑務所は工場（懲役作業を行う場所）作業の適性で人を割り振っているので、同じグループにしたい人を同じ工場には割り振れません」という。提案は提案、具体は具体、で話が違ってくるのは仕方がないことなのだが、落としどころを見つけるというよりは、こうなっていますから、と「言い渡し」をされることも多かった。

言い渡しよりも嫌だったのは、「受刑者にはできない」「日本人には合わない」というメッセージを何度も受け取ることだった。「受刑者は数人集まれば良からぬことを話して悪事を計画したり喧嘩を始めたりするので、グループで互いの気持ちを正直に言うとか、互いに支え合うとか、建設的な会話はできない。あなたは刑務所で務めたことがないから知らないかもしれないけど、刑務所ってそういう場所ですよ」というメッセージが、教育プログラムのことを話すたびに伝わってくる。結局、プログラムの内容の検討中も、どうやって彼らの成長を促すかではなく、「喧嘩が始まったらどうするんですか」「不正連絡（互いの住所等の個人情報を交換すること）が生じないために何ができますか」という、うまくいかない前提の話しか出ない。

とにかくこれらの「無理」「彼らにはできない」は、私の怒り感情を絶大に刺激した。今思えば、私もそこで想いを伝え合うことを意識して根気強く話ができればよかったのかもしれないが、無力な立場に置かれたと感じていたせいか「声を上げる」「言い張る」というやり方で反射的に反応してしまった。そんな人に、対話で応じてくれる人はいない。結局「言い渡し」と「言い張り」の不毛な戦いをし、いつもカリカリして「絶対やってやる」「間違っていたということを示してやる」という勝手に戦争状態に陥っていた。対話の場をつくる人間が言い合いや喧嘩ばかりしていたのであるからお笑い草ではある。これについては、島根あさひのTCのグループが始まってから、「みんなも心の地雷を自分で勝手に踏むことがありますよね」と当時の会議での私の振る舞いを例にして話し、「ああ、(気の強い)毛利さんならやらかしてそうだもんね。法務省の人も大変だっただろうね」と言われながら、訓練生たちと自分の問題行動のパターンを振り返ることができたので、転んだ分の元は取ったような気もする。

もっとうまく対話ができたのではないかという思いがある半面、根気よく話してもわかってもらえなかっただろう、という考えもよぎる。なぜなら、受刑者の間での話し合いの文化の構築を否定した人たちは、良い事例を見ていないからだ。私が少年鑑別所で再犯をした人にしか会えず無力感を抱いていたのと同じように、彼らが出会うのは、圧倒的に再犯した人たちばかりである。そんな中でいくら希望を語られても「夢物語」に思えたのは仕方がないことかもしれない。知らないものは信じられない、怖いというのは、公務員に限ったことではない。島根あさひでは日本盲導犬協会と連携し、盲導犬の仔犬を育てるプログラムも導入したのだが、開所前に協会から挙がったのは「暴力犯は仔犬をいじめないか」という懸念だった。開所後、彼らがいかに仔犬たちを大事にするかを見た協会の人は、今はそんなことは言わないだろう。こうしたことは「偏見を持ってはいけません」という「頭の中の理屈」の問題ではなく、実際に変化した人たちや変化できるグループに「実際に出会う」ことでしか腑に落ちない。日本のTCが一定程度うまくいった今、当時「受刑者には無理」と言っていた人が、考えを少し変え、能力を低く見積もられるより、期待され場を与えられることで同じ人間でも全く異なる顔を見せるということを実感してくれているといいなと願っている。

法務省とのやりとりの中で、「想いを伝え合う」ことを実践していくためには、自分の中にある、言い渡しを受けたと思うと反射的に言い返す・言い張る態度、もっと言えば、中立的な意見も一方的に言い渡されたと思う感情的反射にも敏感であらねばならないはずだった。TCの歴史を見てわかっていたつもりが、結局うまく立ち回れず、同じことを繰り返してしまい、話し合いをよりストレスフルなものにしてしまった。

リスク回避という名のおそれと否認

対話・協働する難しさを感じたもう一つの理由は、リスクのありそうな新しいことには取り組みたくないという気質である。それは開所前から始まっていた。「TCは目玉ですからやりましょう」と言っておきながら「まずはどうなるかわからないので一ユニットから始めましょう、うまくいけば広げればいいんですから」と慎重になり、他のユニットは「ユニットミーティング」というメンバー全体での話し合いを一部導入することしかできなかった。海のものとも山のものともわからないものを突然刑務所全体で始められないだろうというのは当然かもしれない。とはいえ、結局中途半端なものは受刑者にもスタッフにも理解されない。二〇一六年に私が退職した後、スタッフの負担軽減という理由でTC以外のユニットでユニットミーティングが減少・廃止されたという話を耳にした。もちろん廃止の原因を、最初に刑務所全体をTCにしなかったことだけに帰すことはできない。スタッフの心理的安全感ややりがいを保ちながら理念を実現する集団の Why をつくれなかった組織運営の問題もあっただろうし、その責任の一端は私にもある。しかし、小さく始めたものを大きくするのはただでさえ難しいし、公的機関で、刑務所となればそれはさらに難しくなるのは当然だ。結果、現在では多くの人は島根あさひの一部でTCをやっているという認識になっているし、新採用になった人たちは、元は刑務所全体をTCにするコンセプトだったことは知らないだろう。

開所後も、こうした気質は続いた。いくら提案しても、さまざまなリスクを挙げられ、それへの対策が宿題になることを繰り返し、結局実現できないものも多かった。懸念を並べ先延ばしにされるのだが、担当者が変わると「ペンディングになっているあのプログラムについて考えましょう」と言われ、また提案しては流れる。うまくいかないものの多くは、地域の人との交流など、外部がかかわるものが多かったように思う。一例として「謝罪の手紙銀行」という取り組みを挙げよう。兵庫県弁護士会は、修復的司法と呼ばれる考え方に基づき、加害者からの申し出で被害者への謝罪の手紙を預かり、被害者の意向を聞いたうえで被害者が承諾すれば手紙を渡すという取り組みを行っていて、島根あさひの担当者は開所前から協力の約束を取りつけていた。もちろん、被害者に一方的に手紙を押しつけたり、許しを求めたりするような形になってはいけない。だからこそ専門家が間に立つのだ。開所前から調整し、開所後も弁護士会の担当の方と打ち合わせをしていたが、国は、一向に首を縦に振らない。被害者を傷つけたらどうするのかとか、苦情を言われたらどうするのかとか、そんなことばかり言われて進まないのだ。受刑者の中には、被害者側の意向や厚意により入所後も被害者と連絡を取り合っている人もいたので、「そういう受刑者もいるのだから、やりたいと思う人が自分でやればいい」とも言われた。それができないから、人が間に立つというのに。最終的には、「五、六年後に少年院が同じような試みをすると言っているから、その成果を待ちましょう」と言われて、凍結状態になった。

被害者に絡む何かを企画しようとするときには「被害者をこれ以上傷つけてはいけないので（やらないほうがいい）」という言葉をよく耳にする。しかし私からすれば、失敗をおそれているのは自分であるにもかかわらず、知りもしない被害者のせいにして逃げているだけにすぎないと思うことも多い。事実、被害を受けた人の中には、加害者に厳罰を望み顔も見たくないという人もいるが、何を考えているか知りたい、その後を見届けたいという人もいる。被害者だってさまざまだ。にもかかわらず、「被害者は傷つきやすい存在で事件に向き合う力がない」と暗に定義して関わらない行為こそが、不幸にも被害者という立場に立たされた人からさらに力を奪っていることに気づいていない。もちろん被害者にも、「関わられない」権利はある。でもすべての人が拒否しているわけではないとしたら、まず打診することから始めなければならない。最初によく話し合って相手のニーズをきちんと聞けばいい。被害者のニーズを聞き取ってくれる人の力を借りればいい。そして本当に傷つけてしまったら、無知を詫び、心から謝るしかない。その先にしか、本当の理解はない。関わることで起こるかもしれないデメリットだけをおそれて、対話してみることもせず「きっとこうだ」と知ったかぶりをする先には、想いを伝え合う場は出来上がらない。

こうした「被害者感情の勝手な代弁」の最たるものとして、刑務所で受刑者たちが笑顔で雑談しているのを見た刑務官が、「お前ら歯を見せて笑える立場か。被害者がどんな思いをして生きているか考えろ」と一喝する光景に出会うことがある。そこで疑問に思うのは、その刑務官は彼らの被害者の一人にでも会ってその気持ちを直接聞いたというのか、ということだ。被害者にだっていろんな人がいる。もちろん「苦しめ」「笑うな」と言う人もいるだろうがそうではない人もいるだろう。

それを考えると「被害者のことを考えて笑うな」というコメントの中でも、また被害者は無視され、無力化されている。おそらく怒鳴っている瞬間、その刑務官は被害者のことを考えているわけではなく、ただ静かにさせたいだけである。そして、自分が持っている「加害者は苦しい思いをすべきだ」という処罰感情を、被害者の名を借りて押しつけているに過ぎない。被害者の名前を出したら、加害者である彼らは何も反論できないことがわかっている。ここでもパワーの乱用による「言い渡し」が存在する。こうした被害者に配慮しているふりや代弁者になったふりは、自分のネガティブな感情を隠していて、たちが悪い。

たしかに裁判中、自分の量刑を低くするためだけに被害者に手紙を書く人もいるが、判決後も、被害者に謝罪の気持ちを伝えたいと思っている人もいる。しかし連絡を取る手段がない。そのうえ、相談した支援者からは「被害者を傷つけるからやめろ」と言われたり、また「被害者のことを考えて下を向いて生きろ」というメッセージを受け取ったりする。講演などで刑務所で受刑者の処遇の話をすると、一般の方から、「被害者への謝罪はするんですか」とか「被害者のことはどう考えさせるんですか」と聞かれることが多い。しかし、彼らに被害者のことを考えようとしなくなるようなスティグマだけを与えたり、被害者との関係を断ち切らせたりしているのは、処罰感情に飲み込まれ被害者の声をきちんと聴かず、加害者の本当の言葉や気持ちを抑圧する社会のほうでもある（コラム3を参照）。

対話を体験する

対話的な教育の導入について文句ばかりを書いたが、理解者や協力者も確実に増えていった。大林組の歌代氏が法務省に掛け合い、打ち合わせの担当者とともに、すべての受刑者を対象にTCを実施しているアメリカの刑務所を見に行く機会が設けられたほか、他の実践家兼研究者の方たちと一緒にTCを見に行き、その旅の中でさまざまな話を聞いて視野を広げ、新しい試みを実践するやる気をもらった。また、会社は学ぶことに多くのお金を使わせてくれて、上記の渡米も含めて何度も刑務所内TCを見る機会に恵まれ、開所前の一か月間は、TCのスタッフになる四人で長期の研修にも行った。

また、法務省側が理解しようと努力してくれたこともある。開所前には、現地で配置された統括専門官と呼ばれる中間管理職となる刑務官に、アミティのプログラムを体験してもらう時間を設けてくれた。内心どう思っていたかはわからないが「体験してみて、何をしようとしているのか、心がどう動くのかがわかった」と言ってくれ、しようとしていることを把握してくれたように感じた。そしてその統括専門官たちは、開所後から異動になるまで、民間の試みをよく理解し、サポートしてくれた。

余談であるが、現在まで研修と称していろいろな領域でグループワークをすることがあるが、男性で、年配であるほど、もしくは役職があるほど、グループに参加したがらない。おそらく立場を取り払って素直に自分の気持ちを言うことに慣れておらず、怖いのだと思う。そういう人は、研修で「グループで話してください」と言っても、立場を利用して「私は外で見させてもらいます」と逃げたり、参加はするものの不安をかき消すために脱線した内容をしゃべり続けたり、茶化したり、他人事のようにアドバイスを始めたり、場合によっては本当に席を立って黙って出ていったりする。感情や体験を分かち合うという点において、グループの体験が必要なのは、実はパワーを持っている男性たちだったりするのかもしれない。最初にアミティのグループを体験してもらった統括専門官が、一定の役職にあるにもかかわらず協力的にグループに参加してくれる柔軟な人たちだったことはラッキーだった。そして一緒に経験したことこそが、その後対話していく入口にもなった。

刑務所に理解を求める一方、私自身も上手く伝えられるようにしようと思い、ありとあらゆるグループの研修に顔を出し、対話の場をつくるにはどうしたらよいかも体験しながら学んだ。最も印象深かったのは、ルーテル学院大学名誉教授の前田ケイ氏である。前田氏はSST（ソーシャル・スキルズ・トレーニング）という手法を日本に最初に導入した人で、現在も第一人者として実践・教育を行っている。彼女を見てすごいと思ったのは、その社会的な評価ではなく、グループ運営のスキルである。とても小柄な女性なのだが、参加者を笑顔で招き入れ、各参加者の様子をよく観察していて、ちょっとでも気をそがれている人やグループに入れていない人がいれば声をかけ、その人が何を求めているかを聞き、臨機応変にテーマを変えて実践練習をさせる。どんな意見も受け止めてくれるように感じさせつつ、意見が非建設的だったりズレたりしている場合は否定されたと感じないような方法で、しかしはっきり「こうだと思うわ」と伝え、全体の知識や意識を統一していく、技術を超えた人間力があった。SSTは人間関係で必要とされる振る舞い方を技術として身に付ける場なので「対話」とは異なるかもしれないが、ただ参加者の話や意見を聞いて終わりではなく、セラピストが話したことを題材に周囲の人もアイデアを出し、やりとりの中でそれぞれが良いと思うことを取り入れて練習し、明日に生かすプロセスは、対話に通じるものがある。この合気道のような前田氏のグループ体験は、私にとってのグループでの対話のあり方の一つのモデルになっている。

対話の技術や姿勢を学んだモデルには、藤岡淳子氏も入っている。藤岡氏は少年院や刑務所でのグループワークの経験も豊富で、いろいろな次元から出てくる意見を上手にまとめ、それぞれのメンバーのアンテナに受信されるようにいろいろな次元で言葉を発する。加害をした人に接する態度として教えられ覚えているのは「あなたの感情はあなたのもの、私の感情は私のもの」と考えることである。支援の場では、対象者が怒りや苛立ちを見せて、他人の感情に敏感な支援者を刺激し、譲歩や謝罪をさせその場をコントロールしようとすることがあるのだが、そんな場でも彼女は「あなたが怒っているのは私のせいじゃない。あなたが怒っているだけだ」と考えて巻き込まれないようにする。こう考えていないと、善良な人は「自分が怒らせたのかもしれない」と考え、相手のペースに巻き込まれて謝ったり要求をのんだりしてしまう。「私のせいじゃない」なんて堂々と言われるとびっくりするが、ある意味正論だ。もちろん誰が言ってもNGな一言ならともかく、同じ言葉を言われても怒らない人も怒る人もいるなら、怒るのはその人のとらえ方の問題である。そうして「人対人」の境界線をはっきりさせたうえで、何に腹を立てたのか、相手の気持ちを聞き、対話する場に持ち込む。それは決して「対話」と聞いてイメージする、穏やかでゆっくりした会話ではないこともあるが、言い渡すだけでも、声を上げる、言い放つだけでもなく、互いに想いを伝え合う場を自然とつくっていく。藤岡氏は同様にグループで本人が本当の感情を否認してごまかしていたりすると、問いを発し続け、本当の気持ちを言うように求めていくので、島根あさひのTCのメンバーたちは彼女のことを「俺たちの心のマンホールを割りに来る人」と笑って評していた。一見強引に見えるかもしれないが、ひるまず「対話するんだ」という姿勢を見せて、支援者と被支援者ではなく人対人としての対等な関係を築く、そんなスキルも学んだ。

　日常生活の場では、そしてパワーの差が存在する場では、対話ではない会話がはびこり、注意していても自分も対話ではない世界に足をすくわれる。カリスマ性と当事者性とその深い哲学的な思索から共同体の雰囲気をつくり上げるナヤ・アービター氏、笑顔で場を一気に巻き込んで合気道のように人を乗せていく前田ケイ氏、受容・傾聴だけではないスタイルでメンバーたちの本当の気持ちを引き出していく藤岡淳子氏。その三人の師からは、それでもそこから抜け出す方法があるという希望が見出せたように思う。そして開所前にグループに一緒に参加してくれた刑務官たちとのグループでの対話の体験が、「言い渡し」をする非常に困難な文化の中でも、「互いに失敗しながらでもすり合わせていける、想いを伝え合う文化を作ることは可能である」と思わせてくれる希望になった。

対話の芽を育てる

法務省との折衝で良い対話ができなかった部分を挙げたが、互いのいろいろな言い分を出し合い、ときに譲歩し、ときに解決策を一緒に考えるという意味で、TCの計画を対話して考えることができたと言える面もある。例えば民間側が夕方のユニットミーティングは絶対に譲れないというと、夕方の時間に教育の時間を確保することについて検討してくれ、許可が出た。逆にユニットの人数はできるだけ満員にして教育を受ける人を増やしてほしいという法務省側の要望には、本来グループワークがうまくいく「十二人程度」という最大人数の上限を排してでもグループを実施することを受け入れた。こうした互いの要望や意見、処遇に関する方針を述べ合う方法は、刑務所開所後も、現場職員による月一回の「TC会議」として引き継がれた。TCを担当する民間職員とTCユニットを管轄する主任と呼ばれる刑務官が集まり、新しいメンバーの選定、TCにいる訓練生の情報共有だけではなく、細かなルール変更についても話し合った。意見が衝突することもあったが、むしろ意見をぶつからせる場があることで、互いにどのような視点でものを見ているのかを納得はしなくても理解はすることができたし、次第に互いの視点を取り入れて動くこともできるようになった。

意見を交わし続けることで折り合いをつけていた一例を挙げよう。国職員（島根あさひの組織には刑務官だけではなく少年矯正の領域から来た法務教官・法務技官もわずかだが含まれる。以下では国側の職員の総称としてこの名前を使う）と、民間側職員（私たち）で最も視点が異なるのは、受刑者の違反行為にどう対応するかだった。刑務所では違反行為があると別の場所に移されて調査が行われ、懲罰にかかる事項がある場合、懲罰審査会で懲罰が決定する。従来の懲罰手続きにおいても途中で教育的な介入はあるのだが、一人で考え職員と話すだけである。懲罰終了後の行き先は法務省職員によって決定され、喧嘩などの場合は、当事者同士を別々にして、毎日の運動場などですら顔を合わせないよう全く別のユニットに行かせることが慣例であった。

しかしこの仕組みは、「葛藤を話し合って乗り越えることこそが重要」とするTCのコンセプトとは真逆である。それぞれ成敗して終わりではなく、なぜそれが起きたのか、相手はどんな気持ちだったのか、周りはどう感じていたのかなどを直接言葉にし、耳を傾ける機会を設けることこそが重要だ。TCの開始当初は、TCの中で違反が起きるたびに、その主張を伝え「元のユニットに戻してほしい」と交渉を行った。最初のほうは、何度か言い分が通り異例にも元のユニットに戻された事例もあったが、私たちの力量が足りなかったこともあり、「どうせ戻ってくることができるんだから喧嘩してやる」という態度のメンバーが出てきて気に入らないと喧嘩することを繰り返し、私たちも「必ずもとに戻してほしい」という要望を取り下げざるを得なくなった。その後は、ときに「戻してほしい」と主張し、ときに何も言わないといういろいろな対応を模索していたが、やはり「一番の変化の契機なのに介入がかなわない」「思っていたことができない」ということに悔しさはいっぱいだった。

でもそのうち、訓練生のほうから「当事者が戻ってこなくても、残っている自分たちでなぜあのことが起きたのか考えよう」という機運が出てきて、理想の形ではないにしても何か出来事が起きたときに誰かがいなくなって終わりではなく、何ができたのか考える風土ができていったように思う。また、私や他のＴＣスタッフが担当している別のユニットに違反した元ＴＣ生を割り振り、その後彼らと会話できるよう国職員が配慮してくれることも増えてきた。思い込みかもしれないが、互いの想いを分かち合う体験から、訓練生も国職員もＴＣのスタッフたちの想いを理解し、その理念にできるだけ近くなるよう考えてくれたのだと思っている。勝手なもので、理解してもらえているとわかると、私自身も前向きになり、「必ず戻す」ということにこだわるだけではなく、置かれた現状で最善を尽くすにはどうすればよいかと前向きに考えることができるようにもなった。ある視点から見たら、刑務所のルールに迎合しただけ、負けただけに見えるかもしれない。しかし、意見をぶつからせてきたことで、意見は通せないがどこまでなら譲れるか、意見が通らない中で何ができるかを国職員と民間職員の双方が考え、間接的に訓練生も自分たちに何ができるかを考えてくれ、互いに影響を与え合ったことは私の中では記憶として残っている。

こうした例を見ると、「言い渡す」文化の中でも、一人ひとりは確実に対話の芽を持っていて、諦めなければそれぞれの形での「想いを伝え合う」文化をつくることができるのかもしれないと希望を持つ。ただそれには時間がかかる。そもそも思いを伝え、聞き、分かち合うことに慣れている人はそう多くなく、対話が一回きりでうまくいくことのほうが珍しい。言い渡しをしたり、声を上げすぎたりして失敗し、言い合ったりもめたりしながら、徐々に「互いに想いを伝え合う」より良い方法や距離感を見出していけばいい。言い分を通すことより、ああだこうだと言い合って考え続け、譲ったり譲られたりすることを楽しめるようになれば、時間はかかるが文化は変わっていくのかもしれない。

コラム2　TCの歴史

TCは、イギリスとアメリカの二か国にルーツがある。鈴木（2014）、武井（2017）を簡潔に要約すると、イギリスにおけるTCは、精神疾患を持つ人を人道的に処遇するという精神医療改革の流れを受け、第二次世界大戦で精神的な問題を抱えるに至った兵士たちが入院する病棟の改革として始まった。医者と患者という権威構造を変え、日常生活や病棟運営に関する話し合いを入院患者と治療従事者たちが行う仕組み、つまり、「想いを伝え合う」場をつくった。初期のTCの立ち上げ、維持に関わったチームには**コラム1**で触れた「基底的想定グループ」を理論化したアルフレッド・ビオンを始めとして、ジクムント・フークス、アンソニー・ジョーンズやパトリック・デ・メア、ロナルド・カッソンなど、後に精神分析や分析的集団精神療法、組織トレーニングといった二十世紀半ばの心理療法の発達に主要な貢献をすることになるメンバーが多く在籍していた（Roberts, 1997）。彼らによって「ともに暮らす集団の力を治療的に」使う考え方はより一層広まり、その後戦争とは関係のない精神疾患を抱えた人たちが入院する病院や、子どもたちが住む施設、刑務所などでも実践が行われるようになっている（Kennard, 2004; Vanderplasschen et al., 2014; Goethals et al., 2011）。

アメリカのTCは、実践者や実施場所により形を変えながら発展した。その萌芽は一九〇〇年代の初め、産業革命後の貧富の差などの問題に対応しようとするセツルメント運動に参加していた牧師が始めた、告白や分かち合いなどを重視し道徳性を回復しようとするオックスフォードグループにある。オックスフォードグループに参加して断酒した通称「二人のビル」がアルコホーリクス・アノニマス（AA）を立ち上げたことは世界的に有名であり（Kurtz, 1979）、今や日本でも「自助グループ」という形式でアルコール以外を含めたアディクションに対するアプローチとして定着した。アメリカのTCは、一九五八年、さらにそのAAのやり方をもっと集中的なものにし、対象を薬物依存を持っている人にも広げたいと感じたチャック・ディードリックによって始められ、ミーティングのときだけその場所に通うAAの方式から共同居住に形式を変え、「言いっぱなし、聞きっぱなし」の文化から徹底的な対話の方式に変えられた（O'brien and Henican, 1993）。アメリカのTCはイギリスとは異なり、当事者たちが「声を上げる」ことによって一方的に治療される立場から脱して尊厳を取り戻し、互いに支えあい「想いを伝え合う」ことで回復する文化をつくり上げていったのである。

二か国のTCの発展はどちらも権力（パワー）の差をなくし、人と人が対等に関わることに一つの意義があった。しかしこの動きは、既得のパワーを持っていたものには脅威を与え、無力から回復した人には自我肥大を生み出すという副作用を生んだ。

イギリスのTCでは、精神科医たちよりも強い権力を持つ陸軍が、入院患者が自分たちで文化を創り出すことを軍の規律に反抗し転覆を試みているととらえ、創始者の一人であるビオンをわずか六週間で左遷した。パワーに基づいて決定を「言い渡す」ことで「想いを伝え合う」文化を忌避・分断しようとしたと言える。誰かにとって平等や対等に見えることも、誰かにとっては生意気、出しゃばり、慣習を壊す問題のある動きに見えるのだろう。実際、想いを伝え合う文化はボタンを掛け違えれば言い争いを生みやすく、良好な雰囲気を維持するのにかなりのエネルギーを要する。「ルールや可否を決めて言い渡す」「単に言い渡すのみで今のあり方を変えない」というのがパワーを持つ者にとっては一番楽なのである。これを読んでいる皆さんもどこかで経験したことがあるパワーの使い方だろう。

一方で、抑圧から解放された側に問題が生じることもある。アメリカでは、オックスフォードグループは次第に政治的な活動に傾き、従来の自分を見つめる場や回復の目的が失われた。また最初の治療共同体では、創始者のディードリックが暴走して暴力による支配を始め、活動を批判した弁護士を殺害する事件を起こした（White, 1998）。これらはせっかく声を上げたのに、自分たちの安全な場を自分たちで壊したとも言えるだろう。なぜこうなるのかの理由はさまざまあると思うが、私はパワーの問題が潜んでいると思っている。そもそも弱者の立場に置かれた者が声を上げるためには、強いエネルギーが必要となる。そのエネルギー源は、怒りや悲しみ、正義感など強い感情であることが多いだろう。本来上げた声を誰かに汲み取られた後は、想いを伝え合う／話す・聞くことにシフトしていく必要がある。しかし、一度無力を味わった人がパワーを持つ側に突然立つと、背中を押してくれていた怒りや悲しみや正義感などの感情が暴走し、今度は自分がパワーを乱用し始めてしまうことがある。消費者として一度クレームを言ったら相手が受け入れて謝罪してくれたので気持ちよくなりモンスターカスタマーになるとか、子どもが先生に反抗してうまくいったらエスカレートして学級が崩壊するとか、そんなこととも似たパワーの逆転だ。私の経験でも、性被害を受けた人と加害をした人で対話をするイベントで、性被害者が自分を加害したわけではない加害者に対して攻撃的で配慮のない態度を示す場面に遭遇したことがあるし、元受刑者が社会に出て声を上げ自分の言い分を聞いてもらえるようになると、司法制度を当事者の視点から語るという枠を超えて体制や支援者の態度を批判するだけになってしまい、パワーを乱用しているのを見かけたことがある。

刑務所内TCの歴史

刑務所のTCは、総じて良い結果を残し、今でも続いている。しかしその歴史は、刑務所外のTCの歴史と相似形である。

イギリスでの刑務所内TCは、医師と心理療法家による試験的試みを経て、一九六二年に王立グレンドン刑務所で始まった。ここで回復した人が「グレンドニーズ」と呼ばれるほど取り組みは有名になり成果を認められたが、一九八〇年代には、刑務所を管理する行刑局から「クライエントを過度に選び、受刑者のコントロールの問題など数多くの問題に対して刑事裁判所のニーズを理解していない、またはそれに対して無責任である」とみなされて内務大臣によって諮問委員会が設立され、大幅に活動が制限された（Stevens, 2013; Newell and Healey, 2007）。つまり権威から縮小せよと言い渡しを受けたのである。

一方アメリカのTCは一九六九年、最重警備刑務所であるマリオン連邦刑務所にて精神科医によって始められた（以下の記述は Wexler and Love（1994）に従う）。当時の刑務所には、受刑者とスタッフ・受刑者同士のコミュニケーションを制限するルールがあったが、このTCでは特定の話題について意見をぶつけ合ったり、自分の感情や行動の矛盾・不一致について直接的に指摘を受ける「直面化」という時間をつくったりすることで対話を生み出し、スタッフと受刑者の開かれたコミュニケーションを実現した。そしてマリオン刑務所でＴＣを受けた人が他の刑務所に移動してまたＴＣをつくり、受刑者自身が交流分析と呼ばれる心理療法の授業をし、一般の受刑者たちからＴＣのメンバーをリクルートする権限を持つなど画期的な取り組みを行い、一時は評価を得て広がっていった。しかしここでも停滞が訪れる。その要因は、受刑者たちの腐敗とスタッフの質の低下・バーンアウトであったと言われている。ＴＣは、特別な用語を使い、優遇され、人員配置も手厚かったことから、ＴＣに参加していない他のスタッフからの疑念を生んだ。また最重警備刑務所では保安（刑務所内の規律と秩序を維持すること）が重視されるため、一部の受刑者だけ他の受刑者と異なる活動をしていることも他の受刑者の嫉妬を生む種となって、面白く思われなかった。加えて、ＴＣ内部のスタッフも、受刑者から「直面化」を受けることへの脅威を感じ、おそれゆえに管理の責任を放棄し、受刑者だけに運営を任せるなど脆弱化した。結局は薬物の使用や売買、刑務所によってはＴＣに入る権利の売買といった腐敗が起き、一九七九年には行政の方針が転換してこれらの試みは衰退し閉鎖されていった。

　ちなみに、二つの国の刑務所内ＴＣの一時的な衰退は一九八〇年代に起きているが、これには世界的な潮流も影響している。一九七四年、マーティンソンという研究者が「犯罪者に対する介入で再犯率が下がるという効果を実証した研究はない」という「矯正無効論」を唱える論文を出した(Martinson, 1974)。その影響力により、当時治療共同体のみならずすべての非行・犯罪者へのプログラムに対する信頼感が失われ、治療よりも罰を受けさせること、受刑者を管理・支配することに傾いたと言われている。両国のTCとも、当時はそれに反論できる効果評価のデータを持っていなかったことも、「TCは効果がない」と感じさせてしまった一因であった。犯罪者にどのように接すべきかという問いは、どの国でも、振り子のように揺れ動く。

とはいえ、イギリスのTCは一九九〇年代に入ってグレンドン刑務所の出所者の再犯率が低いことが証明されたことから見直され始め、むしろ「最も深刻な難しい犯罪者にTCが有効である」と言われるほどの地位を確立した（Stevens, 2013; Birtchell and Shine, 2000; Hobson and Shine, 1998）。アメリカでも、社会内でTCを実施している当事者の団体が州の刑務所でプログラムを始め、内部不信と腐敗という同じ轍を踏まないように職員同士のクロストレーニングを導入したり、研究者を入れて再犯率低下効果を示したりして、その地位を確立していった。つまり、声を上げ続ける、主張し続けることを控え、データを目に見えるように示し、理念を理解してもらえる場をつくるというやり方で「想いを伝え合う／話す・聞く」という関係に持ち込んでいったと言えるだろう。刑務所という文化を変えていくプロセスでは、言い渡しも、腐敗や衰退も一回は経験せざるを得ない不可避なものだったのかもしれない。でも諦めずに想いを伝え合う文化をつくり続けようとした人がいて、刑務所内TCは存続・発展した。

コラム3　「被害者等の心情等の聴取・伝達制度」に思うこと

二〇二三年六月に成立した「刑法等の一部を改正する法律」により、「刑の執行段階等における被害者等の心情等の聴取・伝達制度」が始まった。少年院や刑務所の矯正施設職員が被害者から心情を聞き、それを加害者本人に伝え、その伝達結果を被害者に通知する制度である。

検討会が行われさまざまな対応も協議されたことが窺えるが、制度の運用を優先し、二つの点で「人」がないがしろにされていると感じている。

一つは、当事者の存在が尊重されていないことだ。被害者が加害者に人と人として対面で出会い、直接声を伝え、対話することに大きな意味があるにもかかわらず、言葉を伝えれば被害者の声を伝えたことになると言わんばかりに、人が間に立つ仕組みになっている。対面であれば、多少厳しい言葉をかけたり、その言葉の反応を見てまた別の気持ちを伝えたりできるのに、その生の息づかいのあるやりとりの機会が奪われる。この構造は、リスク回避や配慮といった言葉を盾に、被害者の人としての生の声をないがしろにしていると私は感じている。加害者に対してもそうだ。被害者の声を聞いて反省の弁を述べることを暗に期待され、それ以外の言葉をぐっと飲み込み、正直な気持ちを語り、手放したうえで被害者に本当に向き合う機会を奪われる。被害者と加害者が直接対話する方法は修復的司法というアプローチとして確立しており、コーディネーターの研修を行えば直接対話の実施は可能だ。にもかかわらず、コーディネーターを長期間費用を支払って育てることを避け、実施可能なやり方に妥協し、大事な理念が置いていかれていることは残念でならない。

もう一つは、間に立って話を聞く矯正職員が板挟みになり、その結果、被害者、加害者どちらかに不利益になるかもしれないということが考慮されていないように見えることである。被害者の話を聞くと誰もがその体験に心を揺さぶされ、場合によってはその話でトラウマを負う（代理受傷）。その傷を負ったまま、加害者に接することは想像以上に苦しい。彼らが笑って生活しているだけでいらいらしたり、自分の無力を感じたり、ふと思いもよらないところで感情の起伏が激しくなったりする。自分が担当している加害者の事件とは全く関係ない被害者の話を聞いていても動揺し、自分が加害者支援をしていることの意味まで問われるようになるのだから、担当加害者の直接の被害者の話を聞いた職員の心の揺れたるやすさまじいだろう。

そんな状態で、加害者に冷静に被害者の言葉を伝えることなどできるはずがない。代理処罰のように「被害者にこんな思いをさせたんだぞ」と突きつけるような話し方をすれば、加害者はしんどくなるので心に蓋をし、通り一遍の謝罪しかしないか、反発的な発言をするかもしれない。そして心に蓋をした反応を被害者に伝えれば、「やっぱり気持ちは伝わっていない」と被害者をがっかりさせ、二度傷つけることになる。もっと心配なのは職員のメンタルヘルスだ。自身も被害者の話を聞いて傷つきながら、それを加害者にぶつけないように気持ちを調整し、考えをまとめ、穏やかに話す努力をするのは相当気を遣う作業だ。研修やケア体制もあるのかもしれないが、やはり、人が間に立つシステムは、間に立たされた人のことを尊重していない、そんな気がしてしまう。

第II部

回復共同体をともにつくる

JR広島駅で降り、バスで北へ約二時間半。島根県旭町《あさひちょう》（現：浜田市旭町）が刑務所誘致を決めた山の中の広い土地に、島根あさひ社会復帰促進センターは建つ。高速道路を挟んで片側に刑務所ゾーン、反対側には刑務官たちの官舎や幼保連携型の認定こども園などが並ぶ。

山陰地方では春の訪れは遅く、緑鮮やかな季節はすぐに過ぎ、十月ごろから春まで、曇天の日が続く。二〇〇八年から約八年間の島根での生活を思い出すとき、良い記憶もたくさんあったはずだが、まず思い出すのは刑務所組織の一員として感じたしんどさと、その記憶を演出するように浮かぶ曇り空と秋以降のじっとりした湿気だ。物理的にも心理的にもとても閉鎖的で、「閉塞感」という言葉がぴったりな場所だった。一方で、TCのメンバーたちとの関わりや、友好的だった現場の刑務官のことを思い出すと、良い記憶と温かい気持ちが、彼らが居住していたホールの人工的な光の記憶と一緒に蘇る。目を閉じて、この感情はどう表現すればいいのか探るが、島根あさひを離れて八年経った今でも、まだ言葉は見つからない。だからこそ、起きたことを一つひとつ整理する必要があるかもしれない。

第Ⅰ部では、回復共同体を始めるまでのことに触れてきた。第Ⅱ部では、刑務所が立ち上げられた後の、入所してきた訓練生の様子や場の雰囲気、どのようなことが起き、どう対応してきたかについて述べていきたい。なお、本書のテーマである回復共同体は、島根あさひ社会復帰促進センター内の一つのユニットで実施した特別なプログラムである。そのため、刑務所全体の話と、回復共同体ユニットだけでの話とに分かれる点、ご留意いただきたい。第4章と第5章の途中までは島根あさひ社会復帰促進センターの開所直後の訓練生全体（回復共同体ユニットに限らない）の反応と対応を、第5章後半からは回復共同体プログラムを集中的に行ったユニットでの出来事を述べていく。

TCやグループのことを知っているという人が、講演会や学会などの場で何の準備もなく突然話題を振り「はい、なんでもどうぞ」「ここは安全かつ平等な場ですから」と参加者に発言を求めている場面に遭遇して、その乱暴さに驚いたことがある。憶測だが、おそらくそういう人たちが普段相手にしている人の多くは、普通に社会生活を送り、講演やワークショップ・学会などの場に顔を出す健康度も意識も高い人たちで、準備がなくとも話題がより良いものになる確率が高かったのだろう。もしくは講師などで招かれて治療的なグループをリードすることがあったときも、そのグループの本当の管理者が安心・安全に話せる土台をつくってくれていることには思い至らず「ほら、こういう率直な会話を促すやり方はどこでもうまくいく」と信じているのかもしれない。

坂上香氏が島根あさひのTCを撮影したドキュメンタリー映画「プリズン・サークル」によって刑務所内TCが知られるようになると「自分たちもやりたい」という声を多く聞くようになった。とてもありがたいことではある。しかし質問されるのは「ひどい被害の話が出たときはどうケアしていますか」とか「どんなカリキュラムをやっていますか」など、型通りやってみればうまくいくだろうという前提で、場づくりのその先を聞くものばかりだ。そういうときはこう答えるようにしている。「集まって話せばうまくいくと思わないでください」。

刑務所の抑圧的な文化は嫌いだ。しかし、刑務所で起きるさまざまな力動を理解せず、「TCをもっと増やしたらいい」「良いプログラム、良い研修、海外を真似たなんらかのシステムを導入すれば刑務所は変わるはず」と簡単に言い「変わろうとしない刑務所（法務省）は怠慢で時代遅れだ」などと批判する人を見ると「問題を単純化しないでほしい」と腹が立つ自分もいたりする。そういう人ほど、職員がいかに傷ついているかとか、どうしてそういう文化がつくられ維持されているかには無頓着で、「普通にやればできることをやっていない」と問題を単純化している気がするからだ。

アミティのテキストには、コミュニティに所属した初期に行うものとして以下のようなワークがある。まずはボードに次のような文章を書く。

あなたの選択：ただ単に刑期を過ごすだけですか、それともあなたの刑期を活用しますか？　あなたは虹（夢）を見るための正しい位置に立てますか？

そしてメンバーに尋ねる。

虹は夢や希望といった象徴として表現されています。虹はどんなときに出るでしょうか？　虹を見るには何が必要だと思いますか？

太陽（光の角度）、雨（大気中の水蒸気）、虹を見ようとする目（顔を上げて空を見る心の余裕、視力など）、虹を見て虹だと認識できる知識や経験、虹が見える正確な場所に立つこと……さまざまな意見を出してもらってから、また以下のように話す。

皆さんが挙げてくださったように、虹はいろいろな条件がそろって、虹になります。私たちは誰もが、才能や可能性を表す虹を持っています。そして、私たちはその虹を見るための条件を、このグループで皆さんとともにつくりたいと思っています。そして皆さんに、自分自身の虹を持ってほしいのです。

皆さんはどのような夢や希望を持っていますか？　あるいは夢や希望を見るためには何が必要だと思いますか？

これはカリキュラム内でメンバー個人の人生をどうするか問いかけるものではあるが、コミュニティ構築の成功と置き換えても、同じことが言える。つまり治療的なコミュニティをつくり上げるには、もしくは刑務所を治療的な意味を持つ場所にしていくためには、条件を整えていかなければならない。ではどんな条件が必要なのだろうか。それを考えるためには、与えられた環境を精査する必要があるだろう。種が発芽するには光と水と栄養が条件として必要なことはわかっている。ただ、そもそも与えられた場所の日照時間、土壌の性質、水の供給について知っておかなければいけない。本章では、条件を整えていく前の段階、つまり島根あさひが始まった当初はどのような土地（雰囲気）だったのか、どんな場所で種がまかれ、発芽したのかを、特に訓練生たちのあり方に焦点を絞り、共有したい。

島根あさひ社会復帰促進センターは二〇〇八年十月、さまざまな民間の技術が組み込まれた新しい施設として開所した。通常の刑務所のように高い塀を作らず、訓練生はＩＣタグをつけて常に位置情報を中央監視室で把握され、面会などに行く際には、通常は刑務官が必ず連行するところ誘導に従って一人で歩くこともできる。窓には鉄格子がなく、一部を除き個室が採用され、日中は扉の鍵は開いていて自由にユニット中央の多目的ホールに出ることができる半開放と呼ばれる施設構造である。刑務所では食事や清掃など施設維持の仕事は受刑者が担うことも多いが、それらのサービスは民間企業によって提供され、訓練生は改善更生に力を注げるように意図されていた。教育の三本柱は、再犯率低下実証効果を持つ介入である「治療共同体」「認知行動療法」「修復的司法」であった。修復的司法とは、被害者を置き去りにし犯罪加害者に刑罰を与えて終わりというあり方（応報的司法）ではなく、すべての関係者の声を聴き、被害者の救済、加害者の真の更生、コミュニティの関係修復を目指す方法のことである（Zehr, 1995）。修復的司法は再犯率低下のための取り組みではなく、加害者をいずれコミュニティに帰っていく人としてとらえ、加害者が社会とのつながりを保ち、修復に向けて努力できるようにするという理念として掲げられた。*

民間職員で訓練生の教育に当たる社会復帰支援員（以下、支援員）たちは、その年の四月に採用され、さまざまな準備と教育に関するトレーニングを積み、期待のもとに訓練生たちを出迎えた。

敵か味方か

訓練生として集められたのは、島根あさひと同じA指標（初犯で犯罪性が進んでいない人）の刑務所ですでに受刑中の人のうち、年齢や刑期などの基準を満たし、かつ「集団処遇が可能である」という条件をクリアした人たちだった。関西・四国など西日本にある刑務所からの移送が多かったと記憶している。彼らは受刑していた刑務所である朝突然名前を呼ばれて、当日か翌日に移送されてくる。ようやく刑務所になじんできたと思ったころにまた新しい環境に置かれたこと、新幹線の広島駅からでもバスで約二時間半もかかる島根県の山中に移送され、面会に来てくれる家族から遠く離れてしまうことなどに怒りをにじませている人も少なくなかった。刑務所入所直後には民間スタッフが必ず一回は面接に行くのだが、良いコメントは「一人部屋でプライバシーがあって嬉しい」というくらいであとは「いったい何の基準で選ばれたんですか」「家族の面会の交通費は払ってくれるんですか」「こんなのび太君みたいな服着せられてやってられませんよ（他の一般刑務所とは異なる居室着・作業着を用

＊ 修復的司法の理念を達成するためのものとして第3章で触れた謝罪の手紙銀行（被害者に手紙を出す）、地域社会との定期的な対話などを提案してきたが、頓挫して終わった。修復的な対話の実践は対話の可能性への信頼と実際の体験がないと失敗をおそれて忌避されやすい。私が退職した二〇一六年より後、修復的司法の理念はなくす方針となったと聞いた。今ではホームページに掲載されていた教育の三本柱の図は消えている。

意しており、居室着が明るい黄色にグレーのズボンだったため訓練生たちはときに「ドラえもん」に出てくるのび太のようだと自虐していた)」などと八つ当たりされるか、「女の人と久しぶりにしゃべりました。結婚してるんですか」「〇〇さんっていう支援員さんかわいいですよね」というげんなりした反応が返ってくるかだった。

新しいコミュニティに入れば、自分の立ち位置や相手の出方を見るため警戒的になるのは自然なことだ。しかし各地から集められてきた訓練生たちは、警戒するどころか戦闘態勢だった。元いた刑務所の雰囲気によっても度合いが異なるのだが、基本的な構えは「職員は敵であり、受刑者同士でも舐められたらだめ」というものである。新築の、個室のある刑務所を「こんな甘い場所」と悪く言う。「以前の刑務所では最初に食事をとられ続け、部屋に最も長くいる受刑者に口答えしたらその手下に殴られた」「オヤジ(刑務作業工場の担当刑務官)に気に入られなかったから変なあだ名で呼ばれて、お気に入りの受刑者と一緒に笑われた」など、自分たちがいた刑務所がいかに劣悪でそこで耐えてきたかを誇示する。「集団居室と廊下を隔てる窓の鉄格子に若い刑務官を呼び、気を抜いた隙をついて首にタオルを回して引っ張り、鉄格子に固定してやった」と、いかに刑務官をおちょくって嫌がらせしてやったかを吹聴する。隠語を駆使して刑務所慣れアピールをする。——とにかく、自分の立ち位置が集団の中で悪くならないように必死に振る舞っていた。

実はこうした不幸自慢とも言える比較は、刑務官たちもやっていた。「こんな刑務所、前にいた累犯刑務所に比べれば楽勝だ。自分たちのいた場所ではこんなひどいことがあって……」と比較し始める。そして島根あさひで新採用になった刑務官に「お前たちはこんな甘い場所で採用になってかわいそうに」と刑務所にランク付けをし、若者の意欲を削いでいく。この「自分のほうがもっとひどい思いをしてきた」という比較発言は、加害者やその支援者にだけ起きることではなく、トラウマを負った被害者同士や被害者家族のグループの中でも起きると聞く。誰かが体験を語った後、別のメンバーが「あなたはそれで済んでよかったわよ、私なんか……」と言い出し、せっかく苦しんで話してくれた人の気持ちをないがしろにしてしまうという。心に負荷がかかった出来事を処理するうちに、もしくは処理するために、個人的な体験であるはずの自分の被害の重さが他者との比較ツールになってしまうということなのかもしれない。不幸・しんどい自慢は、マウンティングの要素も入ってはいるものの、心に負った傷が癒されていないこと、むしろ間違った癒し方を始めていることのサインである。訓練生も、それを処遇する刑務官も、組織ごと傷ついているから誰もそれに気づけず悪循環を続ける。トラウマを負った組織の非常に難しいところである。この点はまた第8章で詳しく触れよう。

グループワークの中でも、開所後しばらくは警戒的な雰囲気があった。メンバーが自分の気持ちを出すことに開かれていたり、考えることが好きだったりするなどいい条件が重なるとうまくいくこともあるのだが、警戒的なメンバーが多数を占めてしまうと、つらい体験を茶化してごまかしたり、支援員がどう出てくるかを試すように私語を繰り返したり、目くばせして笑い合ったりし、雰囲気を台無しにしていく。なんとか気持ちや考えを分かち合い互いに少し心を開いたように見えても、ユニットと呼ばれる居住区（最大五十八人収容）に戻ると、そこでのサバイバルの雰囲気に染まりまた戦闘態勢に戻る。ユニットのメンバー全員で集まって夕方に行うユニットミーティングでは、連絡事項を共有したり、誕生月を祝ったり、公の場で適切な話をする練習と互いのことを知るきっかけを兼ねて数分のスピーチを行ったりしていたが、敵対的な態度をとろうとする人が多いユニットでは、初期には「なんでそんなことをしなければいけないのか」などと文句を言われてミーティングの体をなさなかったり、面と向かってはっきり私語を注意できない支援員の弱さをつかれて私語だらけで騒然としたりすることもあった。

さまざまな反論や反発に対し、こちらもできるだけ冷静に丁寧に説明するが「論理的に説明しようとする声」対「論理無視の罵声」の構図になる。訓練生は職員である支援員を敵だと思っているので、場を荒らす不適切な行動について話し合おうと話題を導入しても「つるし上げか！」と抵抗の声が次々と出る。作戦を変えて一人ひとりと信頼関係を結ぼうとするが、今度はあの手この手で要求を申し立てたり、内部情報を引き出そうとしたり、有利な扱いをしてもらえるのかを試してきたりし、思い通りにならないとわかると「国職員ならまだしもなんで民間の言うことなんか聞かなきゃいけないんだ！」と抗議し始める。まさしくてんやわんやだった。

こちらも気の強さで対抗しているだけで別にこうした場面に慣れているわけではない。成人男性に「ああ?」とすごまれたことなどないので、威圧されると本能的に体は恐怖する。訓練生の私語を注意した若い支援員がその訓練生から「お前誰だよ、なんで名前も知らない奴の言うこと聞かなきゃならないんだ」と言い返されてしまった（実際にはユニット担当として自己紹介は済んでいる）というユニットにヘルプで入った際は、頭をフル回転させ、揚げ足を取られないように「支援員の毛利と言います。あなたのお名前は？　〇〇さんですね。〇〇さん、今ミーティング中で周囲の人が聞こえなくなるので静かにしていただけますか？」と慎重に伝えるなど相手の出方を気にしながらなんとか対峙してみた。会話が終わったときには、自分の手が小刻みに震えていたのを覚えている。ずいぶん経ってユニットの雰囲気が落ち着いたころ、訓練生たちからは、「こんなに俺たちに丁寧に接するのには裏があるんじゃないかと思っていた」と言われることも多かったが、それを表すように、開所当初の数か月間、私たち支援員はとことん試された。最初に採用された支援員たちは、混沌の中を本当によく耐えたと思う。「闘争／逃走基底的想定グループ」（コラム1参照）と一言でまとめればそれで終わりだが、実際に体験するととても壮絶で、出会い頭の動物同士がにらみ合い「どっちが上か」「敵か味方か」を見定めているような、胆力を試される場だった。

主体性と尊厳の剥奪

刑務所の環境は当然ながら特殊である。丸坊主にされ同じ服を着せられ、外部の人やユニットが違う訓練生がすれ違うときには顔を合わせないように壁を向かされ、常に部屋は監視され、ときに抜き打ちで部屋の中を検査される。毎日同じ景色を見て同じ場所を行き来し、すべて指示に従う生活である。刑務所出所後の笑い話として、普通の生活に戻ったのにもかかわらず部屋の扉を開けてもらうまでじっと待ってしまったとか、トイレの扉を開けっぱなしでも平気だったなどという話はよく聞く。職員の私ですら、毎日見るのは丸坊主の訓練生、同じ色の服で、職員までみんな同じ制服や上着だったので、土日に買い物をしようと街に出かけると、色とりどりの服が目に入りチカチカしたほどだ。とはいえ、こうした表面的なことは比較的すぐに修正される。刑務所収容の目に見えない弊害は、考えないようになることだ。正確には、考えていたらやっていけない。このプロセスは、私としては、知らされない、決められない、聞いてもらえない、の三つの「ない」によって促進されていくように感じている。

まず、ほとんどのことは知らされない。刑務所にいつ移送されるか、どの刑務所に行くのか、どんな刑務作業工場に配置されるのか、応募した職業訓練に選ばれたかどうか、仮釈放の手続きがどこまで進んでいるのかなど、当日まで一切伝えられない。管理者側にも、事前に知ってしまうことで動揺したり周囲の者が足を引っ張ったりする弊害を防ぐためという一定の理由はあるのだが、何もわからず置いておかれ、ある日突然言い渡されるのは、それをされる側からするとストレスフルである。知らされないのは自分のことだけではない。あるとき、一人の訓練生が夜中に病院に搬送されて亡くなった後、「一緒に過ごしたユニットの訓練生にも、隣室の人が苦しんでいると警備の職員を呼んだ訓練生にさえも何も伝えてはいけない」というお達しが来たことがあった。病名などの個人情報はともかく、「亡くなった」と伝えて一分黙祷するくらい何のことはないと思うのだが、人として人を心配する人間らしい気持ちは、施設管理というお題目に踏みつぶされていく。

次に、決められない、選べない。自分で選択できるのは、自分の持っているお金でどのお菓子や日用品を買うかくらいだ。持っているお金がなければ、それすらできない。今日はちょっと夜更かししたいなとか、今日はこれ食べたいなとか、日々のちょっとした選択の自由はない。基本的に私語は禁止されており、刑務作業をしている工場では、仕事上隣の人とコミュニケーションをとる必要がある場合ですら挙手をして許可を得てからでないと、不正行為となる。停電にならないと電気のありがたみがわからないのと同じで与えられているうちはピンと来ないかもしれないが、自分で選択して（決めて）行動できない環境は、未来に向けて自分の行動を考えようとする時間軸と自律性を壊す。

最後に、聞いてもらえない。もちろん日常の基本的なニーズには担当刑務官が応えてくれるし、「願箋《がんせん》」という書類を書いて申し出や願い事を正式に示すことも可能は可能だ。しかし、施設側が応じると決めた以上の要望は取り合ってもらえないし、まともな配慮ができる訓練生なら何十人もの面倒を見ている担当刑務官を見て、気楽に日々の細かな悩みや相談を話す気持ちも控えてしまう。優れた刑務官の場合、定期的に訓練生に声をかけて節度は保ちつつもコミュニケーションをしやすい雰囲気をつくったり、頻繁には声をかけないが様子はしっかり見ていて異変には必ず気づいて声をかけてくれたりする。しかし、第2章の刑務官教育のところで述べたように、彼らには体系的に面接やカウンセリングについて学ぶ機会があるわけではないし、中には「ケアするのは自分の仕事ではない」「話を聞けばつけあがるだけだ」という考えの人もいるので、結局は処遇の質は刑務官個人の人間力や経験、知性に任され、すべての刑務官が一定のクオリティのコミュニケーションや組織管理のスキルを持っているわけではない。特に困るのは何か問題が生じたときだ。刑務官に何か指摘をされてそれは違うと思って事情を話しても、刑務官に歯向かった、命令に従わなかったと判断されれば「抗弁」という違反になる。その後の調査で言い分に耳を傾けてくれる職員がいたとしても、それを自分の処分に反映してもらえるとは限らない。そして、一部の教育プログラムを除いては、自分の犯罪に至るいきさつ、苦悩、心の傷、生い立ちなどをゆっくり話し、整理する場所はない。

そのほかにも、さまざまな出来事が心を削っていく。刑務所では基本的に職員からは呼び捨てにされる。[*] 自分の生活の面倒を見てくれている工場担当の刑務官の名前は知らない。実際には電話に「はい、○○です」と出ているのが聞こえるので知っているのだが、刑務官は受刑者に丸め込まれて操られる籠絡を防ぐため、名前を始めとして個人的な情報は一切話さず、距離を保つように言われている。訓練生同士も、互いに親しくなると不正や出所後の犯罪につながるという理由から、互いに深く関わりあわないように指示される（私語禁止はその一環でもある）。このように誰とも人としてつながれない。**コラム4**で述べる「犯罪者化」の動きの中で訓練生同士の足の引っ張り合いに巻き込まれることもある。もちろん公正に処遇をする刑務官も多いが、「こら」「おら」「お前」などと乱暴な言葉で注意されたり、「俺が黒と言ったら黒だ」という世界で抑圧されたりすることも珍しくない。私が在職中に見かけた、以下のような終わらない叱責はその極みだ。

刑務官：「お前、反省してないだろ」
訓練生：「いえ、反省しています。すみませんでした」
刑務官：「うそをつけ、その態度は反省していないだろ」
訓練生：「反省しています」

これが延々繰り返されるのである。叱り方のスキルが乏しいだけかもしれないし、訓練生が耐えられなくなり激高するのを待って調査にしたかったのかもしれないが、いずれにせよプロと思えないやりとりだ。しかし受刑者たちには、自分の子どもほどの若い職員にののしられようと、理不尽なことを言われようと、反抗すれば調査が待っている。反抗できないことがわかって理不尽なことを言っているのも伝わってくる。箪笥の角で足の小指をぶつけたくらいの不運と思って、すべて呑み込まざるを得ない。彼らが置かれるこうした現状については、「犯罪をしたんだから徹底管理されても仕方ないだろう」「他人の尊厳を奪ったんだから奪われて当然だ」と思う読者もいるかもしれない。しかし、人を殴った人を誰かが代わりに殴り倒しても結局被害者が増えるだけであるのと同様、代理の懲罰など意味がない。毎日尊厳を踏みにじられてまっとうになれというのは、無茶な話だ。

スキル不足に関しての余談だが、刑務所でよく聞いたのは、「短気は満期」という言葉だ。短気を起こして軽率な行動をとると仮釈放がなくなり満期釈放になってしまうからとにかく我慢しろ、こらえろという意味で使われていた。多くの訓練生はそれを元いた刑務所の刑務官たちから言い聞かされて覚え、互いに伝え合っていた。私は、この合言葉は刑務所のスキル教育の不十分さを如実に表していると思っている。たしかに怒りを感じたときに不適切な行動をしないようにこらえるのは大事なことだ。そういう意味では、一瞬、冷静になるために「短気は満期」を呪文として使うなら一時的な効果はあるかもしれない。しかし怒りに対処するスキルの学習で大事なのは何もしないことではなく、破壊的な衝動を乗り越えた後の感情をどう処理するかを学ぶことだ。すなわち立ち止まった後、自分

＊ 二〇二四年から行われている矯正改革推進プロジェクトにおいて、被収容者に「さん」付けをする方針が出されており、現在の状況は当時と異なっている。

がどんな感情なのかを認識し、どう行動すればよりポジティブな（自他を傷つけない）結果が待っているかを考えて、候補の中からより良い行動を選択する。これを繰り返すことで感情の調整力と表現力が身につく。「短気は満期」の合言葉は、「満期になる」というネガティブな結果をちらつかせ感情の抑圧を推奨しているだけでなんの対処も教えていない。社会の中でネガティブな感情を適切に処理することができなかった人を相手に、また不適切な対処を教えていく連鎖が生まれている。そして心の声は誰にも聞かれず、心の傷は誰にも扱われず、そのまま放置されていく。

試し行動への対処

刑務所の構造が受刑者の文化をつくり出し彼らの心を削いでいくプロセスと並行して、職員が受刑者たちの文化に影響を受け疲弊していくプロセスも存在する。

開所してしばらくの間、訓練生から行われたのは試し行動だった。試しはいろいろな形で行われる。施設に対する不平不満に対してどのように切り返せるか、ユニット内のトラブルをどのように収束させるのか、集団の葛藤に対し妥当な解決策を提案する力があるか……。これらは雑談のように行われることもあれば、強い口調で問い詰められその反応を見られることもあった。彼らが最も試し行動を仕掛けてくるのは教育の場だ。「認知行動療法って言ってるけどこれで何％の人が再犯しないのか正確な数値を言ってくれ」「欧米のことで日本では違うかもしれないだろう」「俺はその理論には当てはまらない。こんなのは机上の空論だ」「社会に出てから一番大事なのは働くことであってこんなこと役に立たない」などと、疑問や抵抗の言葉をぶつけて来る。少しでも言葉につまると「ほらみろ」と彼らは優位に立ちその場を支配し始めてしまう。

また試し行動は、観察眼や対応力を試すような形でも行われた。どこまで冗談が通じるか、下ネタは許容する人かといった普通の社会でもあるものから、訓練生集団の人間関係をどこまで把握しているか、職員の人間関係を探る質問にどこまでべらべら答えるか、国職員への文句にどこまで乗ってくるか、どれくらい押せば要求を呑んでくれるか、というものまで、それぞれが会話から職員を値踏みし、訓練生の間で「あの人はこういう人だ」と共有されていく。何か質問されて答えたり要求に対して回答したりすると「〇〇さんにはこう言ったって聞きましたけど」「〇〇さんの言うことは聞いて俺のは無理なんですか」などこちらの行動の一貫性があるかどうかを常に観察し、矛盾を突いてくる。ミーティングのスピーチ中に下ネタや犯罪に関する隠語を混ぜ、こちらがそれに気づくか、注意してくるかを集団で窺って楽しむような場面もあった。彼らにとっては注意されなくてもふざけられて面白いし、注意されても「やーい、叱られた」と茶化せるので、どちらにしても職員をおもちゃに遊べるのだ。

稀にこうしたことに対応できなくても、「もう、しょうがないねえ」といった形でこのゲームからの離脱を認められ暖かく見守られる支援員もいたが、あくまで人徳によるもので、私には関係ないものだった。勝った負けたの次元に巻き込まれてはいけないのはわかっているが、関係性やコミュニケーションパターンの主導権をとられるわけにはいかない。彼らの試しに耐えられなかった場合には、見下され、こちらの言葉を聞いてもらえず、よくてからかわれ続けるか、悪くて職員として無能だという情報を（デマも含めて）流されることが予測できるので、一つひとつの会話や集団の動き、一人ひとりの表情に必要以上に気を配る必要があって、最初のころは心が休まることがなかった。もちろん過剰に警戒していた面もあるだろう。あるとき訓練生が発した普通の熟語を下ネタだと勘違いして注意してしまい、「違いますよー！」「警戒しすぎですって」と訓練生たちにどっと笑われて、頭を掻いて謝ったこともあった。

ほかに心が削られる出来事としては、女性として、あからさまに性の対象として扱われたり尊重されなかったりすることが挙げられるだろう。開所後しばらくして女性がいることに訓練生も慣れてからはほどんと言われることはなくなったが、開所当初は、どの支援員の女性がタイプだ、美人だ・ブスだ、胸が大きい・小さいなどという話を、聞こえているかどうかにもお構いなしで当然のごとく堂々とする訓練生が多かった。もちろんまともな感覚の人は黙っていただけなので全員がそうだったわけではないが、「○○さん（他の支援員）って綺麗ですよね、いや、毛利さんも捨てたもんじゃないですよ」とか「ぶっちゃけ俺、毛利さん行けますよ（性の対象になりますよ）」「○○さんは毛利さんタイプだって言ってましたよ」などと言われる。たちが悪いのは「きれいですね」「タイプです」「あなたは性の対象です」と言うことが、女性を喜ばせると思っている人たちだ。不快な気持ちをぐっとこらえ、オブラートに包んで「そういう発言は不適切ですよ」と注意する毎日。容姿が第一印象と関わることは否定しないが、ほめるにせよけなすにせよこうしたことを言われ続けると、自分の価値が相手に単純化され踏みにじられているような感覚を抱くものだ。もちろん同様のことは刑務所に限らず社会一般にも起こるのだが、刑務所では限られた人から受けるものではないことが大きな違いだ。

のちの章で述べるが、刑務官からの女性職員への（本人たちは悪いと思っていない）同様のハラスメントも普通にあり、毎日多方向から専門職として少しずつ軽視され、人としての尊厳を少しずつ削られ、無力感と悔しさが足元に溜まっていく日々だった。

性を利用して弱みを突かれることで関係性のうえで優位に立たれてしまい、コミュニケーションの主導権を奪われることもある。これは特に初心者の支援者で顕著だ。例えば個別面接をしようと会った瞬間に、品定めでもするように上から下まで見られたり、面接中ニヤニヤしながら様子を窺うように性的な話をされたりすることがある。個別ではなくても、集団の中に入っていった瞬間にこそこそ話され、ニヤニヤされ、半笑いでこちらの会話を聞かれることもある。女性でなくとも不快だが、おそらく女性のほうがその視線と嫌な雰囲気に恐怖を覚える確率が高いだろう。こちらが萎縮した瞬間を彼らは見逃さない。そこで力関係が決まってしまうので、そこから盛り返すのは時間と労力がかかる。

嫌な思いをしたということとは少しずれるが、主導権を握られるという点に関して、成人の訓練生たちはそれまで会っていた少年とは違い、口が達者で、油断するとすぐに会話の主導権を持っていかれることには当初困惑した。とにかく犯罪について見事に言い訳が構築されていて、それを滔々と述べ論点をずらしていく。人をだます罪を犯した人は言いくるめるのがうまいし、力関係で相手を支配するタイプは、強い口調で議論を仕掛けてきたり、怒りや苛立ちを無言で示したりすることでそれ以上踏み込まれないようにする技術を持っている。「男なんてそんなもんです」とか「薬物使ったことのない支援員さんに僕たちの気持ちはわからないですよ」などと言われて、こちらが理解する力がないかのように扱われたりもする。それまでの生活で出会ったことがないタイプの人と接するので、人の話を聞いて受容して関係性を築くことに慣れてきた支援者にとっては、ただ気圧され、相手の歪んだ考え方に一矢も報えないまま言いくるめられて帰ってくることになる。なんとなく悔しいが、どうしたらよかったのかもわからない。彼らのコミュニケーション方法や主導権を持っていこうとする戦略を理解し、対処に慣れるまでは、布団の中でその日の会話を思い出しどう言えばよかったか考え、翌朝行きの車の中で会話の練習をして、また面接で玉砕して……というような日々だった。

巻き込まれる、操られる

対人関係の操作に巻き込まれることも稀ではなかった。開所直後のころに多かったのは、訓練生同士の敵味方合戦である。既述の通り開所当初は人数集めのため既存の刑務所から移送されてきた人が多かった一方で、開所後は通常のルートとして、刑が確定してすぐに拘置所からそのまま島根あさひに移送されてくる人もいた。そうした人たちは一般社会とかけ離れた刑務所文化になじみがなく、表面的には従いつつも、前からいるほうが偉いかのように傍若無人に振る舞う「古参」が気に入らない。工場作業の刑務官たちに耳打ちしても、そういうものだととりあってもらえない。そうなると彼らにとって切り崩しやすいのは従来の刑務所と違う刑務所にしたいと唱えている支援員だ。折に触れて、どの人がどんな古臭いルールで周囲を抑圧しているか、自分たちがいかに困っているかをこっそり伝えに来る。古参はそうした動きに気づき、逆に新参者が自分たちの悪口を言いふらして秩序を乱していることについて支援員に耳打ちしに来るか、もしくは「なんとかしてくれ」「どっちが正しいか決めてくれ」と迫ってくることもあった。

職員を味方につけることでその場の居心地を良くする作戦としては、職員同士を仲間割れさせるというものもある。自分の思い通りになびいてくれない職員の悪口を別の職員に聞かせて悪意を抱かせ、どちらかにかわいがってもらおうとするという動きだ。ある訓練生が、「〇〇という支援員はミーティング中に刑務官のことを軽視する〇〇という発言をした」と翌朝刑務官に吹き込む。そこには虚偽が含まれるが、その刑務官は事実を確認もせず「〇〇はこう言ったらしい」と他の仲間の刑務官に話し、「あの支援員はけしからん」「そもそも俺に挨拶しなかった」「肩で風を切って歩いていて気に入らない」などと言い始める。特に開所当初は刑務官と支援員との間に信頼関係がないため、容易に仲違いさせられた。職員間の仲間割れで終わればまだマシで、今度は刑務官が訓練生をけしかけ、教育の時間中に当該支援員に反抗的な態度をとるように指示し、訓練生は、教育の雰囲気を台無しにしてそれをまた刑務官に報告して一緒にほくそ笑む、などということが耳に入ることもあった。なぜそんな影の画策が耳に入るのかと言えば、刑務官が悪びれもなく「お前んとこの支援員をこういう方法でおちょくってやった」と話すからだ。刑務官も絡む出来事については第8章で触れようと思うが、とにかく新しい場所で、そして刑務所という場所で生き延びるために少しでも優位に立とうとする、そしてそのために人を貶める関わりはあらゆる方向からやってきた。

開所時に限ったことではなかったが、配慮を逆手に取られたり、厚意を搾取されたりすることもあった。訓練生の中には、支援員の中にある「人を援助したい」「自分なら助けられる」「相手に寄り添わなければ」と思う気持ちを刺激して状況を自分の思うように進めようとする人もいる。例えばグループの中で脈絡なく性被害や過去の大きな傷つき体験を話しだしてその場の空気を自分のものにし、突っ込まれては困る都合の悪い面から目をそらさせるとか、「これは誰にも言わないでほしい」などと自分の秘密を話して頼られていると思わせ、秘密を共有する関係に持ち込んで関係を強くし、要求を呑んでもらいやすくするなどの方法を使う。場合によっては「支援者なのに自分の味方になってくれないのか」などと真っ向から批判をして傷つけ、罪悪感を抱かせようとすることもある。こうした場合、どう対応すべきかの判断は非常に難しい。本当に痛みを語ってくれたなら受け止めたいし（実際そういう面もないではない）、人の役に立ちたいと思って支援職を選んだ人間にとって頼られるのは嬉しくもある。しかしこうしたやり方を社会でも無意識に繰り返し、状況や人を自分の思うように操作してきた人もいて、そこは変えなければいけない部分ではあるので、その手には乗らず、場合によってはそれを指摘し、介入のチャンスにしなければならない。

ちなみにそうした人は目くらましや対人操作が「対人関係の習い性」になっていて自分では気づいていないことも多いので、職員がいつものパターンに乗ってくれないと、「冷たい」「尊重されていない」などと別の人に訴えたりすることもある。そしてそれを聞いた第三者（外部にいる弁護士、支援者など）が「なんてひどい支援者だ」「刑務所はひどい」と批判したりもするのだが、よく見ると、同情を買えそうな人をきちんと選んで被害者ストーリーを聞いてもらい、その第三者に職員を批判するよう仕向けていたり、第三者を巻き込んで自分に優しくしてもらい厚意を搾取しようとしている、なんていうことは多々ある。なお、ここで述べているのは、対人操作への対処であって、刑務所の待遇に不満を持つ受刑者の訴えをすべて軽視してよいと言っているわけではないことは伝えておきたい。

刑務所の文化と集団の機能低下

告発や自死をきっかけに実態が暴かれることがなければハラスメントがまかり通っている組織がそうであるように、うまく機能していないグループは、その異常さがグループの特徴として固定化してしまうことがある。被収容者たちが、通常社会では期待されない行動をとったり、その中で犯罪肯定的な文化に染まったりしてしまうことについては、個人の資質というより集団の力によるものであり、「犯罪者化」「囚人化」などと呼ばれることもある。詳しくは**コラム4**を参照していただくとして、ここではそれを総称して「刑務所文化」と呼ぼう。

島根あさひでは、定員五十〜六十人の居住空間のことをユニットと呼んでおり、原則同じユニットの人と共同で生活し、同じ刑務作業をする。TCではないユニット（一般ユニットと呼ぶ）に在籍していたこともあるTCユニット経験者がTCと一般のユニットの違いは何かという問いに答えてくれた言葉（毛利、2018）から、刑務所文化を具体的にイメージしていただこう。

（TCの後、仮釈放まで四か月くらい）一般の工場に入ったんですよね。（…）「一般はこんなもんなんだなー」っていう。なんか、好き勝手なこと言って、文句ばっかりずっと言ってるなって感じでしたね。（…）（もし長くいたとしたら）合わせていかないとまずい。ずっと愚痴とか悪口とかしか言ってませんから。居室にいるのは嫌だし、人としゃべりたいタイプなんで。しゃべるためには合わせなきゃいけないじゃないですか。ずーっと悪口と愚痴なんですもん。「今度○○してやろう、えへへ」みたいな。子どもじゃないんだからみたいな。

みんな犯罪が最高のところで止まってるんですよ。だからすごいもったいないんです。（インタビュアー：刑務所の中で次の犯罪をどうするか話しているのもそれ？）そうですね。で、（犯罪の）楽しかった話ばっかりするじゃないですか。でも、そういうところに入って話聞くと顔が引きつるんですよ。「そんなこと言ってるけど辛かったことあるやろ、わかるやろ、ここまで来て隠すなよ」って。（…）（弱い面を話せないのは）価値観を捨てたら何も残らなくなるっていう不安があるんじゃないかな。その弱さを打ち明けられへん、ここで丸坊主になってこんなズボン履かされて打ち明けられへんかったら、「何もかっこよくないぞ」って。

ＴＣにいたほうが、犯罪に対して詳しくなります。（…）人がなぜ犯罪をするのか、良くも悪くもそれがよく知れる。なんで自分が犯罪したのか。常に犯罪と近いところにいると思います、ＴＣは。Ⅱ期とかⅢ期（一般のユニットの人も混ざって受講する回数限定のプログラム）に行くと「（他のユニットの人は）犯罪から離れてるな」って思いました。刑務所には刑務所のルールがあって、生活があるんですよ。（…）あの人たちにとって刑務所が日常になるんです。なんでここに自分がいるか考えるとしんどくなるから考えなくなる感じがあるんです。家族が来たときは申し訳ないとか、そんなことで考えたりしますけど、そういうことがない限り、そこの生活やルールに慣れてしまっているので、一時《いっとき》であれそこ（刑務所）が普通の状態。（…）（インタビュアー：TCは違う?）犯罪が近くなるんでね。一般ユニットのほうが忘れられるんです。暇つぶしのために身体を鍛えたりとか。（…）後から考えて空白だったか空白じゃなかったかっていうと、TCは自分の人生に役立つ気がするんですけど、一般ユニットにいる多くの人たちは空白になるような。（…）反省すらない気がしますから、空白の人は。

じっとしていると心が失われていく特殊な環境でせめてもの主体性を取り戻していくために、彼らは独自の文化をつくり出す。パワーを取り戻したという幻想に浸れるからだ。例えば彼らは人間関係に階層をつくる。一つは入所した順。早く入所していたほうが偉い立場に立ち、風呂に入る順番から物事を決める権利から早く入った者が有利になるようなルールをつくり、面倒な仕事や不利益を下に押しつけていく。次に犯罪のすごさ順。何がすごいかは彼ら基準でしかないのだが、組織的な犯罪で大金を稼いだり、暴力犯罪などで派手に振る舞ってきたりしたほうが偉く、性犯罪者は女子どもに手を出したとして一番下に置かれて、からかいやいじめの対象となる。また短い刑を「しょんべん刑」と呼び馬鹿にする。ほかにも、コミュニケーションスキル順でもパワーバランスが決まる。もともとグレーな世界となじみがあってあの手この手で人を操作することに長けている人や、相手の歓心を得るスキルの高い詐欺犯などは、言葉巧みに仲間をつくり、敵やいじめの対象を見つけて内輪の結束を固めたり、出所したら儲けようなどと話してグループを広げたりする。自分を大きく見せるため、過去の犯罪や稼いでいた金額の自慢をするが、話を盛りすぎて嘘が見抜かれた人は一転、排除の対象となっていく。パワーが盤石になってくると、弱い人間から薬やお菓子を脅し取るなどして自分の生活が都合良くなるように周囲を支配していく人もいる。

上下関係だけではなく、独自のルールをつくり自分たちを縛り合うこともある。食事で麺が出たときはすするな、夜中にトイレを使用したときには流水音が迷惑になるから翌朝まで流すな、このときはこうしろ、あのときはああしろ……。勝手なルールをつくり、それに沿えないと集団生活のルールが守れない人として非難と排除の対象になる。コントロールされた者は、そんな自分たちでもコントロールできる何かを生み出そうとする。今どきはそういう文化もなくなってきたかもしれないが、学生時代、教師が命じたわけでもないのに「後輩は先輩に会ったら九十度でお辞儀して大声で挨拶しろ」などという運動部のルールができ、それが守れないと先輩にぼこぼこにされた、なんていう例と同じだ。

刑務所文化になじむことは思考レベルを低下させ、ろくでもないことに時間を使わせる。雑談で話すことは刑務所内の噂話、犯罪の話、性的な話、同じ受刑者の悪口などが多いが、みんなどこかで「こんな話していてもなあ」と思いながら、かといって輪から外れるのは怖くて同調し、そのうち一緒になって話をするようになる。もっと積極的に文化にのめりこむと、敵味方をつくり争いごとを起こして誰かを蹴落とす作戦を練ったり、弱い人間に圧力をかけて鎮痛剤を不正に入手し、大量に飲んでふらつくことに興じたりする。通常ならありえないこともまことしやかにささやかれる。あるとき訓練生の間で、「刑務所を出ると生活支援で百万円もらえるらしい」という噂が回ったことがあった。

刑務所を満期出所して行き場がないなどの場合、ごく少額の緊急的な支援を受けることができるという制度の情報や、公共職業訓練受講中に生活給付金がもらえる厚労省の制度の情報などが混ざり合ったものだと思われるが、この噂は急速に広まった。「毛利さん、俺たち出所したら百万円もらえるって本当ですか」と聞いてきた訓練生たちに「そんなわけないでしょう。だったら私がまず百万円欲しいんですけど！」と言ったら「だよねー」と目を覚ましたのだが、情報が遮断され、小さな話が面白おかしく語られるコミュニティでは、人は冷静な判断を失う。

こうした環境の最大の問題は真面目に「変わりたい」「自分について見つめ直したい」と言葉にできないことだ。集団全体が、現実逃避をしてその日その日を楽しむという文化になっていて、更生について話せば「真面目か」と馬鹿にされ「そんなにまでして仮釈放が欲しいのか」と批判される。何か良いことが起きることを期待して何もしない「つがい基底的想定グループ」（コラム1参照）になる。

刑務所文化は、刑務所という大きなシステムの中で起き、その影響はシステム全体に返ってきて職員も心を削られることになる。先に挙げた試しや仲間割れ、噂づくりなどは、Elliot（2006）によって十二種類の「受刑者のパワーとコントロール戦略」として明記されているほどに有名だ。その中には、「侮辱」「かけひき」「すりより」などもある。そうして刑務所文化が、「場の力」が、人間のネガティブな側面をどんどん引き出していく。

罪を犯した人に敬意をもって接する、対等な場をつくると言いながら受刑者集団のことをひどく言っているように聞こえるかもしれない。しかし善意の隣人と専門家の違いは、人間とはこういう動きをするものだということを知っているかどうか、その動きにいち早く気づき対処できるかどうか、そして、自分や相手の行動がどういうリスクにつながるか考えて手を打ってから対話の場をつくれるかどうかだと思っている。以前、刑務所出所者に日本円で百万円を渡して起業支援をしている韓国の宗教家にお会いしたことがある。私は「お金が返ってこないとかそのまま逃げるとか考えないんですか」と尋ねたが、返ってきた答えは「それでもいいんです。一人でも回復すれば」というものだった。善意を持って接し、信じ続ける支援もまた必要だし、専門職支援者としてネガティブな動きに手を打っていく支援もおそらく必要だ。そしてさまざまなスタイルがあることは、十人十色の訓練生たちに、たくさんの支援のチャンネルを提供することになる。私は、その場で起きていることを見立てるための知識を得て現実に応用し、一つひとつ対策を練っていくことのほうが武器となったし、それができてこそ混沌の中から人の良い側面を引き出していけると感じた。それほどに、刑務所文化は個人の特性を超えてすべての人を毒素のある空気に沈めて窒息させていくように感じられるものだった。

アミティを訪問した際に見たテキストの中に、以下のような詩があった。

人々が良い意図を持って集まるとき
雲が湧き起こり　雨が大地をうるおす
そして　われわれのために
新しい春がめぐってくる

これはネイティブアメリカンの祈りとして引用されているもので、良いコミュニティがもたらす豊かさ、静けさ、安心、寛容などさまざまなものを象徴している、個人的にとても好きな詩である。しかし、大地が豊かになるには長い道のりがある。開所から数年間は、虹を見るどころか、いつ大地を潤す雨が降るのかもわからず、春など二度と訪れないのではと思うほど、途方に暮れる日々だった。

コラム4　囚人化と犯罪者化

第4章で「刑務所文化」と呼んだものは、厳密に言うと拘禁施設・集団で生活をさせる施設独特の文化と、受刑者たちだけでつくられる、一般社会とはかけ離れたルールの二つに分かれる。Bartol and Bartol (2005) は、これら二つについて前者を「囚人化」、後者を「犯罪者化」と呼んでいる。

「囚人化」とは、「刑務所の中で受刑者が特殊な規則、文化、刑務所社会で期待されるものを学習する過程」であり、普通ではない施設のルールになじんでしまうことである。出所後も気を抜くと誰かが扉を開けてくれるのを待ってしまうとか、監視されることに慣れすぎて着替えや入浴、トイレの使用の際に人がいても気にしなくなるなどの、油断すると被収容者のように振る舞ってしまうというものから、がちがちの刑務所のルールにはなじみ大人しくできるが、外に出て自分で判断し柔軟に対応しなければいけなくなるとトラブルを起こしまた刑務所に帰ってくるなど、自由な環境では周囲とうまく協調できなくなるというものまである。

「犯罪者化」は、受刑者同士がつくり上げる文化のことで、「お互いの知識、信念、態度、感情を共有し、支え合う受刑者による非公式なシステムのこと」と定義される。これらの例は本文で多く触れているが、犯罪の種別で序列をつくったり、「バレなければよい」と陰で不正をしたりすることで、閉鎖的な空間かつ無力を感じる立場に置かれた受刑者たちが、自分たちの力を感じることができるようにつくり上げたインフォーマルなルールと文化になじんでいくことを指す。

第5章　対話の文化を持ち込む——変化のための土壌づくり

前章では、開所直後に感じた刑務所の文化について触れた。本章では、どのように虹を見る条件を整えたか、つまり刑務所文化が根強い風土から回復を主体とする文化にしていくためにどのような対策をしてきたかについて述べていこうと思う。

繰り返しになるが、TCユニットは約二千人が収容される島根あさひの中の一つのユニット（五十八人定員）で行われた特別なプログラムである。民間企業からの提案は「施設全体をTCにする」というものだったが、残念ながら法務省からの提案で「まずは一つのユニットから始めましょう」ということになり、理念通りにTCを実践できるのはたった一つになった。それでも一般ユニットも、既存の刑務所よりは周囲と交流し、対話し、自分を見つめるための場所になるようにスタッフたちは努力してきた。本章ではまず最初に、第4章で触れたような施設全体の文化に対して一般ユニットを含めて行った取り組みについて述べた後、より集中的に介入を行うTCユニットでさらなる工夫としてどのような構造をつくり何を心掛けたかについて触れていく。

新しいパラダイムの提案

アミティの創始者であるナヤさんに言われたのは、「プログラムだけ導入するのではなく、刑務所のパラダイムを変える、つまり刑務所文化と異なる文化をつくることを意識しなさい」ということだった。可能な限り、コミュニケーションの仕方、場所の居心地の良さを変え、彼らの不要なヒエラルキーを排し、季節の変化が感じられ、人の気持ちに敏感になれるような、変化に向かう文化をつくりなさい、というのである。

まずは物理的な環境だ。民間企業に決められることはわずかだが、開所前の準備段階から関わることができたので、教室についてはいろいろと意見を出して整えてもらえた。アミティでは、この「物理的環境」をとても重視していて、カリキュラムの中にもこの項目が盛り込まれている。カリフォルニア州ドノヴァン刑務所内のアミティを訪れた際、TCのカリキュラムはプレハブ小屋で行われていたが、中に入ると装飾品と座り心地の良い椅子が配置され、絨毯《じゅうたん》はやわらかく、絵画やTCの理念が書いてあるポスターが張られ、特別な場所になるような仕掛けがなされていた。日本の刑務所は安全が最優先で、絵や飾りなどは用意できないが、冷たい床とパイプ椅子から放たれる無機質な印象からできるだけ遠くするよう心掛けた。専用として使える部屋には冷暖房を付け、タイルカーペットを敷いてもらい、椅子は木製にし、布地はせめて色合いの明るいものにした。そしてすべての教室で、机を使わず、椅子を円形にして人と人が顔を合わせて話ができる環境をつくった。椅子が円く並べられた場所に座ると、全身が周囲から見えるのでとても無防備な感じがして最初は居心地が悪い。しかし、だからこそ、小さな貧乏ゆすりや脚の組み直し、手の動きなどから心の動きが如実に見え相手との距離がとても近くなる。円形は、始まりもなければ終わりもない、上も下もないという意味で、平等と対等の象徴だ。そして教室に入るときには履いていたスリッパや運動靴を脱いでもらうようにした。これには靴を脱ぎ日常とは別の場所に入るという一つの儀式を挟むことで日々の刑務所生活との境界をつくる意図に加え、親しい関係であることやリラックスする空間であることを象徴する「靴をはいていない場所」で心を開きやすくする目的があった。

カリキュラムの構造や関わり方も工夫をした。入所してすぐ受講する三週間の考査教育の時期には、まずアミティのプログラムを受ける終身刑受刑者たちの映画「ライファーズ」を視聴してもらう。その後もアミティのカリキュラムを使用して教育の方針がTCだということを伝え、刑務所の時間を無駄に過ごすか自分の変化のために過ごすかを問い、互いに話す時間をつくった。鉄は熱いうちに打て、である。また考査教育では島根あさひに強い思いを持つ大林組の歌代正氏に在職中は一コマ（九十分）の講義を担当してもらった。一般の会社員から島根あさひを新しい刑務所にすることへの熱い思いを聞き、君たちに期待をしていると声をかけられるのは訓練生たちにとって意外な体験だったようで、訓練生たちが「珍しいよな」「なんかすごい想いがあるんだな」と口々に話していた。そして支援員は、彼らと人として関わることの象徴として、自分の名前を名乗り、かつ彼らを名字で呼び「さん」付けするという方針をとり、一般社会と同じ接し方を徹底した。

二〇一八年、TCを経験し出所したメンバー十八人にインタビュー調査をしたが、他の刑務所から移送されてきた彼らが島根あさひ全体に感じた雰囲気の違いを以下のように述べている（毛利、2018）。彼らは開所当初に入所した人たちではないが、開所直後の訓練生たちも似たような文化の違いを感じていたのではないかと推察する。

職員さんが優しかったことにびっくりして。「あ！」って、なんかその瞬間に、刑務所っていうことで（気を）張ってたものがなくなって、良い自分にちょっと、優しい自分になれたっていうんかな……この犯罪者なんかの話を聞いてもらえたっていうのが。（…）「ん〜」とかうなずかれることも（刑務所では）ないじゃないですか。（…）それでもう頭上がらんようになりますよね。

（民間スタッフである支援員は）唯一僕らが接することができる普通の人たちでしたから、普通に会話しても普通の人としてる感じがしましたし、それはすごく良かったですよね。刑務官は刑務官として接してきますから、僕らも刑務官としての接し方をするし、でも普通の人として支援員さんは接する。それはすごく貴重ですよ。

なんか広島駅に（警備業務を受託していた民間企業である）ALSOKさんが迎えに来てくれたとき、ニコって微笑んでる顔見て、（逮捕後）人の微笑んでる顔を見てなかったから、ホッとしましたね。「ここやったらいけるかな」みたいな。もうあれが救われた。

最後は教育の内容ではなく警備の民間職員の話であるが、「うーん」とうなずいて聞いてもらうことも、にっこりしてもらうことも、普通の世界では普通に起こることだ。刑務所のパラダイムを変えるというのは、刑務所に「普通を持ち込む」という、実はシンプルなことでもあると教えてくれるコメントだ。

それでも、そうした工夫は目くらましくらいにはなっても、すぐにこちらの思う関係性に持ち込めるわけではなかった。人間そのものを信用していない人もいるし、専門職などの肩書を持った人への不信感がある人もいる。ユニットミーティングでは何度も趣旨を説明し、よりよい共同体になれることを伝え、常に大きな声で反論して場をかき回す人には個別に面接して関係性をつくり理解を求めていった。手を打ったことがすべて功を奏したわけではないが、人間というものは顔を何度も合わせ、自分の気持ちを聞いてもらい、相手の気持ちを聞けば次第に関係は築かれる。時間はかかったが、訓練生から少なくとも敵ではないという認定をされることも多くなり、ユニットミーティングも落ち着いていった。

そして三十代以上の成人男性が大半を占める訓練生たちは、二十代半ばの支援員たちが一生懸命仕事をしている姿を見て、次第に温かく接してくれることが増えたようにも見えた。数年後には、何か言えば足をすくわれる、非難されるという雰囲気はずいぶん薄れ、ミーティングはもちろん、グループの中で自分のことを話すのも「そういうもの」として受け入れられるようになった。人として接すれば、人として接してもらえる。どちらが先にそれを始められるかだけなのかもしれない。

刑務所文化に手を打つ

前章で、試し行動や仲間割れなどの方法で訓練生がパワーを得ようとする方法について述べたが、これらに対抗し、操作されないためには、結局はコミュニケーションをとり良い関係性に塗り替えていく地道な活動が必要だ。

試し行動については自分で対処していくしかないのだが、一貫した行動をとればいい、責任のとれないことを言わなければいい、巧みに切り返せるようになればいいというものでもない。責任のとれないことには言及しない態度は、職員として当てにならないとか熱量がないなどとみなされることもあるし、一貫した行動をとり続けようと思うと、相手に心理的距離感を感じさせてしまうこともある。巧みな切り返しも、その巧みさによって一目置かれることもあるが、あまり器用すぎても勝手なことに「あの人は単に仕事として自分たちに関わっている気がする」などと言われてしまう。なぜなら彼らにとっては、試し行動はパワーを取り戻し主導権を取ろうとする仕掛けであると同時に、関わろうとする手段でもあるからだ。つまり結果よりも関係性をどうつないでいくかが重要なのである。

彼らが関係性を求めているという点について、ベテランの刑務官から聞いた話が根拠として示せるかもしれない。彼が言うには、毎日のように何かしら願い出をしてくる訓練生には、相手の要求を一通り聞き、「だめかもしれんけど一応聞いてみるな」といって電話を掛け、誰かとしゃべってから残念そうに電話を切るふりをして、「すまん、やっぱりだめやったわ」と話すという。すると訓練生は、

「オヤジさんがそこまでやってくれたなら、わかりました」と引くらしい。この刑務官は訓練生からの信頼が厚い人で決して要求をいつも聞き流しているわけではないし、だましたことを面白おかしく語ったわけではない。もしかすると、嘘をつくということに関する賛否もあるだろう。ただ、その刑務官は訓練生の内心にある「言い分を聞いてほしい」「自分のために動いてくれる職員がいてほしい」というニーズをきちんと汲み取って関わっているのだなと思った。求めていた「結果」は与えられないにしても、求めていた「関係性」は提供したのだ。だからこそしつこく要求しがちな訓練生も、すっと引いたのだと思う。どうしても「職員から指示してそれに従う」「訓練生から要求して応じるかどうか職員が決める」という互いに一方通行のコミュニケーションになりがちな刑務所では、訓練生の言葉にどう切り返し、納得させるかだけ考えがちだが、「会話して折り合う」「自分の意見も言いながら相手の意見も聞く」といった双方向に矢印が向かうコミュニケーションを意図することが必要だと感じる。そして双方向のコミュニケーションを実現することが、結局は試し行動への解決手段になり、良好な関係性を構築する風土をつくり出す重要な要素になる。

と、カッコいいことを述べたが、実際には私には巧みなコミュニケーションスキルや演技力はなく、興味の有無や感情が人にすぐ伝わるらしいので、自分という人間の不十分な点も含めて関わろうと腹をくくった。延々要求をしてそれを呑まないことが失格のように言ってくる人に対して「あなたたちのお母さんじゃありません！」とキレてみたり、真っ向から議論してみたり、失敗したときにはしょげて謝ったりしながら彼らと関わった。もっとスマートに対応できる人もいると思うが、言い合ったり謝ったりしているほうが人となりは伝わり、こちらも相手のことをよくわかり、関係性は構築できたと思う。そして関係性ができれば、彼らは試し行動をしなくなっていった。

先に触れたTCの出所者へのインタビュー調査（毛利、2018）では、国職員・民間職員との適切な関係性や距離感についても尋ねた。彼らの言葉をコード化し、同じ概念で分類してカテゴリーにまとめていく方法で抽出したのが以下のような意見である。最初のほうに書いてあるほど、そのカテゴリーの意見が多かったことを意味している。

【刑務官との適切な関係性や距離感】
・尊重される、人間扱いされた上での厳しさ
・平等で公平な扱い、一定の距離感
・見ていてくれる、気持ちをわかってくれる
・ポジティブな声掛けをしてくれる
・現状のままでいい

【民間職員（支援員）との適切な関係性や距離感】
・熱意、人生をかけている、伝わるものがある
・普通に接する、尊重される
・適切なサポートや介入をしてくれる
・適度な距離

・いろいろあるのが良い（ので一つには決められない）

「尊重される」といった共通のニーズもあるが、これを見ると訓練生は刑務官と支援員の役割の違いを認識し、異なる関係性を求めていることがわかる。関係性に関するニーズをどう拾い上げ、自分という個性を生かしながらどうそのニーズを満たしていくかが、刑務所文化そのものである敵対的、懐疑的なコミュニケーションをぶつけられたときに考えるべきことなのだろうと改めて思う。

この考えを延長していくと、仲間割れを仕掛けてくるなどの周囲の人間関係を巻き込むやり方に対しても、壊されようとしている関係性をつなぎ直し、新たにもっと良い方法でニーズを満たせる関係性をつくっていくしかないということになる。例えば支援員が国職員を批判したなどという噂を流されたような場合は、そのときどきで当事者ではない支援員が間に立って事実を確認していき「そんなことは言ってないみたいですよ」「歪曲されてるみたいですね」「関係性を壊したいんでしょうね」などと取り持ちながら、訓練生からの「揺さぶり」に対処していった。担当の刑務官が見ていない場所で起きた出来事についてはできるだけ報告し、どのように対処したのか、集団に何が起きていると考えるのかについてメモなどに残し、空いている時間に読んでもらえるようにする。ネガティブな情報にすぐ反撃や抑圧で反応せず冷静に分析できると感じた刑務官には、施設や刑務官の処遇態度に不平を持つ人がどのように言っていたかなどを報告して、集団で起きている動きを共有することもあった。自分への批判や不平を聞くのは気持ちの良いことではないが、それを優先するよりも集団で起きていることを把握し、誰が何に対してネガティブな感情を持っているのか見立てるほうが何倍も有益である。だからこそ、刑務官から、「休憩時間に訓練生が教育の内容やあなたの態度について批判をしていましたよ」と教えてもらったときには、信頼されていると感じて嬉しかった。情報を共有することについて、人によっては、特に心理士の教育を受けた人たちは、「話したことや教育の現場で起きたことを勝手に漏らすのは守秘義務違反ではないのか」と思うかもしれない。この辺りは意見の分かれるところだと思うが、刑務所の文化に対抗するために信頼関係を基盤とした文化をつくるには、すべての人が対等な関係にはあることは前提としたうえで、処遇を一緒に行うチームが誰なのかは明確に意識し、そのチームメンバーとの関係性を強くするため、より率直にコミュニケーションすることが鍵だと私は思っている。

チームを意識する／させるということと関連して、私が開所後からずっと続けていたことの一つに、一つのユニット／刑務作業の工場を担当する刑務官と積極的に話すということがある。積極的とは言ったが、担当刑務官は工場での勤務中は常にやることが膨大にあるため、最低でも週に一回くらい、一日一時間の訓練生の運動の時間などに顔を出す程度である。運動の時間を選んだのは、刑務官の仕事が監視に集中するため一番邪魔になりにくいと判断したこともあるが、副次的な目的として、訓練生に担当刑務官との関係性が良好であるということを見せるということもあった。それだけで、仲間割れさせようという動きは予防できる。当の刑務官には頻繁におしゃべりしに来てうっとうしいと思われていたかもしれないが、そうした「雰囲気作戦」も地道に実施した。

幸いなことに、きちんと情報を共有し、支援員が「刑務官は協働者である」という姿勢を見せていると、特に現場の刑務官は協力的に接してくれることが増えてきた。直に訓練生に接している刑務官は、私たち支援員が訓練生と接している場面を直接見たり、訓練生から評判を聞いたりする機会も多かったため、次第に「やる気だけはあるんだな」と思ってくれたのだろうと勝手に推察している。こうして、敵か味方か、という争いから脱却しつつ、敵でも味方でもないし、刑務官と民間職員は違う仕事をしている、でも連携している、という意識を訓練生に持ってもらえるように互いに協力していった。

社会から与えられる犯罪の理由を払拭する

「アルコール依存症の人は喉が渇いたからお酒を飲むのではなく、酔うために飲む」という言葉を聞いたことがある。本質は、一見それらしい言い訳や理由ではないところにあるという意味だ。実際、喉が渇いただけなら水を飲めばいいので、酒を飲む理由にはならない。酒を飲みたいから言い訳をつくって飲むのだ。そしてなぜ酒を飲むのか。それは酔いたいからだ。さらになぜ酔いたいか……このようにして本質や本当の気持ちに迫っていくと、全く違う動機にたどり着く。

この言葉は、依存症だけではなく犯罪行動の理由を考える際にもとても重要だと思っている。事件を起こした理由は、起こした直後には自分でも十分わかっていないので、尋ねられると答えに窮する。出てくるのは「人を殺してみたかったので」「ムラムラしたので」「お金に困っていたので」「相手の態度にすごく腹が立ったので」など表面的な理由ばかりだ。警察や検察では詳細に動機を聴いてくれることもあるが、調書ではわかりやすく筋の通った理由にしなければいけないので、事件の動機はつくられていく。

「仕事でのストレスが高じて」「生活に困窮して」「これまでに違法行為を繰り返して遵法《じゅんぽう》精神を欠く中で」「女性に欲情し」と単純化される。弁護する側も同様だ。「精神疾患を抱えて責任能力を欠く」「性依存症という病気を抱えており」「こんなしんどい生い立ちで」と弁護に足るストーリーと理由が

一般社会の人も犯罪者に対しては、衝動性が高い、忍耐力が乏しい、攻撃性が高い、怒りのコントロール力が低い、依存症者は意思が弱い、性犯罪者は性欲が異常、被害者への共感能力が欠如しているなど偏見に満ちた考えを持っている。その考えに基づき、家族が面会に来て「被害者のことを毎日考えなさい」とお説教したり、弁護士が暴力犯に『怒りのコントロール』という本を差し入れしたりする。本質的な問題はそこではないのに、「みんなできているんだからあなたもやりなさい」という対処法の話にしてしまう。専門家と呼ばれる人にも無理解な人はいて、単に被害者への心からの悔恨を語らないだけで「発達障害の疑い」などと診断をつけてしまう精神科医や、性犯罪者に「風俗に行け」と助言する警察官や医者もいる。話が脱線するが、性犯罪者は性を手段に感情を処理することが習慣になる性的没頭が問題なので、これは問題を強化する最悪の助言である。

とにかくいろいろな人からいろいろなことを言われ、本人もだんだん、自分の「特定の異常な何か」が犯罪をさせたのではないかという理屈に縋《すが》りつきたくなって、自分はADHDではないか、自分は性欲が強すぎるのではないか、自分は脳が損傷していて怒りっぽいのではないか、と信じ込み「俺ってそういう人間なんだから仕方がない」「自分のせいではありません」といった言葉に逃げ込もうとするようになる。若者の場合は「考えが浅はかでした」「次からもっとよく考えて行動します」

という若気の至りで済ませてしまうこともある。とにかく刑が確定するころには、あちこちから耳に入る情報をまとめ、多くの人が自分の犯罪の理由をすらすらと語れるようになるが、その理由は、たしかに筋は通るものの、どこか他人につくられた感じがするものとなり、「喉が渇いたのでアルコールを飲みました」レベルの内省にとどまってしまうという悲しい結果になる。

変化をもたらす教育では、社会から与えられた犯罪の理由、つまり「喉が渇いたからアルコールを飲んだんだよね」という表面的な理由を一度手放してもらう必要がある。そして、「捕まって懲りたので二度としません」「被害者のことを考えるようにします」「別のストレス発散法を見つけます」といった表面的な対処法を脇に置かせる。もう一度原点に戻り、「あなたはどんな人ですか」「本当は何が欲しかったんですか」という問いかけ、つまり「喉が渇いたという話はもういいです。本当は何を求めて酒を飲んだのですか」という問いをし、本当に欲しかったものを犯罪をせずに得る方法を考えてもらう。

これは簡単なようで難しい。人が一度納得した論理を構築し直すのは本人にとっても負荷がかかり抵抗が生じることもあるからだ。最近、島根あさひではない刑務所の性犯罪再犯防止プログラムに参加した際、スタッフが「性犯罪は性欲で起こすのではない、支配や甘えや安心感や人とのつながりなど別のものを求めて実行する」と伝えたのに対し、受講している受刑者たちが「いや、考え抜いたけど性欲が強いとしか考えられない」「俺も」「俺も」と口々に言い始めた場面があった。私も参加して「性欲が強い人がみんな性犯罪をするわけではないですよね。ということは犯罪行為に関わるのは性欲だけではないですよね」と話すと、その場は静まったが、後から「否定された」「性欲が強いって言ってるのに」と文句が出たらしい。私たちの伝え方にも問題があったのかもしれないが、それくらい、自分を多角的に理解し直すことは難しいということを表してもいる。このように、変えるべきパラダイムは、刑務所の中だけではなく、彼らの「犯罪の理由を説明する回路」にもある。

なお、考えを深めていくには、「問う」「教える」だけでは不十分で、「物語」を編みかえていくことが必要なこともある。そのためにはデモンストレーションが重要だ。アミティではグループをリードする人を、支援者か当事者かに関係なく「デモンストレーター（示す人、説明する人）」と呼び、メンバーたちに自分の体験を話してもらう前に、必ず自分の体験とそのときの感情や思考を語る（示す）ことを推奨する。専門家が行うグループワークでは、ごく簡単な例を示すくらいはしても、最初に自己開示して自分の物語を話すのはメジャーなやり方ではない。とはいえこのデモンストレーションは、彼ら一人ひとり、グループに良い影響を与えるために本当に重要である。例えば、デモンストレーションを行うことで、相手にだけ自己開示を求めるわけではないという尊重の姿勢を示せる。また、デモンストレーターの語り（サンプル提示）によって次の人も深い会話になりやすく、そして「頭」の話や「議論」に逃げずに他のメンバー全員の人生の物語をつないで連帯感を築いていける。それによって、単に知識を学んで議論したり、他者から問題点を指摘されて考え直したりするだけでなく、他人の物語と比較しながら、そして刺激を受けながら、自分の人生の物語は何だったんだろう、と改めて問い、自分の人生と犯罪の理由を構築し直すことができる。それぞれが自分の考えや体験を話せることは、「聞かれてそれらしいことを答える」のではなく、「なんで？」を一から考え、作り上げられた既存の犯罪の理由を少し考え直す機会にもなる。

自己開示に関しては、グループの時間をスタッフの自己顕示や癒しの時間にしてしまわないために、スタッフ自身が整理できている出来事だけ話すとか、手短に話すということも重要で、多少の慣れを必要とする。また自分のことを語ることに慣れない支援者もいる。島根あさひの支援員の中にも、伝統的かつ主流とされる「専門家－クライエント」の距離のある関係を重視し自己開示を積極的に行いたくない人もいてこのやり方には賛否があったが、少なくとも、「どうせ俺たちに正論や机上の空論をぶつけて来るんでしょ」という訓練生たちには「基本は同じ目線なんだ」「対等・平等を実現しようと努力しているんだ」ということは感じとってもらえたと感じている。

変わりたい気持ちをどう大きくできるか

刑務所文化に手を入れつつ「普通の感覚」と「TCの理念」を処方し、パラダイムを変えることについて述べてきたが、これを懸命に行ったのは私たち職員を権力とみなす訓練生とのパワーゲームに勝つためではない。訓練生たちの心に潜む、何かを変えられるなら変えたい、という期待と希望を声に出しやすくし、それを行動につなげていける文化をつくるためだ。

あるとき、担当していた一般ユニットでワークを行った際、軽い導入として「若いころに戻れるなら何歳に戻って何をしたいですか？」という質問を投げかけたことがある。順に答えを聞いていき、五十代の訓練生に回ってきた際、その人は「俺は自分の人生を一切後悔していないから戻りたくない！　生まれ変わっても同じ人生を生きる！」と頑として譲らなかった。単なる「仮にそうなら」というお遊びで、かつそもそもこれまでの人生を後悔しているという前提で話してはいないのに、ムキになって「後悔していない！」と主張する。周囲が「じゃあ逮捕前日に戻って逃げるとかでもいいじゃん！　刑務所は入りたくないでしょ」とフォローしてくれたりしたが、全く意見を変えない。その頑なさの裏には、何か後悔する気持ちが刺激されたことが窺えたと同時に、後悔の感情に向き合えないしんどさ、自分の人生に後悔があると認めれば自分を否定することになるという悔しさ、そしてそんな弱い部分は隠したいというプライドが感じられた。

罪を犯して刑務所に収監された人にとって、後悔の念を肚《はら》まで落とし込み、そこから這い上がれるという期待や希望を持つことは、ある種危険な薬だ。そもそもそれまでの生活の中や裁判の過程でさまざまな傷つきを抱え、心が満身創痍の人もいる。過去を見つめ反省し、行動を変えようとしたところで、うまくいき、友人や家族が戻り、幸せな生活が手に入る保証などない。できるかもしれないと思って賭けた分だけ、うまくいかなかったときの傷つきは深い。であればイソップ童話の「酸っぱいブドウ」のように「いらない（変わりたくない）」と言ったほうが心を守ることができる。受刑者たち独特のマッチョな文化は、一定程度こうした怖れと強がりから強化されているように思う。私たちの仕事は、彼らが諦めているその希望と期待を掘り起こすことと、それが単なる危険な薬にならないよう、現実的な行動変化に落とし込むことだ。

後に詳述するが、TCの選考基準には、まず本人が受講を希望することを掲げた。自分自身と未来に期待し、賭けてみることが重要だからだ。講演などでこの基準を話すと、多くの人から「それだと不純な動機で受講する人が出てくるんじゃないですか」と質問される。だがその質問にはいつも「それでいいんです」と答えるようにしている。実際、仮釈放が早くなると期待したり、刑務作業をさぼりたかったりしたために応募したという人はいたが、主要な目的としてどんな説明をしようが、自分から変化を目指す教育に応募したという事実は、何かを意味している。それだけで十分、自分の未来のために行った選択だ。むしろ一縷《いちる》の期待があるからこそ、ダメだったときのために声高に不埒《ふらち》に聞こえる別の理由を述べているのかもしれないと思うと、なんともかわいらしくも見えてくる。そんな人たちとは「残念でしたー。TCに入っても仮釈放が自動的に早くなることはありませーん」「えーマジかよー。来て損したよー」などと笑って言い合うのであるが、結構そういう人のほうが、いざTCのテキストを開くと、真剣に自分のことを考え始めたりする。

刑務所の教育でまず初めにやることは、正直に罪を話すことや新しい（正しい）考え方を教えることではない。酸っぱいブドウだと叫ぶことをやめて、実はできればブドウを食べたいと思っている自分を素直に認め、自分と自分の未来に期待を持てるようにすることである。

TCユニットの立ち上げ

ここまでは、島根あさひの受刑者たち全体への働きかけについて述べてきた。ここからは、TCの理念を実現するための集中的な教育ユニットであるTCユニットについて、どのような枠組みを整えていったかを見ていこう。私が在職していた二〇〇九年から二〇一六年までの記述であり、体制や時間割など現在は変更されていることもあると思われるので、あくまで当時の情報として読んでいただきたい。
開所から遅れること半年、二〇〇九年二月に、TCの手法を取り入れ、ともに暮らし、ともに教育も受けるTCユニットが始まった。選定の基準については議論を重ねた。本来ならばどんな人でも歓迎としたいところではあるが、キャパシティに限界があるうえ、どういう人により大きな効果をもたらせるかは考えなければならない。過去に違反をしていないことを条件に入れるのか、罪名は限定するのか、年齢はどうするか……。議論の末、TCの編入基準は①本人の希望があること、②残りの刑期が六か月以上あること、③法務省内で開発されたCAPAS能力検査で能力検査値七〇以上であること、④受講を妨げるような精神疾患がないことの四つとした。*

残りの刑期を六か月以上と設定したのは、二十歳を超えて今の生き方で安定してきた大人が変化するには一定の期間が必要だと判断したため、能力検査値の基準を設けたのは、アミティのテキストを理解し議論するには一定程度の言語能力が必要だと判断したためである。精神疾患については、プログラムの内容が引き金となり病状が悪化してはいけないことから、プログラム受講でかかるストレス（過去の記憶の語り、人間関係の軋轢など）に耐えうる程度に管理されているかは確認することとした。なお、これはあくまで島根あさひのTCで効果を最大限にするために決めた基準ということであり、能力が低かったり、精神疾患があったりするとTCでの回復が難しいという意味でないことは強調しておきたい。

選定は三か月に一回で、三か月ごとに新メンバーが入り、三か月目、六か月目、九か月目とさまざまなTC在籍歴の人が増えていく方式とした。一般ユニット（TCではないユニット）で受刑している人と、その時点で考査ユニット（入所直後の指導を行うユニット）にいる人たちに募集告知を出し、希望用紙を出した人の中から基準に合う人を選んでTCユニット担当者が面接に行ったうえで、最終的には国の会議にて正式に決定をしてもらう。いわゆる良い子ばかりを集めてもコミュニティの多様性が失われるため、バランスを考えながら選び、また同時に募集される職業訓練に選定されそうな人を引き抜くと全体に支障が生じるので職業訓練の部署と調整し、刑務作業工場の運営上抜けては困るという要望があった場合には各所に調整に行くなど工夫した。

罪種は問わないこととした。アメリカのTCは依存症の回復運動が始まりであるというその性質から依存症を持つ人を対象としているが、アミティのプログラムは人間全体の成長を目指した内容となっており依存（症）の有無にかかわらず誰にでも適用できると考えたこと、アミティのスタッフから「ほとんどの受刑者になんらかの物質依存の履歴があるので、むしろ依存症の有無で効果に差があるかどうかは検討されていない。どの人に対してもやってみる価値はある」との助言をもらったことがその理由だ。イギリスの刑務所内TCが罪名や依存症の有無による選定をしていないことも根拠となった。また、もともと島根あさひには二十六歳以上六十五歳未満の人が入るという制限があるため

＊ CAPAS能力検査は受刑者を母集団として開発されたもので、IQ値とは異なる。令和元（二〇一九）年～四（二〇二二）年の新受刑者（男女）のうち、能力検査値七〇以下の人は、テスト不能の人を含め全体の約二一～二四％程度である（法務省、2022）。

（のちに下限は二十歳以上に変更）、ＴＣでは年齢制限は設けず、むしろ多様な年代の人が必ずいるように配慮した。

後日談とはなるが、罪種を問わなかったこと、年齢を制限しなかったことは功を奏した。年齢差は、若者には知恵を、年配者には刺激を与えるし、罪種が違えば違った視点で質問し合い、指摘し合える。同じ罪種同士だと似たような言い訳をして本当の問題を直視しないようにするような場合でも、他の罪種の人がいると言い訳を見透かされ、逃げられなかったりする。多様な人がいるコミュニティは、それぞれの「常識」と「普通」に見直しを迫り、学び直しを活性化させた。

ＴＣの枠組み

通常の刑務所では、基本的に教育プログラムの受講者はその時間だけ教室に連れてこられるため、一緒に受講するメンバーはともに生活はしていないことも多いが、ＴＣユニットでは、ＴＣを受講する人を同じ工場作業に指定し、同じ場所で生活しながら教育も受ける「ともに暮らし、ともに学ぶ」方式で受講してもらった。一緒に暮らしながらプログラムの受講もするのは諸刃の剣である。生活上のトラブルをグループに持ち込み、雰囲気を敵対的なものにしてしまいグループを運営しづらくさせる、グループでの秘密を漏らしてトラブルになる、逆にお互いのことを知り仲良くなりすぎてなれ合いになって違反行為に走るなど、リスクは尽きない。しかし、ＴＣのように長く受講することを想定している場所では、むしろトラブルを良い材料にして他者と話し合う経験を持つことも成長の糧になる。またコミュニティの危機についてみんなで話し合うことで、自分たちで安全と安心を維持するという責任感を持つことができるし、個人としても、社会にいれば「あいつ嫌い」と言って口もきかなかった存在と話をする貴重な経験ができる。実際にTCの訓練生から他人の悪口を聞くことも多かったが「嫌っているのはあなたの心で相手のせいじゃないですよ。なんで嫌いか考えてみてください」と言うと、偉そうだった父親を思い出すとか、いい顔ばっかりしているのが嫌いだったが自分も周囲に評価されたい気持ちが強いのにそれを認めていないだけだったなどと考え、結局は自分の問題だったと気づく。TCは「方法としてのコミュニティ」(De Leon, 2000)とも言われるが、コミュニティ内でリアルタイムに起こるいざこざを通して、自分を知り、他人を知り、感情と行動をコントロールしつつ、適切に自分の考えや気持ちを相手に伝える方法を学ぶことに重きを置いている。

また、リスクに手を打ちさえすれば、ともに暮らしていることのメリットは大きい。常に顔を合わせていることで関係性が深まり、厳しい指摘を含む信頼をもとにした深い議論ができたり、教育中では足りなかった議論を有志で余暇時間(自由時間)にできたりする。教育中にいいことを言っていても、生活がだらしないと「言ってることとやってることが違うぞ」と周囲から指摘されたり、見栄を張って嘘ばかり言っていると論理の矛盾を突かれて徹底的に「そういう表面を取り繕う態度が犯罪につながっているんじゃないか」などと厳しく直面化(感情や行動の矛盾や不一致を指摘し考えさせること)をされたりするので、適当な要領の良さだけでは過ごしていけず、自分なりにコミュニティで正直かつ誠実に振る舞う方法を身に付けていかざるを得ない。

TCでの教育は、テキストを用いたプログラムだけにとどまらない。三か月に一度、新メンバーが入ってくるので、初回は毎回違うやり方で、互いに自己紹介し合ったり理念の確認をし合ったりするオリエンテーションを全員で行う。オリエンテーションでは、一人一冊渡すTCのガイドブックを用いて、互助の仕組み、教育活動の中身、社会練習としての係活動などについて支援員が大枠を話し、小グループで先輩がより詳しくTCの具体的な取り組みを伝える。ユニットの生活は受け身にならないよう、在籍期間の長さと比例して重い責任を果たす構造にしている。三か月ごとに「新しいメンバーを導く役」→「ユニットの生活の管理（洗剤の補充等）」→「カリキュラム係」と係活動が進み、最初は新しく来たメンバー一人の面倒を見ればよいというところから、次の段階ではユニット全体の生活に目を向け、最後はカリキュラムを自分たちでリードすることによって、責任が大きくなるにつれ学びも深まるようにしている。

受刑者がカリキュラムを教えるという方式の採用は日本の刑務所ではほとんどないが、これは訓練生にとっても支援員にとっても手間はかかるがとても良いシステムだった。何と言っても、教える者が一番学ぶからだ。そして同じ時期に入った者同士で三か月間のカリキュラムをどうするか話し合う中で、軋轢が生じたりそれを乗り越えたりという体験もできる。彼らは、自分のいるチームのメンバーにとってどういうアプローチをすれば話が入りやすいか、どのメンバーにとってどの話題がデリケートなものかなどをよく考えてカリキュラムの内容をその都度変えて実施した。一度私があまり考えずに特定のメンバーに突っ込んだ質問をして心を閉ざされてしまったときには「もー、毛利さん、直球すぎるって。あの人には、俺たちいろいろ考えて周辺から攻めていってるんだからちょっとは見守っててよー」とダメ出しされたこともあった。

教育的介入を行う活動は主として全体で行うユニットミーティングと、グループごとに分かれて行うテキストに基づいた介入に分かれる。まずはユニットミーティングについて説明しよう。毎週火曜から金曜の夕方に行う三十分のユニットミーティングでは、その日の連絡事項の伝達に加え、アファーメーションとスピーチを順番で行うようにした。アファーメーションとは、相手の存在を認める言葉をかけることである。「今日のグループで勇気を出してしんどい話を分かち合ってくれて嬉しかった」「昨日少し落ち込んでいるとき声をかけてくれてありがとう」「みんなが見ていようといまいと、〇〇の部分の掃除をみんなのために徹底してやってくれているのを知ってるよ」など、日々感じた仲間へのポジティブな感情を言葉にする。グループで互いに厳しいところを突いて深めていくのと同じだけ、相手を肯定し認める作業を行うことは重要だ。不思議なことにコミュニティ内でアファーメーションをすると、それだけで空気がとても暖かなものになる。こうしたルーティンのユニットミーティングに加え、毎週月曜日には九十分のユニットミーティングもある。長い時間かけて話し合うべきことがある場合にこの時間を使うこともあれば、支援員が自由にテーマを設定して、今コミュニティで考えたいテーマを投げかけて議論することもあった。

テキストを使った介入は、メンバーを二グループに分け、午前中にAグループが教育でBグループは刑務作業、午後はBグループが教育でAグループが刑務作業、というように入れ替わりにして、水曜から金曜の午前午後三時間ずつをかけて行う。テキストは、アミティから購入した『変化の入口』という全三冊のテキストと、教育アドバイザーの藤岡淳子氏が独自に作成した一冊を使う。アミティのテキスト三冊については、一冊目は全受刑者に対して入所時に行い、TCは二冊目・三冊目を実施する。この三冊は、TCの理念を学ぶとともにTCのやり方で過去と犯罪に向き合うためのものだ。後者のテキストは、認知行動療法の考え方に基づいて犯罪を分析し、再犯防止プランをつくるという内容や、被害者に与えた影響と責任について考える内容などが盛り込まれたものだった。これらのテキストは、一回使って終わりというわけではないのも大きな特徴だ。滞在中何度も何度も繰り返し実施することで、最初に見たときには意味がわからなかった内容も徐々に理解できるようになる。六か月後には体験を通じて自分の考えを述べながら、カリキュラム担当としてそれを後輩に語り継いでいけるようになる。また、二つあるうちの一つのグループには比較的経験が長い人を集めるようにし、マンネリ感を抱かせないため、三時間あるうちの後半の時間は支援員が主導でその都度そのグループに必要な内容を考えるようにした。そのコマを担当する支援員もTCスタッフの中で交代制にして、支援員の得意分野や特性ごとに、自分の歴史を徹底的に掘り返すテーマにしたり、被害者について考えることをテーマにしたりと、さまざまな内容を提供できるようにした。

答えのない問いを考え続ける

次章で訓練生がさまざまな体験を語る様子に触れるとして、ここでは彼らの心の動きを理解してもらうためにもアミティのカリキュラムがどのように構成されているのか、少し説明しておきたいと思う。

そもそもカリキュラムの開始前に、新入受講者は普通の刑務所とは違う雰囲気を体験することになる。まずオリエンテーションには既述の通りすべての人が参加し、支援員は「コミュニティにとって新しく入った人が先生である」と伝える。古いものが偉いという刑務所文化を否定するためでもあるが、実際、そこにいるのに慣れてしまった人たちにとっては、新しいメンバーから素朴な疑問を出されて答えるために立ち止まったりできるし、新しい人間関係（良いものも対人葛藤も含めて）はすべて学びの種になるからだ。新人たちは、余暇時間に訓練生が自分の犯罪行動を自慢のためではなく改善のために明かし、話し合っていることに驚く。この点において、一般ユニットとは異なる雰囲気を一番感じるのは性犯罪をした人かもしれない。それまでは「いじめられるので絶対に罪種は明かすな」と職員から助言をされているが、TCユニット内では、自分と同じ性犯罪をした罪種の人がみんなに事件を知られていて、そしてそれとは関係なく人間関係を築いて信頼を勝ち得ていることにびっくりする。

カリキュラムが始まると、グループに分かれてアミティのテキストに取り組んでいく。テキストの表紙をめくると「献辞」があり、「〇〇さんへ」と自分の名前と、各参加者に向けて支援員が選んだ格言・名言が書き込まれている。そして次に待っているのは「治療共同体の十三の伝統」と呼ばれるアミティの文章だ（表1）。その文章は次のような言葉から始まる。「共同体は個人的な疎外に対する対抗手段である。解決するには、他の人に助けてもらうことである。あなただけができる、しかし、あなたひとりではできない」。

全員で最初に取り組むテーマは「治療共同体の基本的前提」だ。治療共同体の研究者ジョージ・デレオン氏がアメリカの治療共同体の共通点として挙げた八つの原則を参照しながら、アミティ独自で

7. 共同体の中では、どんなことも、どんな人も同等である。だれにとっても教えることや学ぶことがある。肉体的・情緒的・知的・精神的な領域における仕事からたがいに教え学ぶ。

8. 私たちは、ひたむきに学ぶことによって成長する。つまり耳を傾けることを学び、学ぶべきことに耳を傾ける。学び続ける人は生き生きとし、学び終わった人は死んだも同然である。学んだことや学んでいることを教えることができないなら、学んだことを本当に自分のものとすることはできない。学んだことを与えなければ、本当に自分のものにすることはできない。

9. 私たちは、経験したことがないことや自分で行うつもりがないことを他の人々に行うよう求めることはない。

10. 私たちが形式を実践する唯一の目的は、その真髄をなしとげることにある。

11. 私たちは、人々や場所、状況を出会ったときよりも向上させる。

12. 私たちの共同体は、友情のタペストリにもとづいている。人に与え、人を愛し、人から愛される力を一緒に育てる。

13. 私たちは、ふるまいを通して新しい感じかたをできるようになれるが、感じるだけではふるまいを変えることはできない。今日が残りの人生の最初の一日であり、私たちはいつでも自分の新たな人生を始めることができる。

表1　治療共同体の13の伝統

1. 共同体は個人的な疎外に対する対抗手段である。解決するには、他の人に助けてもらうことである。あなただけができる、しかし、あなたひとりではできない。

2. 共同体のなかでは、私たちは個人としての威厳や信頼、実践にもとづいた真の人間関係をはぐくむ。私たちは暴力に頼らずに変化をもたらし、尊厳を持って社会に貢献することを学ぶ。

3. 私たちの共同体は、自分の経験したことの本当の姿を恐れずに表現できる物理的にも心理的にも安全なサンクチュアリである。これまで経験してきたことや現在の自分、そしてこれからどうしたいかを一緒に考えよう。

4. サークルのサンクチュアリで自分の経験を自由に表現し、行為であらわすのではなく言葉であらわすことを学ぶ。もっとも重要なのはサークルの一体性であり、サークルで話したことはサークルの中にとどまる。

5. 私たちの共同体は、力と支配よりも知識と信頼にもとづいている。私たちの協力や役割構造が私たちの共同体を支える。「トライアングル」が「サークル」を支える。

6. 私たちの共同体の中では、各個人が持っているすべての文化や伝統、信仰をたたえて学ぶ。私たちの共同体自体は文化でも信仰でもない。

作成した「治療共同体の基本的前提」についてその意味や実践方法を考えていく（表2）。

これらの前提を毎回一つずつ取り上げ、どう理解し実践するのかについて話し合っていく。「排除よりも包摂」「傍観者よりも参加者」など、見れば当然であるものばかりだが、理想論を確認して終わりではなく、たくさんの疑問を出し議論をしていく。例えば「排除よりも包摂」なら、自身が排除されたときのこと、包摂されたときのこと、排除したときのこと、包摂したときのことを思い出し、世の中には両方あることを確認し、それぞれの体験と感情を分かち合ったうえで、「なぜ世界では排除よりも包摂のほうが大事なのか？」という問いについて議論する。訓練生によっては「俺たちは今刑務所にいて社会から排除されている。そんな俺たちが誰を包摂するっていうんだ」という問いを発し、みんなでそれに対して思うことを話していく。重要なのは、すべての基本的前提が「〜よりも」になっていて、TCが目指すものは示されるが絶対的正解としては示さず、自らどちらを選択していくか考える余地を残し、議論することを前提とした表現になっていることだ。

基本的前提を学んだあとは、心の傷に触れ、自分の感情にアクセスすることに焦点を絞ったセッションになる。自身の心の傷についてまずは簡単に振り返り、エモーショナルリテラシーがないことにより、条件反射のように状況に対応して犯罪をしていたことを振り返っていく。エモーショナルリテラシーとは、感情の読み書き能力のことで、島根あさひでは感情の識字能力という意味で「感識」（私たちの造語である）と訳していた。エモーショナルリテラシーには、自分の心が動いている感覚に気づき、それに名前を付けることができ、そして誰かに伝えるという三つの段階がある。その概念を学びながら、自分にそれができていたかを問うていく。

表２　治療共同体の基本的前提

テキスト内で一つのモジュール（講義単位）として深く話し合うもの
・隠すことよりも明かすこと
・傍観者よりも参加者
・排除よりも包摂
・借着の権威よりも個人の威信
・症状への取り組みよりも全人的教育
・仕事よりも仕事と役割を
・（原家族よりも）あなたが選んだ共同体
モジュールとしては取り上げないが書かれている前提
・症状への取り組みよりも全人的教育
・福祉を受けるという考えよりも事業者の視点
・分離よりも統合
・単なる従属や従順よりも感識（エモーショナル・リテラシー）
・単に指し示すよりも、実際の行動で示す

その後は、犯罪に至るプロセスとして「排除（誰かから排除的な扱いを受ける）→抑圧（そのときに感じた感情を押さえつける）→否認（嫌な気持ちや嫌な現実をなかったことにする）→感盲（何も感じなくなる）→ビジョンの欠如（投げやりになる、何を求めているのかわからなくなる、逃避する）」という「不協和音」を勉強し、自分がどのようなプロセスで犯罪行動に至ったのか分析していく。ちなみに感盲とは、感識の逆で、同じく造語である。

心理教育や心理療法に詳しい人がこれを見れば、「感情の種類とその対処について教え、犯行に至るプロセスを分析してるのね」と理解されると思うが、それらの介入と違うのは、思考ではなく記憶と感情を扱うことに重点を置いているという点だ。心理教育的な介入が既存の枠組み（理論）に自分を当てはめ、思考を変化させる努力をする作業だとしたら、アミティの介入は、感情の畑を耕す作業だ。さまざまな方法で記憶を引き出しながら感情を刺激し、その刺激で出てきた次の記憶を語る。そしてそれが個人間だけでなく他者間でも起きる。混沌の中ですぐに答えが見つからない中で、「自分の人生で本当に感じていたことは何だったんだろう」と深く模索し、自分という存在に向き合う体験をもたらす。

この一段階目の記憶と感情との向き合いを経て、次に過去の家族関係とこれまでの人間関係のあり方を振り返っていく過程に入る。家族で住んでいた家を絵に描き思い出を語ったり、家系図を書いて家族から受けてきたメッセージについて話し合ったりする。他者との関係性について考える最も良いツールは「ソーシャルアトム」と呼ばれるワークだ。紙の真ん中に丸を書き、そこを自分（分子の核）として、誰とどんな距離感で関わってきたか、五歳・十歳・十五歳のときの図を描き発表する。

外側からは普通の家庭だと見られていても、常に両親は仲が悪くソーシャルアトムの遠くにいた、母親に交際相手がいるかいないかでソーシャルアトムがめくるめく変動した、常に家庭内や身近に自分を虐待する人がいてしんどかったといったことを思い出していく。これらのワークを通して、単に過去を振り返るだけではなく、家族関係を客観的に見て周囲と比較し、受けてきたメッセージや呪縛から一歩距離を置き、ソーシャルアトム（社会的関係）は自分で変化させることができるのだと理解することはとても重要である。

そして三段階目で、暴力による侵害と加害・被害について扱うセッションに入る。どんな侵害行為を受けたか、それにどう反応してきたかを振り返り、自分に加害をした人、自分が被害を与えた人に手紙を書く。そしてその傷からどう成長するか、与えた傷をどう修復できるのかを考えるセッションが続いていくことになる。暴力被害、いじめ被害、部落差別、人種差別、家庭内の虐待。自分が受けた被害を思い出し、意識するのも大変だが、一回話せたらなんとかなるというわけではない。加害についても、本当にしたことに向き合ってからが本番だ。このセッションだけがしんどいわけではないが、一番答えが出しづらいだけに、取り組む人には最もしんどい時期となる。

しんどさには、ただ思い出して苦しい、悲しいというシンプルなしんどさとは違う面もある。ある人は、カリキュラムを何度か繰り返した後（六か月以上経過後）に母親に首を絞められる悪夢を見るようになり、次第に起きている間もそのときの光景を思い出すようになって「母親が心中しようとして自分の首を絞めたことがあることを思い出した」「母親に対してなんかしこりがあったのはこれだとわかった」と私に報告しに来た。別の人は、父親から暴力を振るわれていたことは最初から記憶にあり平気な顔で語っていたものの、何度も語り、他の人の傷にも何度も触れるうちになんとなくモヤモヤしてきて、そのモヤモヤとずっと向き合いながらようやく「ああ、俺は殴られるのが嫌だったんだ」と気づいたと語った。二、三代前に親戚一同で外国から移住してきた家族の文化（男尊女卑、子は親のために尽くす等）の苦しさに全く気づいていなかった人が、生い立ちや家族のルールを語るうちに周囲から何度も「変だよ」「あなたの人生なのに」と言われ、自問自答しながら、家族から自立する視点を獲得したこともあった。記憶と感情の整理をし、次に進むには人それぞれのルートがあり、多くの時間を要する。

こうしたことは、もちろん聞いてくれる人がいて癒しが始まるが、最終的にはその体験にどう折り合いをつけるかは自分で結論を出すしかない。彼らが一番、「もう過去のことだよ」「忘れよう」という言葉に意味がないことを知っている。あるとき、あるメンバーに伝えたいことがあり自由時間にユニットを訪れたところ、別の訓練生たちが「ああ、今は部屋にいるかもね」「最近はあまり出てこないんだよね」「「あの時期」っすかね」「そうそう「こもり」の時期だよ、たぶん」と答えてきたので、一体それはどういうことかと尋ねたことがあった。彼ら曰く、物事に真剣に向き合いだすと、一人で考える時間が必要になり、自由時間にあまり共有スペースに出てこなくなるのだという。それはしんどいことにちゃんと真剣に向き合った人に共通の行動だそうで、そのとき周りの人たちは、自分で答えを出してくるまで見守っているということだった。もちろん思い詰めて自死を選んだり自暴自棄になったりしないかは彼らも慎重に見守っており、誰かが「こもり」に入ったら、何気なく「見守り態勢」に入るらしい。支え合いと、自分の人生を自分で考え抜いて、答えを自分なりに出すことの両方が必要で、コミュニティはそのためにあるのだなと実感したエピソードである。

加害と被害の話が長くなってしまったが、しんどいことを経た後は、最後の四段階目として「葛藤の解決」「自分をありのまま認めること」と「道徳性の発達」を学ぶ。ここでは、葛藤の修復とは何か／自分に何ができるか、自分がいかにビジョンの欠如から抜け出していくかについて考える。そして最後に、苦しい三か月をともにした仲間を互いにアファーメーションして、この最後のセッションは終了する。そして次の三か月はまたメンバーを変えて、同じことや新しいことに取り組んでいく。出した答えに誰もＯＫはくれない。考え続ける。気づいたことも大きな財産となるが、常に周囲に開かれ、違いから共通点を理解し、議論を楽しみ、考え続けるそのあり方を社会に持ち帰ることこそが、ＴＣで学んだ大きな財産となる。

「社会とのつながり」や「普通」を守る

最後に、他のすべてが毎日同じことの繰り返しである刑務所の中にあって、ＴＣの活動ができるだけ刺激のあるものになるようソフト面の工夫をしたという点にも触れておきたい。と言っても大層なことではなく、できるだけ新しい刺激や方法を試す、社会の普通を忘れないということだけだ。

基本的なことととして、カリキュラムの中身は、同じことを扱うとはいえ教え方は毎回工夫して変えるようにした。テキストを使った介入には、支援員が独自に考えた内容を実施する時間があり、そこには、体を動かしたり、絵を描いたりするような内容も盛り込んだ。途中から優遇（違反等のない人にだけ与えられる待遇）に当たるとして国側から禁止されてしまったが、その日のテーマを考えるきっかけとして映画を一緒に視聴して議論することもあった。訓練生の中には、カリキュラム係になったときに「音楽を聴きながら絵を描いて心の中にあるものを表現する試みをしたい」と申し出てくれた人もいて、そうした新しい試みにも積極的にチャレンジした。

刺激を与えるのに最も貢献してくれたのは、外部から来た方たちである。性犯罪の被害者、学校の内外で子どもたちの支援を行っている社会福祉士、依存症からの回復を支援する団体のメンバー、過去に非行歴があり現在は支援者になっている人、法学部の大学教員、弁護士、詩人、そして映画「プリズン・サークル」を撮影した坂上香氏など、さまざまな方に来ていただいた。こういう場所での講話・講演というと犯罪のことに関係した内容になりがちだが、話の内容は犯罪のことに限らず、来てくださる方たちがどんなことをしているかということをお話しいただいたり、ワークショップをしていただいたりした。視野と感性を広げる学びの場にすることを重視したかったためだ。特にアートに関するワークショップなどは、いくらあがいても素人にはできない素晴らしいもので、訓練生たちのさまざまな感性を刺激し、コミュニティを活性化させてくれた。また社会福祉士の方たちが来た後に「社会福祉士という専門職の名前を初めて聞いた。そういう人がいるなら生活に困ったとき相談すればよかった」と感想を述べた人もいて、「そこから始めなければいけなかったのか」と驚きもした。同じコミュニティで同じことをしていると役割も決まってくる。しかしこうした刺激があると、一人の人間の視野が広がるとともに、意外な詩の才能を発揮する人や、海外からの来客に突然英語で質問して周囲を驚かせる人などがいて、コミュニティにとってもさまざまな人の能力を発見できる面白い機会となった。

ちなみに訓練生が「外部講師に呼んでくれたらいいのに」と常にリクエストしていた人は、出所者である。出所後にどんな現実が待っているのか、どうやって乗り越えたのかをぜひ聞きたいというので、何度か打診してみたが国からはNGが出た。不要な接触をして良からぬことが起きてはいけないと懸念しているようだった。いつも不思議なのだが、刑務所の人は、元議員秘書で受刑し本を出した人とか、ダルクと呼ばれる依存症からの回復施設のスタッフのことは講師扱いする一方、名もない立場だと突然警戒する。出所者を必要以上に持ち上げる必要もないが、彼らは多くのことを乗り越え、私たち職員には教えられない現実を伝えることのできる回復の資源である。いつか、偏見を超えて、肩書きがない出所者でも、一定期間再犯していなければ、経験者として現実に起こり得ることや回復のノウハウを伝えられる文化に変わってほしいと願っている。

社会とのつながりや普通を維持するという話に戻そう。社会の「普通」を持ち込む一つとして、私は色のある服やスーツではない格好をするようにしていた。色の少ない、みんなが同じ見た目にして個性を消すことに注力している施設で、四季の移り変わりや、色のある世界、つまり「普通」の世界を忘れてほしくなかったためだ。もちろん私自身が、閉塞感のある刑務所の中で着るものまで自分を閉じ込めるものにしてしまうと苦しかったということもある。服装がおとなしくないことは目についたようで、そういう点が後に出入禁止にされることにもつながったのだと思うが、別に目立ちたかったわけではない。たかが服装、されど服装で、「普通ではない」ことが「普通」になることはこうした小さな妥協から始まるという思いは消せなかった。実際、私の退職前には、他の支援員はなぜか全員リクルートスーツのような恰好をするようになっていた。絶対にそうしろと言われているわけではないのに、怒られないため、目立たないために忖度し、盲目的に基準に押し込められていく支援者が、相手が自分なりの生き方を手に入れようとしているときに役に立てるのだろうか？　採用面接ならいざ知らず、同じ人間を、元受刑者か回復施設の職員かという肩書きで見て態度を変えたり、スーツを着るルールに従っているかで判断したりするのは、思考停止の徴候だと思っている。

＊

本章では、施設の文化を変えるために工夫してきたことについて述べた。努力した点ばかりを述べたが、楽園のように素晴らしい場所ができたわけではない。特に一般ユニットと呼ばれるTC以外の場所は、教育の頻度やコミュニティづくりという面では他の刑務所と大きく異なる風土づくりができたわけではないので、「普通の刑務所と変わらないだろう」と言われる部分も多く残ることは認める。雨が降り作物が豊かに実る畑になったことを期待する人には「まだなんにも生えてないじゃないか」と言われるレベルなのかもしれない。それでも、乾いた硬い土地に鍬を入れ、堆肥を施して混ぜ、土を柔らかくすることが、一見地味ではあっても重要な作業であることは改めて強調しておきたい。

第6章　話すことは放すこと——被害者から加害者へ、そして一人の「人」へ

私たちの文化の中に、痛みをどう語るかを学ぶ場所はあるだろうか。たとえ結論は出なくても、失敗やそれに伴う戸惑いを語り、受け止められることが癒しになると誰かが教えてくれる機会はあるだろうか。

幸運にもそうした環境に恵まれる人はいるだろうが、痛みは我慢するもの、いつまでもねちねち言わない、感情的になるなんてはしたない、悔しかったらこれをバネに頑張れ、そして失敗したら言い訳せずに反省しどんな罰でも甘んじて受け入れること……、そんなメッセージを受け取ってきた人のほうが多いのではないだろうか。また、失敗すると与えられるのは罰（不利益）であり、そのときの言い分を聞いてもらう機会はほとんどなく、反省の弁だけを述べさせられる。罰を与えれば反省するだろうという安直な発想のもとで不適切な行動には罰だけが与えられ続け、周囲の人は罰をおそれて波風を立てなくなる。そして言えなかった気持ち、届かなかった言い分はぐっと拳の中に握りしめられ、何もなかったように過ごすことが暗黙裡に強要される。幸運にも耳を傾けてくれる人や語れる場に出会わない限り、私たちは、多かれ少なかれずっと拳を握っている。抱えているものの大きさ、そ

の人の能力や心の容量との兼ね合いで、握りながらそのまま生きていける人もいる。しかしもしうまく手放すことができずにキャパシティを超えると、握り拳は自分か、他者に向かう。

犯罪行為は、拳を自分と他人の両方に向ける悲しい解決法だ。正確には解決などしていないのだが、握っていることが苦しい感情を一時的に放出した気にさせてくれる。物質乱用など被害者を欠く犯罪では自分しか傷つけていないという人もいるかもしれないが、関係する多くの人を傷つけ無力感を抱かせていることに気づいていない。もしくは気づきたくないだけだったり、人によっては「お前たちがこんな自分に育てたんだ」というメッセージを送り養育者が自分を責めるのを無意識で見たがっていたりすることもある。もちろん自暴自棄になって犯罪行為をした人は、まさしく自他ともに傷つけているし、他者を傷つける犯罪をした人でも、違法なことをしていることを理解しながらいろいろな言い訳をして実行すること自体が、自分で自分をダメにすることを許容し、自分を傷つける行為だ。

強がって悪ぶる人ほど、実はとても傷ついていたり、助けを求めていたりする。当初は強力な言い訳を構築して犯罪をしていた人でも、自分の本当の気持ちに向き合えるようになると、自分で自分を社会から疎外されるようにしていたことを語るようになる。「犯罪をするたびに、まっとうな人との物理的な距離ができていった」と悲しそうに述べ、「自分はまっとうではない」という思いが、「どうせ自分なんて」「どうせ世の中頑張ったって」という自己憐憫につながり、「だったら俺は好き勝手やってやろうじゃないか」と開き直って傷を見ないようにしていただけだった、と教えてくれる人もいた。

TCの訓練生には、編入当初に過去の体験についてのアンケート調査を行っていた。二〇一五年ご

表3　TCメンバーが体験してきた過去の出来事（筆者まとめ、未公表）

過去の体験	はいと回答した人数（人）		
	合計	1回のみの経験	2回以上経験
家族以外から殴る蹴る	109	59	50
学校でのいじめ	84	41	43
親の離婚	84	69	15
親や兄弟から殴る蹴る	63	7	56
母が殴られるのを目撃	59	12	47
国籍や居住地域で差別	22	8	14
家族を自殺で失った	11	9	2
親や兄弟から性的暴行	7	4	3
家族以外からの性的暴行	6	3	3

ろ、それまでに受講した一九三人を対象として彼らの体験をまとめたものが表3である。IES－Rと呼ばれるPTSDのスクリーニングテスト（Asukai et al., 2002）で、それ以上高い場合はPTSDの可能性が高いと推察されるカットオフポイントの二十五点を超えたメンバーは、三六・四％、つまり過去のなんらかの体験で、今もしんどい思いをしている人は、三人に一人を超えていたことになる。

彼らは何度も何度も「話す」ことで、握り拳に溜めたさまざまな思いを「放して」いった。

本章では、訓練生個人の姿を通して差別、被災、虐待被害、性被害、男らしさの強要などのいくつかの「痛み」に焦点を絞りつつ、そこからの回復のプロセスについて述べていきたい。この章でゴシック体になっている元訓練生の言葉は、二〇一八年に行った、TCを受講し出所後二年以上再犯をしていない人たちへのインタビュー調査（毛利、2018）からの抜粋である。

なお、以下の文章には被害に関する具体的な描写や性的被害に関わる内容が含まれている。こうした内容を読むことでストレスを感じる方に関しては、ご自身のサポート体制が整っているかどうか考えて対策を講じてから読んでいただくか、本章は飛ばすなどしていただき、ご自身の心の安全を優先していただきたい。

社会からの存在の価値下げと無力感との闘い

ＴＣを始めて最初にぶつかったテーマは、差別の問題だった。最初のＴＣのメンバー十五人のうち三人が、偶然にも被差別部落出身だったのだ。一人は差別解消（同和）のための施設での勤務歴が書かれていたので私たちもそのことを知っていたが、残り二人は経歴に一切書かれておらずグループの中で明かされた。

アミティのテキストで「排除」について話し合っていたときだ。強盗致傷で入所した五十代後半の男性Ａさん（差別解消のための施設で勤めていたことがある）が、自分が被差別部落で育ち、結婚差別もあって好きな人との結婚を選択できなかったこと、差別が自分の人生に与えた影響などを語ってくれたところ、残り二人も、自分も部落出身であると明かしてくれた。正確には痛みをすぐに全部語ってくれたわけではない。メンバーも、スタッフである私も最初は語れる場をうまくつくれなかったからだ。今でも苛烈な差別が残っていることに驚き、初めて聞く痛みの声に圧倒されただけでなく、残る一人（Bさん）が「差別はあったが、自分たちは部落解放同盟の活動をして利権を得てきた。差別を逆に利用してやっていたんだ」という痛みを隠す話をし始めたために、どう扱えばよいか混乱した。みんな必死に耳を傾けていたことに疑いの余地はないのだが、後から聞くと、残りの一人のCさんは、「部落のことを明かしても、周囲の人は冷たかったと感じた」らしかった。非常に大きな、それも三人の痛みを抱えるには、当時のグループは未熟すぎたのだろう。

それでもありがたいことに、三人は諦めずに自分たちなりのスタイルで痛みを語り続けてくれた。Aさんは、差別の苛烈さを語って怒りや悲しみを表現することをよしとしなかったが、それでも痛みを隠すためにしっかりして頼れる存在として努力してきたこと、独身で年も取ってきて寂しいと思っていたところに女性に頼られお金を渡してしまい最終的にお金に困って強盗をしたこと、その背景には結局自分がいつまでたっても自己肯定感を持てずに「頼られることで自分の存在価値を示したい」という囚われの中にあったことを分析していった。カリキュラム係になった際には、「被差別部落のことを多くの人に知ってもらい考えてほしい」と、部落差別を扱う映画をみんなで一緒に視聴する内容を組み、自分の話を積極的に語り継いでいくことで体験に折り合いをつけていく道を選んだように見えた。被差別部落の問題については、ちょうどそのころ大阪大学の大学院生として島根あさひに出入りしていた坂東希《のぞみ》氏（現：大阪公立大学准教授）が詳しかったため、私自身もいろいろ教えてもらい、訓練生と一緒に海外の実情を含めて差別について学ぶ良い機会となった。

Bさんは、最初の反応通り「自分は苦境をもろともしないで生きている」というメッセージを発し続け、刑務所にも何か不満があれば要望や苦情を申し立てることで自分のパワーを維持しようとしているように見えた。「TCに来たのも刑務作業の時間が少なかったからで別に変化とか考えていない」と語り、グループでも、父親が暴力団員で組員が家によく来ており、ある日お菓子だと思って机の上にあった白い粉を舐めたら覚せい剤だったといったことを、苦しかったことというよりは一つのエピソードとして話していた。被差別部落のことになるとことさら防衛は強くなり、声高に部落解放運動の政治的な側面を語り出すようなところもあった。刑務所に来ることになった薬物使用の原因については快楽目的という持論を捨てずにいたので、失礼な話、出所の際「ああ、この人は考えを変えずにまた再犯するんだろうな」と思っていたのだが、彼はなんと十年以上たっても再犯することなく暮らしている。以前再犯していない理由を聞いたところ、「利益と損失を考えてん。逮捕されれば損やろ」と相変わらず心の奥底までは語ってくれなかったが、思い返せばなんだかんだ言いながらおしゃべりや議論は好きで、TCを離脱することなくグループには積極的に参加して周囲と意見を交わしていたし、Cさんをはじめとする心を許した仲間には、音信不通の子どものことなど本音をぽろっと話している様子だった。後から聞くと、暴力団員の親を持つということで周囲から差別を受け、身内は弱肉強食の世界で、とてもしんどい世界で生きており、弱みを見せられない環境で育ったとのことだった。露悪的なところも彼の防衛の一つだったのだろう。彼なりに、それまで自分の周りにいた犯罪を肯定し、強い面だけを見せるような人たちとは異なるTCメンバーたちに触れて、自分の意見を聞いてもらったり反論されたりしながら、「損得」という軸は変えずとも、犯罪行為を選ばない生き方に方向修正ができていたのかな、と推測する。

Cさんは当初非常に防衛的で、グループの輪から必ず少し椅子をずらして外に座るような構えの人だったが、時間をかけて、母が被差別部落出身者だったことで父が就職差別を受け貧困だったこと、両親が不仲だったこと、勉強は好きだったが家に帰りたくなくて夜まで外を歩き回り、問題行動もあったため中学・高校と大人から叱られ続けてきたこと、暴力団員であった親戚の伝手《つて》でときに正業ではない仕事で食べていたこと、結婚を決めた交際相手の親から「血が穢れている」と言われたこと、彼女も結局自分を選んではくれず傷ついたことなどを話してくれた。自分自身の声がまとまるまで考え続ける人だったので時間はかかったように思うが、出所後も自分なりの回復の仕方や生きがいの見つけ方を模索し、教育アドバイザーだった藤岡淳子氏のもとを訪ね、大学で福祉を学んで自分の体験や社会の制度を学問的に整理できるようになり、少しずつ自分のパワーを取り戻していった。彼はそれらの体験を以下のように語っている。

> TCにおったときは、ほんまに被害者やとしか思ってなかったからね。「なんで俺だけやねん」みたいな。まだそんな段階やからね。(…)
> 影響を受けたんはむしろその毛利さんであったり藤岡先生の存在が大きいな。(…)(最初は)もう、ほんと、宇宙人。言いたい放題言って帰りやがって、みたいな。藤岡先生に関してはね(笑)。(…)「なんやねんこのおばはん」って。でも何を言って帰ったのかわかれへんねんけど、繰り返すごとに、記憶はないねんけど「こういうこと言っとってんなー」って。(…)
> それ(他の人の話を聞く機会)があったからたぶん自分が見れたと思うねんけど。気づいたと思う。「俺が俺が」って言っとった自分がおって。どうせ俺は自分の目標なんか叶えられへんわっ

ていう、逃げるだけ、楽なほう、楽なほうに。自分の知らんうちにそれが当たり前の自分になって、なんか問題があったら「もういいわほっとけ」って。自分が成長できてなかったっていうのは、気づいた……気づきだしたんやね。（…）

（出所後）母親とは一回そういう話したんやけどね。詳しくは言われへんけど、母親に「ごめんなー」って出所してから泣いて謝られたんですよ。それが一番堪えたね。人生で一番堪えたね。「私の育て方が悪かった」みたいなこと言われて（…）んー……（涙をこらえるような様子）そうなんやろね、その言葉聞いてからやっぱり、もっと自分、ちゃんと生きらなあかんなーと思って。（…）やっぱいつまでたっても子どもなんやろね。守られへんかったみたいなこと言われて「いやいやお前のせいちゃうんねんて」守っていらんし、自分でしたことやからね……うーん……それだけは一生忘れられへんね……（…）

彼は、「ずっと「こっち（反社会的／暴力や抑圧の世界）」にいたから、「普通（犯罪をしない／痛みを語り言葉にする世界）」がわからないんだ」と言っていたこともあるが、今は子どもたちや差別を受ける地域のためにできることを模索し続けている。

三人に共通していたのは、決して自分の痛みや感情をすべて素直には語らないことだった。それはグループが未熟で安心して語れない時期だったことも関係しているかもしれないし、被差別部落の問題が、語らないことで公然となかったことにされる問題であることを象徴してもいるのかもしれない。いずれにせよ彼らは、長年語ってこなかったその痛みと、痛みの語り方と、自分たちなりに処理していく方法を三者三様の形で示してくれた。

同じく差別という点で言えば、在日韓国・朝鮮人の人たちもさまざまな体験を語ってくれた。年代や地域によっても異なるようで、「何も差別を感じることはなかった」と言う若者もいればひどい差別に遭ったと言う人もいた。自分たちを守るために親戚や出身を同じくする者同士で固まって独特の文化をつくり上げてある意味守られていたと話す人もいたし、その内輪の中で暴力的な支配関係が出来上がり被害を受けていたという話を聞くこともあった。

嫌な思いをしたなら正当な方法で訴え出るべきだ、そうすれば社会が正当に反応してくれるだろうというのは正論だが、その社会に守られている人の論理だ。ときに過激な、ときに集団的な動きがないと声を上げる社会運動は成功を収めないように、弱者の声は驚くほど耳を傾けてもらえない。そのように当然あるべき人権を奪われ、パワーを失ったときや社会的に弱い立場に置かれたとき、自分たちを拒否する社会とは別の社会をつくり出してそこで生き、「攻撃は最大の防御」としてパワーを取り戻そうとする人もいる。そう考えるとBさんやCさんの親戚に暴力団員がいたことも不思議ではない。まっとうに生きようとしても頭を踏みつけられるなら暴力団員でいたほうがパワーと安全を取り戻せるからだ。痛みを話したところで長く続く差別の問題が解決するとも思っていないが、支援者としてかろうじてできるのは、握りしめていた拳を少し緩めてもらい、さまざまな人とつながることで人として尊重し合うという体験をしてもらうこと、そしてパワーを取り戻す方法は暴力や犯罪以外にもあるということを一緒に考えることくらいなのかもしれない。

多くの男性の話を聞いてきて実感したのは、痛みを語る、弱音を出すという点においては「男性って大変だ」ということだ。決して男性を持ち上げようという意図はないし、女性は女性で大変だ。それでも男性は本人が社会から期待される「男らしさ」「強さ」に沿おうとするのと同時に、弱みを見せることをよしとしない社会の雰囲気にさらされる。痛みを抱えていることを言えないどころか、痛みがあることを自分で認めることすら自身の存在を脅かす。箪笥の奥にしまわれた癒されない痛みは、腐った臭いを放ち、忘れたころに人生に影響をもたらす。

覚せい剤取締法違反で入所していた五十代のDさんは、長年建築業に従事し、自分で会社を立ち上げて妻子もいた。現場が長いんだな、と思わせる若干荒めの関西弁で、グレーな文化にも触れてきたんだろうなという感じはしたが、犯罪からは一定の距離を置いて生活をしてきたようで、彼が人生の後半になってなぜ覚せい剤を使わざるをえなくなったのか不思議に思っていた。あるときDさんが語ったのは、阪神淡路大震災の話だった。建設業をしていた彼は倒壊した建物の解体作業の委託を受けたが、結局その作業はそこで家具や建物の下敷きになった人たちの遺体を見つけることと同義で、多くの亡骸を見てきたという。毎日誰かの亡くなった姿を見ることにしんどさを感じつつも、生計を立てるためには仕事を選べないこと、自分が断っても誰かがしなければいけない作業であることを考えると辞めるという選択肢は選べず、一方で「人の不幸で飯を食っている」自分にいたたまれなくなった。そしてその後見るようになった悪夢や罪悪感から逃げるためもともと付き合いのあったグレーな人に頼んで覚せい剤を試し、継続使用するようになったという。

それを語る彼は、いつもの「関西のおっちゃん」ではなく、涙を流さないようにこらえながら、でも頬を真っ赤にした、一人の傷ついた人だった。震災で同じことを経験した人はたくさんおり、そんなことは犯罪の言い訳にならないのかもしれない。ただ、傷つきが語られ、癒されるにはいくつかの条件がある。もともと自分の気持ちを素直に言うことに開かれていること、話して良かったという経験をしていること、体験に圧倒されすぎていないこと、周囲に聴いてくれる場所があること、声をかけてくれる仲間や親しい人がいること、その痛みを抱えていられるくらい心が成長していること、そしてタイミングも重要である。彼は仲間も妻子もいたが、これまでにしたこともなかった「話す」という選択肢をとれず、もしくはそのタイミングを逃し、覚せい剤でごまかす方法を選び、刑務所でようやくそのことを話せた。

性被害も、聴き手を見つけられない痛みの代表である。いや、むしろ本人も記憶から封印してしまうことが多く、思い出すまでに時間がかかるものの代表とも言えるかもしれない。強姦罪（罪名は当時のもの）で入所していたEさんは、TCに来てから何か月も経った後のグループで、自分が子どものときに性被害に遭った記憶があるときよみがえったと話した。小学校低学年のとき、遊んでいた友達と別れて道を曲がったときに男性が待っていて車に連れ込まれ、すべての行為が終わった後同じ場所に戻されたという。彼は言った。「何より怖いのは、そのことを忘れていたのに、自分がした犯罪の手口は、まさしく自分が被害を受けた方法と同じ（車に連れ込む）だったことなんだよね」。トラウマ症状の一つに、同じ状況を繰り返す「再演」という行動がある。暴力を受けて育った人が暴力的なパートナーと結びついてしまうとか、性被害に遭った女性が危険な性関係に自ら無意識に巻き込まれに行ってしまうといった場面でよく使われ、その理由は、安全な関係よりも危険な関係に慣れてしまっているため、大したことがなかったと思いたいため、自分が選択した行動だと定義して主体性を取り戻すためなどさまざまあると言われている。性被害を受けた男性の中でも、被害後、男性に体を売るようになって被害的な体験を繰り返していたという人も稀にいたが、私が見聞きした限りでは、「加害する側」に回ることで自分が無力ではなかったことを（無意識に）確認していることのほうが圧倒的に多かった。いずれにせよ共通するのは、自分が被害に遭ったから、その痛みを消すためにこの行為をしているということに気づいていないことだ。

彼らにはいつも「心がそれを受け止めるだけの力を持ったら（封印したつらい記憶を）思い出すものなんです」と話していた。人は、語る場所、聴き手が見つかると、ずっと昔から開けていない箪笥から何かが匂っていることに気づき、しまってあった記憶をそっと引き出しから出してくる。記憶が賦活される契機はEさんのように自分で思い出そうとする中で訪れることもあれば、グループの相互作用で起こることもある。あるときメンバーの一人が、記憶として思い出してもしばらくグループでは話せなかった実姉からの性被害の体験をようやく口にしたところ、その後次々にメンバーが自身の体験を話し出したこともあった。話した理由はいろいろだったと思う。語るしんどさを越えて話してくれたことへの誠意として「墓場まで持っていこうと思っていたけど」と話してくれた人もいれば、メンバーの話に記憶が賦活されて今なら語れそうな気がしたとして「まとまらないかもしれないけど話してみる」という人もいた。心が抱えきれるほど成長していなくても、グループがそれを抱えてくれる母体になりさえすれば、人は安心して傷を語り、その人の痛みを一時的にみんなで一緒に抱えることができる。幼少時に聖職者に性加害をされ地域で信頼されている人だったので誰にも言えなかったこと、スポーツのグループでふざけ半分で下半身を露出させられ性器を触られたこと、近所の女性に家に呼ばれて頭にまたがれ、生理中の性器をべっとり擦りつけられたこと、兄やその友人に連れられ性行為の手伝いをさせられたこと、措置されていた児童福祉施設で年上の入寮者である子どもから強要されて性器を舐めさせられたこと……聴くだけでもしんどい一つひとつの体験を、みんながそれぞれ少しずつグループの中に出して少し荷を下ろし、何度も語っていく中で記憶と感情を整理していった。

これまでの例は痛みを周囲も気づかず、誰にも明かさずにいた例だが、本人が痛みを抱えていることを周りの大人がわかっているにもかかわらず、誰にも触れてもらえないままのこともある。親の養育放棄や虐待で幼いころから児童福祉施設を出入りしていたという二十代の訓練生が、「小さいころから支援者と呼ばれる人にはたくさん会ってきたけど、「大変だったね」と言われることはあっても、そのときの気持ちを詳細に聴いてくれる人はいなかった。TCで初めて当時の自分の気持ちを自分に話せた」と語ってくれたことがある。彼は、出会った支援者たちはみんな優しかったと述べていて感謝もしていた。心が傷ついているときには他人の言葉が入ってこないこともあるので、声をかけられたが記憶にないだけかもしれない。ただ肝心なのは、彼自身が「遠巻きに労わられ自分の心に触れてもらえなかったと感じた」という事実だ。加害をした子どもに接する専門職の指導をさせてもらう機会があるが、時折、幼いから言葉にできないだろう、思い出させて心情不安定にしたらかわいそうだ、ましてやつらい感情に触れて再犯でもされたら大変だ（専門職の自分の責任になる）と考え、あえて触れないようにする場面に出くわすことがある。「配慮」という名の放置だ。また、TC以外のグループで聞いた話だが、子ども時代に虐待を受けていたある女性が、「こういうことをされていたら虐待だからここに電話してね」というポスターが当時自分のことだと全く気づかなかった、大人や専門家と言われる人たちは相談窓口の電話番号を書けば子どもが相談してくると思ってるけどそんな簡単な話じゃない、と教えてくれたこともある。なんでも話させればいい、痛みを語れれば回復する、すべての人にそのやり方がいいということではない。ただ、人が自分の痛みについて本当の意味で語れるようになる、自分が痛みを感じていたことに気づけるようになるには、他者が覚悟を持って一歩踏み込み、背中を押すことが必要な場合もあると感じている。

記憶と感情の結びつきを取り戻す

記憶自体は残っているが感情が麻痺しているものとして、子ども時代の被虐待経験がある。親から暴力を受けた、母親が殴られる光景を目にした（面前DV）、親から見捨てられて施設に入った、何日も親が帰ってこなかった、親に「あんたなんていなければよかった」と言われたなど、挙げればきりがない。痛みを感じていたら生きていけなかったこれらの傷は、感情と切り離されて記憶に保存されている。

住居侵入・強姦罪（当時の罪名）で入所していた三十代のFさんは、父が自分や母、弟に暴力を振るう環境の中で成長してきた人だった。彼は表面的にはとても社交的な人で他人の話を聞くのは好きだったが、自分の感情について他人に話すことは恥ずかしいし弱みだと思い、話したことはないと言っていた。それでもTCでは、さまざまな場面で自分の体験と感情の話をしなければいけない。彼は何度も繰り返すうちに、ようやく体験と感情のつながりを取り戻していく。

最初の方は淡々と、よその人の話みたいな感じでしゃべってましたけど、それがだんだん感情が入ってきちゃう。（…）話すと、父に同情しちゃうんですよね。しゃべんないでいると「あいつムカつく」で済んでるんですけど、ムカつく対象のままで置いておきたいんですけど、しゃべると「なんかあの人かわいそうな人だったのかな」とか思っちゃうので、あんまりしゃべりたくないなっていうのはありましたね。「息子にこんなに嫌われてるのかわいそうだな」とか、「こんな風に思われてあの人幸せだったのかな」とか。（…）母親もよく頑張ってたんだなと思いますね。母も手を出されてたので。母親に（対して）は「馬鹿だから殴られるんだろうな」「要領悪いからやられる」って思ってましたね。（…）でもそもそも親父が悪いなって（思うようになった）。（…）（話をしていって）他人事じゃなくなったというのはあります。前はどっちかっていうと他人事っていう感じがあったんですけど。自分がやられていても、そもそもそれを人のこと（とみなして）、自分じゃないような意識がありました。その瞬間もだし、その後もだし、TC来る前とかも、あまり感情移入しないっていうか。でもそれが（今では）「嫌なこと」みたいな感じになりました。（…）（もう終わってるから辛いということはないけど）今は「やだな」って感じて生きたいです。なんか薄っぺらいじゃないですか。人間味がないですもん、そっち（感じてない）だと。

Ｆさんは妻や妻の母から収入の低さを指摘され、お金を稼ごうと無施錠の家に侵入して窃盗を繰り返し、居合わせた被害者が言うことを聞くのを見て性関係を強要する事件を起こした。受刑中から妻や親に手紙で気持ちを伝える練習を始め、出所後は事件前の「一方的にけなされ我慢する（自分だけで解決する）」という関係から、きちんと気持ちを伝え合う関係に変えることができ、とても生きやすくなったとインタビューで述べていた。過去の記憶と感情の結びつきを取り戻すことは、過去の整理を可能にするだけでなく、今現在と未来の関係性を血の通ったものにしてくれる。

Ｆさんのように、何度も何度も時間をかけていくうちに、記憶と感情の結びつきを取り戻していく人は多い。つらいから切り離していたものを、またつなごうとする作業は容易ではなく、脂汗をかきながら何度も話したという人もいるほどで、一回で「はい、話せましたね」と終われる単純なものではない。それでも一回話すごとに、少し、何かを手放すことができる。その点において、島根あさひで同じテキストで何度も学んだことの意義は大きかったと感じている。

ちなみに、話した後も大変だ。母親が自分の存在を否定しつつ支配していたことを語ったＧさんは、感情を伴って話してみると一気に母親への憎しみが湧いたという。しかし、そのくせ仲の良い仲間が「自分の母親はひどかった」と言っているのを聞くと過剰に反応して仲間の意見を否定してしまう自分にも気づいて、どう折り合いをつけていくか長く悩んだと話していた。Gさんは心理学を勉強することで客観的に自分に起きていることを理解するように努力したと言っていたが、思い出した記憶を家族に手紙などでぶつける人もいる。待っている家族からしたら、その人の犯罪で自分たちも多大な影響を被っているところに、恨み言を書いた手紙が来るのでたまったものではないかもしれないが、Fさんの家族のようにそうした手紙に家族がきちんと誠意をもって対応して対話をしてくれると、過去の記憶と体験の処理がとても速く進む。心の中で整理するだけではなく、外にいる人たちと現実的に関係を修復し直すことは、回復にはとても役に立つ。

向き合われることと言い分を聞かれること

ここまでは痛みを語り、手放すことに光を当ててきたが、痛みを抱えて歩むのが当然として人生を歩んできた人たちにとって、聴き手が現れればすんなりと感情を語り、本当の気持ちが自覚できるようになるわけではなく、自分を照らし返す鏡としての「他者の存在」「問いかけ」が必要な場合も多い。思春期・青年期に他者との比較や広い価値観との接触によって自分という存在の意義や価値が揺らぎ、その中から自分自身を見出していくのと同じように、他者との関わりの中で「あなたはどういう人間か」と問われ、自身に問い直さなければ見えないもの、手放せないものもある。以下の三人は、他者から「問われる」ことで自分の痛みと生き方に向き合った例だ。

出生直後にネグレクトにより保護され、施設や里親のもとを転々としてきた三十代前半のHさんは、その場で生き延びるためのスキルを伸ばし、貧困者が集まる地域でいわゆる「飛ばし携帯（他人や架空の人物の名義で契約した携帯電話）」や偽造免許を作り、偽造のスキルをほめられることに快感を覚えて犯罪を繰り返していた。ＴＣでは、自分を良い子に見せようとしたり、唐突に被害の話を始めて泣き出したりと注目を浴びるための行動が多いなあ、と思っていたが、スタッフに見えないところで、後から入った人に先輩面をしたり、自分を大きく見せようとあることないこと言ったりしていたためにメンバー内では問題視されていたようで、グループでも「あれ、この人なんかやらかしたな」とわかるほどの、無言の疎外を受けるようになっていた。そんな彼に手を差し伸べたのは、いや、彼を壊しにかかったのは、二十代半ばの熱意ある若者だった。後からＨさんに聞いたところによると、ＴＣでは三か月後輩にあたるその若者から、余暇時間（自由時間）に「結局何がしたいの」「そのままだと再犯するよ」と言われ、嘘をつくようになった元凶について「まだ甘い」と詰められながら何日にもわたって対話をさせられたという。そんなある日彼は大泣きしてしまい、ようやくそこで、自分が波乱万丈の人生を送ってきたことに酔っており、「これだけ苦労したんだから甘えさせろ」という思いから自分さえ良ければいいという生き方をしてきたこと、自分を隠すために嘘をついて、近しくなるとぼろが出て周りから人が離れていき、「裏切られた」とより自己憐憫を深めていたことなどを内省したと語っていた。

仮釈放が早くなることを期待し気楽に応募してきた二十代のＩさんは、ＴＣに入ってすぐに自分と向き合わされたという。大学入学後、飲み会や部活動などで楽しんでいるうちに、地域で悪名高いグループに出会い、彼らが豪遊しているのを見て刺激が面白くて交流を深め、使い勝手の良い実行役として路上で歩いている人を狙った強盗や窃盗行為に加担していた。彼は当初、「俺が主犯じゃないし、三年半（の刑期）なんて短いから我慢したらすぐ出れる」「官民協働刑務所なんてきっと楽だ、ラッキー。俺ってやっぱ持ってんな」などと考えていたという。同じノリで、仮釈放が早くなるのではないかという打算でTCに来た彼は、四人のグループで自分の犯罪について語る最初の課題の中で、他のメンバーから「なんか（自分は）悪くないって話ばっかりするけど、犯罪したの自分だよね」と言われて衝撃を受けたという。彼曰く、「自分が見ないように蓋をしていたことをバンバン開けられて、言い当てられすぎて拒否ることもできなかった」らしく、そこから自分が周囲に合わせるだけで芯のない生活をしてきたこと、人間関係すら自分で分別をつけられなかったこと、自分の考えや感情に気づいていないから、嫌だと思いながら犯罪行為をしていることも自分でわかっていなかったことなどを内省していった。また彼は、スタッフに質問や相談に行ってもその場では自分で考えろと言われて簡単に答えは得られず、でも次の日にはスタッフのほうから「昨日のあれですけど」と話しかけられて「こいつ家帰って考えとったんか！」と驚き、またそのスタッフの考えてきたことが予想と違って面白く、考えることが楽しくなったとも言っていた。

こうした対話は、メンバー同士でなされることによってより緊密に、深く行われることが多いが、現住建造物等放火罪で受刑していたJさんは、TCに来る前に警察官がその対話をしてくれたから、自分を変えようと思ってTCに応募できたと語っていた。幼少時から暴力を振るわれるなど父との関係がうまくいっていなかったJさんは、家を飛び出して路上生活を送る中で鬱憤を晴らそうと放火を繰り返して受刑となっていた。彼の担当となった警部補は、ノートを彼に渡し、なんでも全部書き出すように言い、それを見ながら今までのこと、家族とのこと、これからのことを話し合ったという。

Jさんは、逮捕直後は取り調べが普通にできないほどボロボロだったので、まずいろいろ話せるように配慮してくれたのだろうと言っていたが、自分の生き方に行き詰まった彼にとって、徹底的に向き合ってくれて、話を聞いてくれて、自分の意見もぶつけてくれて、最終的には将来の職業が現実的にできるかできないかの相談に乗ってくれた警察官はとても大きな存在だったようだ。彼は出所後、その警察官と一緒に約束した、介護職になるという計画を実現させた。H、I、Jの三人の変化は、自分に真正面から向き合い、徹底的に会話してくれる人がいるからこそ可能になったものであり、自分を見つめるには、他者の存在がとても重要だということを痛感させられる事例である。

これまでの生き方の問題や癖に向き合い、手放していくのに必要なのは、他者から問われることだけではない。自分や自分の生き方を誰かに労われたり認められたりしたことがない人にとっては、受容されることも自分に向き合うきっかけになる。Kさんは、そこにいたメンバーに人として言い分を聞いてもらえたと思ったことで変化のきっかけをつかんだ例である。

死去した妻の中学生の連れ子と性的関係を持ったとして受刑していた四十代のKさんは、性犯罪、それも未成年への加害ということで、どんな理由を言おうが批判の的になると思ってびくびくしていたと言っていた。しかしTCに来て、生い立ちと犯罪に至る経過をメンバーに話したところ、第一声で「そうしなければいけないKさんはつらかったね」と言われて泣きそうになったという。幼少時から母は理由もわからず突然怒り出し、相手が謝るまで家族を無視するような人で、父はそれに愛想を尽かして高校時代に出て行ってしまい、彼は誰とも気持ちのやりとりをせずとにかく顔色を窺って先回りをするだけの生き方をしてきた。事件前も、妻の死去に加え、連れ子、実子合わせて三人を養育せねばならず仕事に明け暮れ疲弊し、誰かに気持ちを打ち明けたり助けを求めたりすることができなかった。そんな中、寂しさからKさんを親として求める娘の行動を性的な意図があるものとすり替え、「受け入れてもらっている」という感覚を求めて一年にわたり恋愛関係として性交渉を続けていた。彼は、それまで、「そうはいっても自分たちは支え合っていたんだ」と性加害であることをどこかで認められずにいたが、TCメンバーから受容された後は、自分のつらさや寂しさのことで頭がいっぱいで、結局は自分が一方的に欲求を押しつけていただけだったということを肚に落とし込んでいった。

自己憐憫と後悔の違いを知る

すべての加害者が虐待の被害に遭っていたわけではない。しかし外見的には「普通」に見えるような家庭に育った人でも、不仲で全く口をきいていなかったとか、優秀な大学に行くことへの一族からのプレッシャーがあったなど、素直に感情を表現することができない、存在そのものだけで肯定してもらえるような環境がなかったという人は多い。もちろん犯罪をしていない人の中にもそうした人はたくさんいる。とはいえそこから自力で抜け出せるかどうかには、違う価値観の人と触れて自分を顧みる機会がある、手を差し伸べられる、環境を自力で変える能力、気性、そしてタイミングに恵まれているなど、さまざまな要素が影響する。TCで行うのは、語る・聴くことを通じた癒しだけではなく、多くの話を聞き、自分がどういう価値観の下で育ったのか、いわばどういう呪いにかかって絡めとられていたのかを知ることでもある。

虐待の痛みの感覚を取り戻したり、生い立ちの中でかかっていた呪いに気づいたりすると、それだけで人生の謎が解け視野が広がり、新しい生き方を選択できる人もいる。しかし、実はその先には自己憐憫という落とし穴がある。こうだったから、ああだったからと他者に責任を擦《なす》りつけ、かわいそうな自分というストーリーに埋没して自分の人生を選択する責任を放棄してしまうということだ。アミティでは、すべての過去の傷を整理した後の最後の段階「人間性の発達条件」で、「自己憐憫と心からの後悔は異なる」として以下のように伝えて考えを促していく。


自分自身をかわいそうと思うこと（自己憐憫）と、心から後悔することは違います。多くの人にとって、これを区別するのは難しいことです。あなたが本当に変化しようと思うならこの区別を正しくすることが非常に大切です。

自己憐憫は逃げようのない罠になりますが、心から後悔することは、それができるなら自由と解放につながります。

多くの人が心からの後悔のサイクルの途中でひっかかり、後悔が自己憐憫へと麻痺し、ついには自己破滅、恨み、自己破壊的行動を育んでいくのです。

あなたが自分自身をかわいそうと感じたときのことを思い出してください。


差別と貧困に向き合ったCさんも、育児放棄されて自分はかわいそうと思っていたHさんも、自己憐憫を脱するプロセスを経て変化した例と言えるが、もう一人紹介しよう。強盗罪で入所していた三十代のLさんは、母子家庭（父は罪を犯して受刑）で育ち、高校卒業と同時に突然母が妹だけを連れて出ていったために公営住宅から追い出され、その場しのぎにならざるを得ない環境で住み込みの仕事を転々としながら、最後は困窮して自棄になり事件を起こした。彼はカリキュラムに真面目に取り組んでいたが、「誰かが真面目にやっていない」「裏表がある」など他者の批判をしていつもいらだっていた。不満のアピールのため、「もうこんなユニットなんか出ていく」と言って朝居室から出てこず、周囲になだめてもらうのを待つような行動をとったこともある。そしてある日、カリキュラム係として頼んでおいたはずのものをスタッフ（私）が持ってこなかったとして怒り、そばにあった椅子を引き倒し、調査となってTCを出ていかざるを得なくなった。しかし彼は、調査・懲罰中からその後にかけて深く考え、自分の自己憐憫に気づいていく。

あのときほど真剣に考えたことがなかったです。（…）なんか自分でもね、ようわかんないんですよ。あのときの自分の心境が。なんかにイラついとったんだけど何に対してイラついとったのかははっきり（…）。たぶんそれがそうなっていることについては毛利さんに向かっていたと思うんです。（…）僕の中では、「毛利さんがちゃんとしてないからこうなんやろ」「何回も言うてんのに」って（…）。そのときはそいつらをポイってしてほしかった（笑）。でもたぶんそんなことじゃなかった。（…）

自分はちゃんとやってたっていう（考えが頭にあった）のは、ずっとですよね、入る前から。

だからずっとつながってるんですよ、考えてみると。(…)
(これまで一つのことが期待通りにいかないと、なんでなんだとか、なんでわかってくれないんだという気持ちになっていたという話の後に)その日暮らしとかなんでもやけど、「自分がやってきた結果」じゃないですか。でも(事件当時は)そういう風には思ってなかったです。どこかの部分で、「オヤジがおらんかったから」とか「親に捨てられて」とか、どっかこう、自分のせいじゃないみたいのはあったんちゃいますかね。今は、いいことだろうが悪いことだろうがそれは全部自分が動いた結果、全部自分で責任は取ろうと思ってるんで。

Lさんは調査という形でTCを離脱したが、この気づきの後、別のユニットで出会ったときには、見違えるように人が変わっていた。顔つきは何かがふっきれたように明るくなり、集団を引っ張り、批判にあってもさまざまな人の意見を聞いてまとめていくような社会性まで発揮し、「こんなに能力を持っている人でも自己憐憫の罠にはまると、あんなに機能が制限されてしまうのか」と驚くほどだった。

ちなみに、Lさんの言葉にある「自分がやってきた結果」という気づきは、とても重要だと思っている。「自業自得」という意味ではなく、「すべて自分が選択してきた行動だ」という主体性を取り戻す言葉だからだ。人生で思い通りにならなかったこともあるかもしれないが、より良い選択ができたかもしれないところでその選択をしなかったのは、自分だ。アミティのテキストで言う「心からの後悔」には、もちろん事件を起こしたことや被害者に与えた傷への後悔も含まれるが、もっと重要な

「心からの後悔」は「ああ、自分の選択で人生をダメにしてきただけだったんだ」という後悔だと思っている。

少なくともこれからの人生を自分でコントロールできる、自分次第だと思えた人は、強い。もちろん自分のしたことを忘れてはいけないが、これからの人生では、被害者でも加害者でもなく、犯罪者でも前科者でもなく、一人の人として自他を傷つけない生き方を選ぼうとすることができるようになる。罪を犯した人生からの回復にまず必要なのは、被害者の痛みを知らせることや、刑務所でしんどい思いをさせて事件の重大さを痛感させることではない。学習と成長の場と、自分の人生の主導権を取り戻す機会だ。自己憐憫を引きずったまま主導権を取り戻せなければ、「自分が」被害者に傷を与えたという本当の意味での責任は自覚できない。

被害者であったことを知り、被害者から加害者になったプロセスを理解し、そして被害と加害の連鎖からぬけて自己憐憫をやめ、一人の人になる。そして自他を傷つけない自分らしい生き方を模索しそれを試してみる。これらは加害者の成長プロセスだけにあてはまることではないだろう。私たちはみな、思春期前期から青年期・成人期にかけて、生活の中で経験した痛みと向き合い、ときに自己憐憫に陥ったり人を傷つけたりしながら、社会や他者とつながって自分の立ち位置、生き方を見出してきたはずだ。

＊

アミティのテキストでは、前に引用した自己憐憫に関する文章の後、自分の人生を変えていこうとする人たちに「人間性の発達条件」として以下の六つを実行することを提唱している。TCで行われているのは、単なる加害者の更生ではなく人間が社会化するプロセスの後押しでもある。

1　さまざまな役割を果たすこと
2　信頼できる手本となる人物を持つこと
3　自分より一段階上のレベルを教える教師を持つこと
4　意味のある葛藤を持つこと
5　他の人に対して継続的な責任を持つこと
6　触媒的な（互いに刺激し合い高め合う）人間関係を持つこと

ある訓練生が「小さいころにこのTCの教育を受けていたら、もっと自分の気持ちに気づいて表現できて、犯罪をしなかったかもしれない」と言ったことがある。本当にそうかはわからないが、私たちの社会の中には、痛みを語り、聴かれる場、失敗の言い分を聞き人間として討論してくれる人が少ないのは確かなのだろう。加害者を生み出した社会で生きていながら、事件が起これば「犯罪者」ラベルを貼って刑務所に送り出し、まっとうになるだろうと勝手に期待している私たちに、できることや責任は本当にないのだろうか。加害をしたからそんな奴に機会を与える必要はないとか、普通の人はそんな手助けなしに自力で頑張るんだと言い続けることは、彼らが被害者だったときに何もしなかった責任を放棄し、今現在同じようなことでしんどい思いをしている子どもを救う道を失わせかねない排除論だ。また、被害者のほうが恵まれていないのに加害者だけがこんなに手厚く処遇されるのかという議論もあるが、どちらかがかわいそうならもう一方も同じくらいひどい思いをすべきという話ではない。必要な人に必要な支援がいきわたること、みんなに成長と支援の場があることが重要なのであり、誰がしんどいかという話ではない。刑務所に必要なのは、「痛みを語り、手放し、成長する場」だ。

第7章　対話の文化を根づかせる——回復共同体の成熟

心の傷や痛みを解消することに集中するなら、トラウマ治療の専門家が個別の治療をするほうが良いだろう。また思考の歪みや自分の価値観を検討するだけなら、グループワークで週に何回か集まって議論するだけでもある程度は可能だ。なぜ、ともに暮らすコミュニティが重要なのだろうか。

私たちはみな、良いか悪いかは別としてコミュニティの中で気持ちの表現の仕方、価値観、振る舞い方を学んできている。トラウマ症状や思考の偏りは構造化されたプログラムや心理療法で変化するが、「人」はその狭い世界では育たない。個人の変化を「その人のもの」にしていくには、成長を促す関係性・コミュニティが必要だ。そしてそのコミュニティは、問題が露呈するくらい適度にストレスフルでありつつ、その問題を扱う包摂力をそなえていることが必須である。例えばプログラムで自分の考え方や感じ方の癖を学んで「俺は見下されるとかっとなるから気をつけよう」と思っていても、実際に見下されると結局かっとなるのが人間だ。これまでとは異なる振る舞いをする努力を支えるコミュニティがあれば、かっとなってしまったときに周囲が指摘し、手助けし、本人のほうもまたやってしまったと思いながら、もう少しマシな振る舞い方ができるようになるまで見守ってもらうことができる。これまで嫌いだと思っていた人間とは関わらないようにしてきた人が、TCでは嫌いでも関わらないといけない。嫌いだと思うのは自分の問題か？　この人とどう関係を持つのがいいだろう？これまで避けるばかりで考えたことがなかったことを周囲に相談し、しんどさを抱えることを学んでいく。こうしたプロセスを経ることで、グループワークで学んで頭の中に詰め込まれた理想論を実践に結びつけることができるし、トラウマを語ることができた安心・安全な受容的グループから突然風当たりの強い社会に出ていく際のギャップを埋めることができる。そこで、「加害者／被害者」「弱者／強者」「支配者／被支配者」などという与えられたラベルや暴力を生む円環から抜け出て、社会にもう一度戻り、今度は良い関係性をつくり広げていく「人」となる。

第5章でも述べたように、TCの研究者であるデレオンは、TCを「方法としてのコミュニティ」と表現した（De Leon, 2000）。プログラムの中身の実践だけではなく、コミュニティの風土をどうつくるか、さまざまな人が生活し、完全にはコントロールできない、生もののように浮沈するコミュニティをどう見立て、成長の場でありつづけるようにするかを考え、手を打つことは、難しいがスタッフの重要な仕事である。前章は個人の変化に焦点を絞ったが、本章では、開所からのコミュニティがどのように変遷してきたかという視点に立ち、立ち上げからの動きを述べていこうと思う。

初期の混沌

島根あさひのTCは、三か月に一回新しいメンバーが入ってくる。新メンバーの人数にもよるが、その三か月には規則性があり、最初の一か月でそれまでの人間関係や集団の動きに変化が生じ、二か月目には最初の月では収束しなかった軋轢が職員にも感じられるようになり、三か月目に彼らなりの収束を見せ（見せないときもあるが）、次のメンバーを迎える。二年ほどたったころからは、受け入れるほうのコミュニティがさまざまな軋轢を経験し、「ああ、ああいうタイプが来たか」とか、「俺たちも昔はああだったな。見守ろう」といった包容力が生まれ、遊びを許容する部分が出てくるのだが、最初の数か月はその母体がなく、大荒れだった。

TCのメンバーは十五人から始まり、その後、十人弱ずつ追加されていった。もちろんそれぞれ性格は異なるのだが、初期のころは大きく分けて、四つほどの性質の人たちに分かれていたと思う。まずは組織適応タイプ。比較的学歴が高く会社組織などでの勤務経験もあり、論理的に話そうとする。教育グループの時間ではよく発言し、議論を前に進めたいときに話が一番通じるのだが、強い感情表現がなされる場面では一歩引きやすく、嫌いだと思う人間がいると真っ向からぶつからず話の通じる別の人間と陰で相手の欠点を話して仲間意識を強める。彼らは成人後に犯罪に手を染め、さほど犯罪の種類も多くない傾向がある。ある意味もめ事を起こさない真面目組だ。

次に権威嫌悪の感情タイプ。決まり事への反発が強く、話し合いにおいても論理よりも感情や語気の強さで押し切ろうとしやすい。教育グループでは比較的黙っているが、余暇時間の見えないところで派閥をつくるなどインフォーマルな人間関係でつながろうとする。比較的若いころから犯罪をしていて前科も多めの人が多い。

次に関係操作タイプ。前記の二つが権威に従順か反発的かでわかりやすかったのに対し、このタイプは面従腹背で、教育ではいいことを言っていても裏では誰かの悪口を言って人間関係を壊したり、その場のコミュニティで自分自身が一目置かれている状態にいようとしたりする。ある意味戦略家で、社会では営業や渉外のようなことをしていたり、対面で人をだまし巨額の金を受け取る詐欺犯だったりという人が多い。

そして最後に若者。それぞれの生い立ちによって特性はあるが、比較的純粋でまっすぐに自分の言葉を言い、裏がない。歯に衣着せずはっきり言うタイプと、いじめや被害の経験がある引っ込み思案系がいるが、初期のころは歯に衣着せぬタイプの若者が多かった。

説明が長くなってしまったが、普通に生活していたらグループ同士一定の距離を置いているようなこれらの人たちが一堂に会し話し合うので、最初はまさしく混沌だった。グループの時間に組織適応タイプが積極的に発言すると感情タイプが「けっ。何をいい子ちゃんみたいなこと言ってんだ」とわざとあきれた顔をしたり目くばせしたりし、そこに関係操作タイプが入ってきて持論を語り出し、話の筋道がそれる。コミュニティのルールのことを話し合うときは、若者がまっすぐな意見を言い、組織適応タイプがそれを受けて妥当なところに収める意見を言うと、感情タイプが自分たちに利益があるように誘導しようと主張を声高に繰り返し、決まらない。トラブルがあって話し合いをしようとすると、感情タイプと若者が激論を交わし、組織適応タイプが参戦すると論理的に詰められていくので感情タイプが激昂して大声を出す。

TCにおいては、権限を委譲できることは委譲し、自分たちで責任を持ってもらうことが重要な要素となっている。特に刑務所という、自分で決められることが少ない環境では、自分で考え、決める自律性を守れる場をいかにつくるかを常に考え、ちりばめる工夫をする。葛藤を自分たちで解決したり、対立に折り合いをつけたりすることはその最たるものだ。だから、時代劇の奉行のように、両者の言い分を聞いて仲裁はしない。自分たちで徹底的に話し合うことを支援する。しかし現実には考えの違う人と話し合うことはストレスだし、たいてい意見が合わずに決裂し、結論が出ずモヤモヤするネガティブな状況が続く。実はこの「モヤモヤ（否定的感情）」をどう抱え、どう考え、また次の話し合いをしていくかが重要なのだが、多くの訓練生は否定的感情を抱えることが苦手で、早い解決を求める。結果として、目の前で言い合いが始まり調査になるメンバーが出てくるやら、自分の言い分を通せずストレスを溜めた人が主導権を握ろうと感情を爆発させて周囲を支配しようとするやら、仲間をつくって自分の立場を良くしようと画策するやら、支援員に誰かの悪口を言って味方になってもらおうとするやらで、不信、探り合い、試し合いが続いた。

もちろん矛先が支援員に向かうこともある。思い通りにならない不満を「結局TCって言ったって刑務所なんだ、何がTCだ」「俺たちのことを助けてくれるわけじゃないじゃないか」という批判は日常的なもので、悔しかったり悲しかったりもした。言い合いになって大声を出して立ち上がり威嚇した訓練生を見て「これはもう話し合いのレベルを超えたな」と思い国職員に報告した際には、懲罰から帰ってきた彼からは「何が支援員だ」と吐き捨てられ、「話し合い」「一線を超える」の概念がうまく擦り合わせられず互いに忸怩たる思いを抱えるような場面もあった。とにかく最初の一年ほどは「大の大人が集まって、何も決まらないし何も進まないってこと、あるんだあ……」と途方に暮れた。

最初のころの出来事で最も心残りを感じているのが、Mさん（三十代前半）への対応だ。彼は感情のやりとりの少ない家庭で育ち自他の感情の扱いが苦手（他者の強い感情表現が嫌い）で、数学のような予測できる世界を好んで勉学に励み、親密な友人関係も持たずに育った。大学卒業後は公務員になったが、仕事ではまさしくその苦手な人間相手に仕事をしなければならず、結婚を意識しても交際相手もできない自分により劣等感を抱くようになって、うつ病を患い休職する。そして一人で思い詰めるうちに、「うまくいかないのは、常識をわきまえていない相手のせい」「相手が未熟だからいけない」といった他罰的な発想をして、最終的には要領良くやっている（ように見えた）同僚に一方的に恨みを抱いて殺人未遂事件を起こした。裁判中、受刑中通してうつは投薬によって調整されており大丈夫だと判断してTCに来てもらったのだが、先ほど述べた「不信と探り合い、ぶつかり合い」の時期のTCにおいて問題性が再燃した。感情の言葉が飛び交う環境に適応できず、自分の思う「正義」や「筋」が通らない不満を他者のせいにし、「この人が悪い」と思う人を徹底的に名指しで攻撃し始めたのだ。このように犯罪のときと同じパターンで問題が再燃することはよくあり（犯罪並行行動：Offence Paralleling Behavior という）、実は介入のチャンスである。グループが成熟していれば彼の問題性を抱え、変化させていくこともできたと思うが、なにせ初期のカオス時代で、誰かの理不尽な怒りを受け止めるコミュニティがなかった。個別面接をしてなんとかできないか画策したが、最終的には嫌っている一人のメンバーへの国籍差別的な発言をするようになり、かつ精神的な調子も崩すようになったため、今のTCでは抱えきれないと判断して離脱してもらうことにした。もう少し成熟したグループにできていたら、そして私ももう少し彼の反応にうまく反応できていたら、彼をあんなに調子を崩すまで追い込まずに済んだのでは、とよく思い出す。

ちなみに、問題行動を繰り返す人や、Mさんのように TCの雰囲気が合わない人に対応するために、TCユニット開始数か月後に「自主離脱」と「除籍」の仕組みを作った。六か月ごとに意向調査をし、TCが合わないと思う人は自分で離脱を申請できることとし、自分で違反行為をして調査になるしか出ていく方法がなかったところから逃げ道をつくった。また、何度周囲が介入しても態度が変化しない人に対しては、職員の会議を経て除籍することができる仕組みもつくった。排除的に見えるかもしれないが、これは個人の変化よりもコミュニティの福利を優先しなければいけないとき、つまりこの人の存在でコミュニティが壊れてしまうという判断をしたとき限定の選択肢である。

ここで描いてきた初期の混沌の背景には二つの要因があると考えている。一つは、メンバーたちの特性として、問題の核を把握し、人の話を聞き、考え、妥当な解決を選択するという問題解決能力が高くない人が多いということだ。これはTCメンバーに実施している調査でも明らかである。TCでは、編入時から六か月ごとにいくつかの尺度で変化を測っているが、その中の一つ、SPSI－R(社会的問題解決尺度)* の数値の平均は一一・〇で、佐藤ら(2006)の研究で示された一般群の一二・二九、心療内科に通う臨床群の平均一一・六六を下回っている。つまりTCメンバーは編入して

＊　この尺度では、問題をポジティブにとるかネガティブにとるかという問題志向や、合理的問題解決か、衝動的／不注意型問題解決か、回避型問題解決かといった問題解決のスタイルを見て、独自の公式によって問題解決得点が算出される(佐藤ら、2006)。得点の高い方が問題解決能力が高いとみなす。

きたときには問題解決能力がとても低い。しかし注目すべきは、六か月でその能力は一般群と同じレベルに上がり、その後も上昇していくことである。もちろんこれは本人が回答している質問紙調査であり実際に問題解決能力が発揮できたかを直接的には表していないが、あれやこれやと話し合う文化の中にいるだけでこれだけ問題の見方、対処の仕方の構えが変わるのを見ると、コミュニティとその文化の影響はそれだけ大きいということが言えるだろう。

混沌の背景にあるもう一つの要因は、私たち全員のコミュニティに潜在的に存在する、葛藤のある関係に向き合うことへのおそれと回避である。TCを立ち上げた最初のころは、葛藤を言葉にしていくことを提案すると、「毛利さん、俺たちに議論させて喧嘩させて懲罰になったらどうするつもりなの」「素直な感情を言ったら、相手を傷つけるでしょ」と言われることも多かった。彼らは「議論は殴り合いの喧嘩に帰結する」「率直な気持ちを伝えることは相手を傷つける」という無意識の価値観を持っていた。最初のころは、これも訓練生たちの特性かなと思っていたが、よく考えれば、議論を避け、言い訳をしてまっすぐに人と向き合わない文化は身近にあふれていた。会議では偉い人だけ発言して押し黙っているのに終わった瞬間しゃべり出して議題に文句を言う人、相手に不満があるが面と向かっては何も言わず、周囲に相談という形で言いふらして自分が被害者であるかのように振舞って味方をつくり、「あの人は問題のある人」という像をつくり上げ追い詰めようとする人、そんな「向き合えない人」はたくさんいた。

訓練生の行動とここで挙げた身近な例は一見違うことのように見えるが、根底にあるのが面と向かって向き合うことの回避であることは共通している。むしろ身近な人たちのほうが、その回避をさまざまな言い訳で正当化し巧妙に防衛している。ただ、それは個人のせいではないのかもしれない。特別な教育方針を持つ学校以外で、そして構造化された中で知的な議論をする「ディベート」を教える授業以外で、自分の気持ちや考えを分かち合い、議論し、時間をかけて折り合いをつけるという対話方法の教育を受けた記憶のある人はかなり少ないだろう。小中学校では、正解を言えることが大事で、人との対立や意見の相違は「相手のことを思いやりなさい」という言葉でごまかされ「みんな仲良くしましょう」の世界に押し込まれる。もう少し成長してからも、「波風を立てない方が得／大人／賢い」「感情的になる奴はガキ」といったそれらしい言葉で人との対立は回避されていく。

多くの人が、相手に意見を言われてムッとするがそのことを一日じっくり考えてみるとか、言ってはみたものの全然気持ちが伝わらず悶々としてどうすればよかったか考えるとか、結論が出なくてモヤモヤするとか、そうした「グレー」な状態への耐性は非常に低いと感じる。こうして心と時間のエネルギー消費を避けるために対立は回避され、立場が弱いうちは黙り、言えるようになったらガンガン攻撃する。人と真っ向から向き合おうとして対立する人を「要領が悪い」「大人げない」「波風立てないでくれ」と批判する。そう考えると、初期にユニットが混沌としたのは訓練生のせいではなく、私たちの教育や文化の縮図が現れただけだとも思った。

カリスマの落とし穴と腐敗

混沌期には、特に感情を爆発させることで自分の想いを通そうとする人が複数いて、何度もトラブルになったり、実際に懲罰になってから戻ってきたりした。葛藤が起きたときに話し合うこと自体はコミュニティにとって財産となっていくが、みんながあの手この手で話をしても、当の本人が全く態度を変えようとしない場合、例えば何があっても自分の想いを通すことが男気だと勘違いしていたり、どうせ戻ってくることができるんだから好きに喧嘩してやると開き直ったりしているような場合は、周囲だけが疲弊していく。

一年ほど混沌が続いたところで現れたのが、三十代前半のNさんだ。彼は暴力団の周辺で闇カジノの運営や覚せい剤の売買を行っていて、知人に頼まれて被害者の殺害を企て強盗殺人未遂事件を起こして入所していた。物腰は柔らかい一方、些細なことに動じなさそうな独特の威圧感があり、下っ端ではなかったことは素人目にも明らかだった。暴力的な文化で生きてきた人もこの人が本気を出せば絶対負けることがわかるので不用意に言い返したり対抗したりしないし、反社会的な文化とは縁遠い生き方をしてきた人にも普通に優しく朗らかに話しかける。TCに来たのも、「なんかTCっていうものを見てみたかった」という理由ではあったが、普通に参加して自分の意見を述べ、なじんでいた。またカリキュラム係になったときには、「俺はTCとかよくわからん。どうでもいい。でもさ……」と体験談を交えてテーマに沿った話を振り、グループをリードしてしまうような人だった。そんなNさんが来てしばらく経つと、火種になることがあるとあちらへ行って話をつけ、こちらで熱くなる人を言い聞かせ、と葛藤の調整をしてくれているようで、目に見えて職員の耳に入るトラブルが減った。私としては、ありがたく思う気持ちと、「彼の文化」になってしまわないかという危惧とのはざまで成り行きを見守っていたが、Nさんより半年ほど後に入った五十代を中心とする年配層の一部が彼の影響力からは距離を取り別の考え方を持つ集団として存在するようになっていったので、「すべて染まってしまうことはなく、バランスもとれるかな」と気を緩めてしまっていた。

支援者として集団に依存しすぎ動きを見誤ったツケは大きな形でやってきた。スタートから約二年後に起きた「違反による大量離脱」である。十数人の訓練生が、不正に物をやりとりしたという違反で調査になった。聞くと、数か月も前から、貸し借りを禁止されているにもかかわらず図書をやりとりしたり、切手で賭け事をしたりしていたという。実行していた十数人にもだが、おそらく知っていたであろうに誰一人として声を上げたり職員に危険を知らせてくれたりしなかった他のTCメンバーに対しても、裏切られた気がして落胆した。

訓練生たちがのちに話してくれたことに推測を交えての話ではあるが、不正は、混沌とした時期をNさんが収めた後に生まれた「まあまあ」の文化から始まったようだった。諍いが生じても、片方の言い分を徹底的に聴いた後、「まあまあ」となだめる。もう一方に行き、相手の言い分も聞きながらもう片方の気持ちも伝えて、「どっちも正解だしどっちも間違ってるよ。まあまあその辺にしておこう」と説き、言い分を聞いてもらった両者ともになんとなく収まりがついて休戦協定が結ばれる。対話や議論を良しとしていた文化が、「まあそんなに熱くなって調査になってもしょうがないからさ。お互い早く刑務所出たいじゃん」という、彼らにとって魅力的で、かつ刑務所文化としては正論である言葉に説得されてかき消されていく。こうしてかりそめの平和が定着してくると、メンバーたちは自分や対人関係の葛藤に向き合い苦しむよりも、教育はそこそこに、でも楽しむところは楽しむというようになっていったようである。Nさんが不正を促したわけではないが、Nさんは「やることやってりゃ、ちょっとくらいいいじゃん」というポリシーだったので、軽い不正をとがめることはなく、それが時間をかけて「多少の不正はOK」という雰囲気を生み、今度は「目くじら立てて不正を騒ぎ立ててもNさんのやり方に反発するみたいになるしな」と、不正に加担していない人も口をつぐんでいった。

そして私が期待していた五十代の層は、重しとしてなんの役にも立っていなかった。彼らは一般企業などに勤めた経験もあり常識的な振る舞いをするのだが、悪く言えば、自分がパワーを感じられない、守られない場所では何もしなかった。「自分が偉い」とか「過去の経験を披露できる」と思うときや、刑務官などが強い権威を発揮して秩序が保たれているときには意気揚々としていて一見頼もしく見えるが、裏側、つまり感情と人間同士のパワーゲームが錯綜する場所になると、貝になるのである。会議の場所で押し黙り、終わったらしゃべり出す、葛藤を避ける組織人と同じだ。同じ年配層でも、自分で会社を興して経営していた人などは、もっと開かれていて感情も素直に出すし、意見も言い議論をおそれず、かつ人の意見にも開かれているので、これは年代だけの差ではなく、生き方の差でもあるのだろう。もちろん彼らが悪いわけではなく特質を見抜けなかったこちらのミスだ。とにかくさまざまな読み間違いにより、腐敗は何か月にもわたって深化してしまった。

ショックすぎて、このときの他の職員の具体的な反応はほとんど覚えていないし、正直怖くて見ないようにしていたと思う。ただ、私自身は、それまでに喧嘩などで調査に何度も上がる人を、「葛藤解決が大事だ」「それがTCだ」とお願いして元のユニットに戻してもらっていた手前、国職員から「結局これ（大量違反）かよ」と思われていて当然だという悔しい気持ちと、本当に自分のやってきたことは合っていたのだろうかという不安に苛まれていた。そして、おそらくもっと厳しく指導するよう言ってくるだろうが、TCを普通の刑務所と同じにしてはいけない、折れそうな自分に負けてはいけない、となんとか自分を奮い立たせようとすることで必死だった。

コミュニティの成長

TCが始まって二年強で起きた大量の違反に打ちひしがれている最中、コミュニティを立て直そうと動き出したのは、残されたメンバーたちだった。そのときにTCにいた訓練生が以下のように語っている。

多分あの図書事件（今回の不正事件のこと）以降ですね。それまではそういう風潮（皆が認められる雰囲気）はできつつあったんだけど、やっぱり僕らも切手で賭け事しているのとか見てたんで。不穏分子がありながらのコミュニティだったのでなんか違うよねって思いながらも、誰もが言えなかった。（インタビュアー：それが露見したことで「やっぱり違うよね」って言えるようになったと）そうそうそう。それで「それはあかんよ」って自分らで言えるようになった。

初期のころからいたメンバーが周囲に声をかけて、支援員である私に話し合いの場を設けたいと申し出てきてくれた。「トイレが汚れているので使い方を話し合いましょう」といった現実的な連絡事項以外で、コミュニティのことについて話し合いをしたいと申し出て彼らが主導で話し合いを行ったのは初めてではなかったかと記憶している。

実際には、話し合いというより、数人の有志が前に立ち、「自分たちは見て見ぬふりをしてきた」「このままではTCと言えない」「お互い率直に言い合うようにしよう」という演説のようなものだったが、もともと不正に加担していなかった人にとっては完全に同意すべき内容で、不正に加担していたが偶然露見しなかった人（そんな人もいたと思う）にとってもド正論で、何も異論は出なかった。そして、これまで新しいメンバーにTCのことを教えるのは新メンバーの「ガイド役」となった個人に任せていたことを反省し、後輩たちに引き継いでいく雰囲気をつくるにはどうしたらよいかなどを話し合った。以下の訓練生のコメントは、一つ目が初期のメンバーでこの不正事件も経験した人、二つ目が事件の三年ほど後にTCに入ったメンバーによるものである。「引き継ぐ」ということが重要視されて文化として残っていったことがわかる。

あれでしょうね、あのピラミッド（三か月ごとに新入メンバー↓新しいメンバー↓新しいメンバーを導く役↓ユニット管理↓カリキュラム係と進む図）の、あれに沿ってやっていくんだなっていうの（が）あったんじゃないですかね。じゃあ（みんながうまく役割を果たせるように）どうしたら良いかっていうのをよくミーティングしましたよね。（…）（誰か新しい人が入ってくると）そのときやってくれそうな人を（余暇時間に）一緒にテーブルに着かせて「俺たちはこうやってきたからこうしてくれると助かるんだわ」って伝えていった気がするんです。

だからもう受け継ぐしかないんじゃないですか。先輩がいるじゃないですか。だんだんTCに染まっていくじゃないですか。そういう人がいたほうが。最初は「こいつらやべぇ」っと思ったりするけどだんだんそうなっていくじゃないですか。みんながみんなじゃないですけど、ある程度の人が同じ考えを持てるようになる。「TCとは」みたいな。(…)自分も結局染まったわけじゃないですか。教育真面目に受ける受けないの違いがあっても向かう方向は一緒かなって。(…)受け継いでいくことが大事かなって。あれ三か月ごとに入ったじゃないですか。あれがいいなって思ってたんです。ゼロからつくってまた壊すのは難しい。古い人も大事。

ちょうど不正事件直後に入ってきたメンバーたちは、こうした先輩たちの「熱」を受け、回復のためのコミュニティであることを意識して振る舞ってくれた。そしてコミュニティ全体の目的意識が高まると、グループの対話もぐっと深まった。それまでにもグループ内で自分の生い立ちや過去の被害、心の傷を明かしてくれる人はいたが、より多くの人が自分の被害や弱さを語り始め、それに連鎖してまた次の人が話すという一体感や、話した後の人をきちんとメンバー同士で支えようという雰囲気も強まった。つまり、「グループで抱える」ということができるようになってきた。そしてそうなってくると、仲がいいか悪いかを脇に置いて互いを尊重する雰囲気も出てくるので、意見の対立があっても、解決や結論を急ぐよりも、率直に気持ちや考えをぶつからせ互いに理解し合おうとする姿勢そのものが重視されるようになった。

アミティのテキスト内にある「治療共同体の十三の伝統」の一番目には「あなただけができる、しかし、あなたひとりではできない」というメッセージがある。これはあなたが大事なメンバーだ、必要だということだけではなく、あなたもコミュニティに責任を負っているということでもある。彼らは、大きな事件を経て、支援員に強制されたからでもなく、いい子になって仮釈放になるためでもなく、自分たちのためにコミュニティをつくり、守ろうとする姿勢を示してくれた。インタビューでこれらの動きを訓練生の一人はこう語っている。

そこには関係性を認め合うだとか、一人ひとりの存在を尊重し合える場っていうのがどんどんどんどんできていったのかなっていう。その中でも「この人好き、この人嫌い」っていうのがあったとしても、一人の人として好きでも嫌いでも、この場にいてもらおうじゃないけど、メンバーの一人なんだっていう風にみんなが認められたときにコミュニティって呼べるようになったのかなって。

不安定という安定

コミュニティの話に戻ろう。TCユニットは、当初退所までいることができる仕組みにしていたが、滞留しないようにする意図もあって途中で期限を一年半とし、刑期が長い人はその後職業訓練などを受講し一般ユニットを経由して（その間も月に一回の集まりには参加する）、最後の半年にまた戻ってくることができるようにした（現在、期限は撤廃されている）。三年目を迎えるころには、一年半を終えて出ていった人から一般ユニットでTCの話を聞き、「いいと聞いたので」と応募してくれる人が増えたほか、職業訓練を終えてTCに帰ってきた人たちがいかにTCが良い環境かをメンバーたちに教え、TCの文化と環境を守らなければいけないと伝えてくれる良い循環も起きるようになった。

このころからは、初期にいた刑務所文化をばっちり背負った感情タイプのような人はほとんどいなくなったが、それでも価値観自体は反社会的な文化になじみがあり、すべてはTCの文化になじまない人や、弱みを握ったりやんわり脅したりして人を支配する対人操作＋反社会タイプのような人などさまざまな性質の人が入り混じるようになった。葛藤を回避する五十代年配層は総じて相変わらずだったが、平穏時には社会経験のない若者の就職や起業の相談に乗るなどコミュニティの多様性の一部となってくれていたし、初期にいた組織適応タイプの人の多くは、葛藤が起きても比較的積極的に介入を試みてくれるようになっていた。

不正事件があってしばらく安定が続いた後は、若者同士が対立するような時期が来た。グループの懐が大きくなったこともあって若者たちが幼稚な喧嘩をしても「おうおう、やっとるなあ」という感じで適度に見守り適度に介入する姿勢になっていたこともある。彼らは、グループの時間にも感情を顔に出し、その関係性の悪さがわかるほどだった。集団で大きなもめ事を起こす人の多くは、過去の対人関係の傷も深い。片方の派閥は、親のDVや虐待などを経験し、少年時から非行をしているようなタイプで、グループでも表面的なことしか言わなかったり、小グループに分かれて内省を深める時間にも「わからない」などと言い、話題を早々に切り上げて雑談をしたりする。本当の感情を否認して強がるタイプなので、自分の弱さを正直に話すような人は「弱い奴」とみなし、自分が指摘を受けそうになるといら立った様子を見せて防御する思春期真っ盛りのような人たちだった。逆にもう一方の派閥は、学校やアルバイト先でいじめを受けてきたり言い返せないことをいいことに周囲から虐げられてきたりしたような人たちだ。真面目にTCに取り組もうとするが、それゆえにもう片方の派閥の若者が不真面目なのが気になる。また、こういう人にいじめられてきたという恨みもある。これが社会内なら絶対立ち向かえないのだが、TCは率直に気持ちを伝える場であるということの意味を誤解し、陰でいろいろな人に文句を言う。そうして互いに互いのことが気に食わないという対立構造ができていった。

古くからいるメンバーや私たちは、問題は仲の悪さではなく、非行派閥の「否認して逃げる癖」と、被害派閥の「他罰癖」であることは阿吽の呼吸で察知し、互いにそれぞれのやり方で介入した。非行派閥の一人が自身の犯行のサイクルを発表する日に「何も準備してなかったので適当にやります」と言ったことをきっかけに私がこれまでの回避の態度を厳しく指摘すると、メンバーは「感性がするどいし、いいところがいっぱいあるのに壁がある気がする。もったいないよ」などとフォローしてくれた。一方、被害派閥のメンバーが過去の出来事をグループで話しているときには、メンバーはうんうんと受容しつつ、そのうえで「よくわかるけど人を攻撃してるだけでは次にはつながらない。自分が変えられることがなかったか振り返ってみないと」と諭し、私もそれに続けて「今のは大事な指摘ですね。今もユニット内で同じことが起きていませんか？」と聞き、現実の世界と結びつけて、思い通りにならないときに他罰的になる癖があることに気づいてもらう。そんな形でじわじわと責めた。

若者対策をじっくりしている間、それを見ている年配層は全く諍いを起こす気配がなかった。「大人同士うまくいっているのかな」と思っていたのだが、おとなしかった理由が後で判明する。ある人がこれまでに懲罰を受けたことがあることをちらつかせて、思い通りに物事を進めようとしていたが、逆らうとろくでもないことになると思って黙って従っていたというのだ。その人の要求は子どもっぽく、「俺をミーティングでアファーメーションしてくれ」と言って回ったり、いろんな人に自分の歪んだ思考を聞かせて同意を求めたりするようなレベルだったため、ユニット全体が荒れるということはなかったが、若者に気を取られすぎてその動きを察知することができなかった。

その「もめ事回避」の雰囲気も冷めやらぬうちに、今度は対人操作に長けたOさん（三十代後半）が入ってきて、ユニット全体の安全性が脅かされるという出来事もあった。支配的な父親に育てられたうえ、きょうだいには姉妹が多く、男性相手・女性相手全方向で、とにかくしゃべって相手を自分のペースに巻き込む能力の高い人だった。決して脅す口調ではないのだが、相手の目をじっと見て、相手の価値観を探ってその人のチャンネルに合うようにしゃべりながら、持論をねじ込んでくる。知性で感情を押さえこんでいて、感情的な話には一切反応せず、ときに被害を話す人を「弱い」と堂々と批判し、余暇時間にもそうして周囲の心をなぎ倒すことが続いたようだった。彼は、その後しばらくして些細な違反事項で調査となりユニットから離脱した。

良い意味でのカリスマが現れた時期もある。Oさんが不在になった直後に、立て続けに暴力団組長の息子という三十代前半のPさんや、少年期から非行を繰り返し覚せい剤の売買を続けていた四十代前半のQさんが入ってきた。「こりゃ、荒れるかな」と思ったが予想は外れ、彼らはメンバーたちの人望を集めた。いつも穏やかで、自分の意見を普段から押し出すようなタイプではなく、グループでも、別にTCに心酔もしていないが、かといって反論もしない。支援員がいる場所では、事件として露見したこと以外は過去の悪事をあまり話さないものの、余暇時間には面白おかしく「武勇伝」を語り周囲を楽しませていたようだった。些細なトラブルは彼らが解決してくれていたようだが、以前の教訓もあり、私たちもできるだけ彼らに依存しないように注意し、そしてインフォーマルな重しとして彼らが存在する分、グループではもっとTCの理念を伝え、誰かに依存せずみんなでグループをつくることを強調していった。PさんやQさんがそれぞれの良い面を出せたのには、良いコミュニティの影響もあったようだ。インタビュー調査で彼らと同時期だった人が、「Qさんも「ここにいるとなんか真面目になります」「悪いことばっかかしてきてるけど」ってよく言ってました。訴えかけるものがあったんだと思います」と教えてくれた。

その後もまた若者たちが台頭して、とか、かき回す人が出てきて、など「不安定という安定」の歴史が続くことになる。それでも、私が出入禁止になるまでの間、その都度コミュニティは負けそうになりながら、しかししなやかに変化しながら、そのときにいるメンバーの最大限の力を引き出した。本当に良いコミュニティは、不安定の中で常に安定を図ろうとすることでつくられるのだと実感している。

意味のある葛藤を持つ

不安定がなぜが大事かと言われれば、意味のある葛藤が生じるからだ。あるとき、再犯して刑務所に再入所した人を分類していったところ、実は表立った人間関係の葛藤が少なかった時期のメンバーのほうが再犯をしていて、葛藤や諍いが多かった時期のメンバーのほうがあまり再犯をしていないことに気づいた。考えてみれば、さまざまな軋轢が生じる時期は、「あいつが気に入らない」とか「自分はこんな気持ちになっている」など、現実的な出来事に対してあれこれ話をするようになる。それは自分の気持ちを言葉で表現する練習にもなるし、「そうはいってもさ」などと反論されながら周囲と議論することで、自分の癖にも気づきやすくなり、起きている出来事を客観的に見る機会にもなる。前章で触れたような過去の記憶や体験を整理していくことももちろん重要だが、もう一つ大事なのは、現実の問題に対処できる心の力を持つことだ。ＴＣで意味のある葛藤を持ち、現実的なトラブルに対処しておくことは、出所してから周囲と考えや感情をやりとりすること、しんどいときやトラブルに巻き込まれたときに状況を冷静に見て助けを求めることにつながっているのだろうと推測できる。グループは安全で安心であるべきだが、成長の機会である意味のある葛藤や対立が常にある程度に不安定でなければならない。一見矛盾するその状態が、成長するコミュニティの重要な要素だろう。以下のインタビュー内容は、葛藤が意味あるものになるときの動きをよく表している。

Oさんが入ってきたときは雰囲気が変わりましたよね。（…）いい意味でも悪い意味でも。例えば割とTCでの発言についても、僕が入ったときの特徴かもしれないけど、教育でなんか常識的なことを言うのがすごいっていうか、みんな意識してないんでしょうけれども割と受刑者らしくない発言が多かったように思うんですよ。それが彼が入ってきたことで、受刑者としての発言というのがドーンと教育の中で現れて、同調する人間も、同調しない人間も現れたし。（…）いざこざも増えましたけど（…）、ヒエラルキーが変わりましたよね。それまでは素晴らしいことを言える人たちがヒエラルキーの上のほうにいたのが、やっぱりそこは刑務所で、暴力ってわけじゃないけど本当の意味での力持った人間がヒエラルキーの上に来るようになったっていう。（…）でもOさんも、変わりましたよね。（…）いろいろ問題があったのが、その問題がうまく溶け合って、TCも彼を受け入れたし、彼もTCを受け入れて、うまく止揚された雰囲気で。

意味ある葛藤という意味では、Oさんのようなユニット内の人間関係をかき回すだけでメンバーや職員からの介入に反応しない人は、コミュニティにとって生産的に働かない、むしろ崩壊のきっかけをつくりかねないということになる。こうした人を対象に、全体の福利を優先して除籍するシステムをつくったことはすでに述べたが、実は、コミュニティが成長してくると、除籍を待たずして自然と違反事項でいなくなることも多かった。「人間関係でトラブルを起こす人はそもそもルールも守らないんでしょう」という意見もあるとは思うが、個人的に対人操作が上手な人は不正を隠すのもうまい印象がある。

それでも調査になっていくのは、コミュニティの強さと刑務官の尽力によるものと感じている。かき回す人がいてもコミュニティが一定程度強いと、その人自身を包摂して変化させることに失敗したとしても、混沌期のようにみんなが葛藤に巻き込まれすぎることなく、被害を受けた人を周囲が陰ながらケアし、被害を受けた本人もサポートを受けて対処法を身に付けるようになってくる。そうして思い通りに人を動かせなくなると、その人物はもっとパワーを見せつけようと物を奪ったり、不正を共有して仲間感覚を味わえる人を見つけて違反行為をしたりと、あがき始めるのだ。そこを、訓練生の集団の動きと個人の動きをよく見ている刑務官がしっかり拾い上げ、不正や不穏な空気が広がる前に対処してくれている、そんな気がしている。

「全体の福利のために仕方ないとしても、集団から排除されたその人はどうなるんだ」「そういう人こそ手を差し伸べるべき人だろう」という声もあるだろう。そのことで言えば、私自身、何もできず後悔している人がいる。薬物使用の罪で受刑していたRさんは、見た目がいかつく威圧的であることもさることながら、TCに来てからも周囲の弱みを握って不正を強要しようとしたり、自分の思うように動かそうとしたりする行動が見られ、他のメンバーたちの安全を脅かしていた。彼がグループの中で暴力的な家庭に育ったことを話していたので、今の行動との関連について考えてもらうチャンスだと思い、あるとき私は彼のいる小グループに参加した。その日の彼は他のメンバーが気の置けない仲間だったこともあって、記憶を語りながらいつもより深く内省しているようだった。

「親父がね、嫌がるお袋を俺の目の前で犯すんですよ。その時じーっと俺の目を見てるんですよ。逃げようとすると止められて。俺の目を見ることで、見られていることで親父が興奮していることがわかるんです。嫌なんだけど、そうやって動けなくされて支配されるんですよ。直接関係あるかわからないけど、自分も人間関係では、普通に人を信頼するとかできなくて、相手を心理的に捕まえて支配しないと、思い通りにさせていないと不安になるんです。今考えれば親父も狂ってたし、俺も狂ってるんですよ……」。身体的暴力だけでも傷つくのに、安心できる人はおらず、歪んだ支配を受けながら幼い彼がどのような気持ちを抱えて育ったか想像のしようもないほどだ。それでも彼は、今の対人関係の持ち方が問題であることは理解していたので、他人のことをコントロールするような行動が見えるたびに声をかけ話し合うようにし、彼もわかっていながら同じことを繰り返してしまうと嘆いていた。しかし彼はほどなくして他人から物を取り上げた不正行為で離脱となった。うまくいかなかったのは、彼のトラウマが深刻すぎたからなのかもしれないし、島根あさひのTCでは女性である私がリーダーだったために、男性（父）との間の傷を同性である男性職員との健康的な関係で修正する体験が提供できなかったからかもしれない。

一方で、離脱後にきっかけを見つけて変化した人もいる。前章で紹介した、違反後に内省を深めたLさんはその一例だ。ほかにも、薬物使用の罪で受刑していたSさんは、斜に構えて自分の心のうちは明かさず、自分を慕う年下の仲間を見つけてつるみ、教育について「あの場ではああ言っとけばいいでしょ」とか「あの映画、みんな泣いてたけど笑いそうだった」などと軽んじる発言をしていて、比較的短期間で不正をしてTCを出て行った。しかし何年も後に、支援者の集まりで偶然ばったり彼に出会うことになる。聞くと、出所後、依存症の回復施設をいくつか経て回復者となり、施設を管理するサービス提供者になっているという。彼は「毛利さんが言った「本当は何を感じてるんですか、何を考えてるんですか」みたいな言葉が残ってて。そのときは何を聞かれてるのかわからなかったけど、その後回復施設でも同じようなことを何度も質問されて、自分にとってとても重要な問いだったんだなって思っていたんです」といったようなことを話してくれた。リップサービスもあったのかもしれないが、短期間の付き合いでも言葉が相手の中に残ることはあるし、自分が変化のきっかけにならなくても、それが後々つながっていくことがあるんだ、と思わせてくれる再会だった。人の変化のきっかけやタイミングは、本当にわからない。支援をする人間は、ただ、目の前の人に精いっぱい接するしかない。

よく聞かれるのは、「守られたTCの環境でいくらいろいろできるようになっても、逆風の多い社会ではうまくいかないこともあるのではないか」という問いである。守られた場所で学ぶ機会がなかったのだから、まずその場があることは大事だろう。そして社会が理想通りではないからといって、人と人の関わりの原則を学ばせないことの理由にはならない。理想的環境で練習して本番に臨む。スポーツでも人の成長でもすべて同じだろう。以下はそれについて言及した訓練生の言葉だ。

TCって訓練でしょ。あれって今思うと訓練なんですよ。ディベートでもそうだし、あんまり感情的にならずに話をする練習とか、人前で話をするとか。あれってやっぱり練習になるんでね。TCってほかよりもめ事多いと思うんです。ほかのところは力関係ができちゃってて、もめないっていうか。押さえるほうと押さえられるほうができちゃって。TCはでも言いたいこと言うでしょ。自然に意見の食い違いができる。そこで意見のやりとりができるかどうか。(…)皆でそういうことを勉強して頭の片隅にある人間が集まって生活してるんで、そこの生活はすごく役に立つと思いますよ。ほんとの実践は社会に出てからだけどね。予備練習っていうか、模擬体験みたいなというか。

訓練生たちから同じ質問をされたときには、アドバイザーの藤岡氏がいつも言っていたことを真似て繰り返すようにしていた。「あなたたちがTCを社会に持ち帰るんです。今度は誰も準備してくれないけれど、ここで人と率直に関わり、自分を知って他人を知っていく関係性が大事だと学んだ成人男性のみなさんが、社会に戻って、親、妻、子どもときちんと向き合って安心・安全な場所をつくる責任を果たしていくんです。皆さんにはその力があります。大人しくして再犯しないでおくことだけではなく、社会の中で一つでも安心・安全な場所をつくることに積極的に貢献できます」。

見たことのない景色の絵は描けないが、見ていれば心にその風景をすぐに描き出すことができ自分なりに再現できる。加害者が出所した後の世界が逆風に満ちたものだと知っているなら、その世界に住む私たち一人ひとりも、せめて自分の周囲だけでも安心・安全な場所をつくり、広げる努力を続けなければならないだろう。

コラム5　ＴＣに関する当事者のネガティブな意見

本文では、主張に合わせてＴＣに対する効果を述べている意見やポジティブな見解を引用したが、ネガティブな意見も紹介しておこうと思う。

まずは、ＴＣは理想論でしょ、という意見だ。

そんなこと言って、理解とか、わかる奴いるのって思うよ。（…）小学校・中学校くらいで人格ができとって、性格だと思うんよね。多少は治るけど、もう四十くらいになって変わらんと思うの、何言ったって。それを諦めとっちゃ教育が崩壊しちゃうけど。「こいつら変わらんからやめよ」と思ったら終わっちゃうんだけど。だからね。ＴＣでいくら疑似体験とか、想像して社会とリンクしようとするけど、それを感じ取る段階までいける人はまあ、一般社会で適応能力がある人だよね、もともと。

（…）刑務所は刑務所だからね。だから何も強制のないところならいいけど、まあでもきっかけつくるためのアレならいいと思うけど、ぬるま湯の中で真似事しとるだけ。真似事が真似事で終わるのか、そのなかでもまあちょっと、ねえ、それをリンクさせるかさせんかとかは変わってくるけど。（…）無駄とは言っとらんけど。

この人に限らず「性格を変えろと言われても無理」という反論はよく耳にした。生き方のパラダイムを変えることと性格を変えることは異なるのだが、なかなか理解を得るのは難しい。次に、TCは安心安全な場所になり得ないという意見だ。

TCに関して言うと、すごく必要なものではあるんだけど、そこを聖域にできるかっていうと(難しい)。やっぱり普通の世界で生きてる人はそれが普通とは思ってないんですよ。(…)僕らは一番底辺だから、あとは選んで下に行かない限りもうないと思うんです。僕から見て真ん中を漂ってる人たちには真ん中っていう認識すらないのかなって。下から見るとその距離はすごいんですよ。上から見るとそうでもないように見えるんでしょうけど。TCに関して言うと、安心という意味でサンクチュアリを求めてても、聖域にするってなると、それは難しいんじゃないかなって思う部分はあったんですよね。(…)根本的な安心という意味でね。時間がすごいかかる。特に底辺の世界を知っているほど、そういうのがないからここ(刑務所)に来ている可能性があるわけだし。(…)それで荒んでいったのに、TCでいきなりそれを全部得られるかというと。TCが社会版でもつながってて、そこにいる限り仕事と生活が保証される中でだったら、そのコミュニティは心の支えになるので大事になるんです。

対人不信や世界への不信が根雪のように残り、自己否定が先に来てしまっている。基本的信頼感がない人に対してどうアプローチすべきかという課題を投げかけている。

これは支援員へのコメントだ。

ＴＣのときに、その、なんだろうな、結構「このくらいなら自分たちで解決できますよね」って投げられちゃうときがあるんですよ。思いの外そううまくはいかないぞっていう。それが長引いちゃうときがあったり。（…）たまに（支援員に）丸投げされるときがあるんですよね。（…）話し合いの場を設けるとか、こんなんしたらどうですかとか提案してくれれば良かったりとかあるのに。（…）支援員さんが「解決しましょう」って言わないと聞く耳持たない人たちもいる。「お前らがやるのかよ」ということも。支援員の力が落ちると、総体的に古い、長いこと底にいる人たちの力が強くなるというか、カリスマ性が出てくるんですね。ああいうことは本当はあなってはいけないっていうのはありました。この人たちが言ったら「天の声」になってそれとは違う意見は言えない、皆が仰ぎ見るみたいな人が二、三人いてね。（…）そうするとそうではない個性の人が、上手にしゃべれなくても本当の心情を吐露したいというのが押さえられて。話としては小綺麗にまとまるわけやけど、本質はね。汚い言葉も出て、その人の本質、それを直していかなあかんのによそ行きのことばっかり言ってね。（…）それを放置して「素晴らしいですね」って支援員が裏打ちをしてしまうことですよね。まあ、支援員の能力っていうか、意識の問題やと思うけどね。それはそれで一つの意見としていいと思うけどどっていう。自分が授業を回す力がないから、流れがそういう人でできると楽なんでしょうね。でも本質的な改善につながるかと思うとどうなのかなと。

最後は、互いに個人的なことを語り合えば当然起きる弊害の指摘だ。

いろんな犯罪の話聞いて、いろんな犯罪のやり方覚えたわけじゃないですか。やり方を。「あれ、こうしたら金とれるな」って思っちゃうし。だからそれはほんといらん。いらんかったほんとに（笑）。刑務所ってダメなとこやな、いらんこと覚えたなって思うっすもん。結婚してから金ないじゃないですか。だからパクったろうかなとかめっちゃ思っちゃうし。あはは。でもでも絶対行こうとは思わんすね。でも犯罪の過程とかは考えちゃいますね。

これは当然の指摘だ。この知恵を越えるだけの新たな生き方をつかむ機会をＴＣに用意しておかなければいけないということを警告している。

すべての人に響く万能な介入法はないのだが、そう開き直り考えることを止める前に、こうした声をどうより良くするために使えるかも支援者としては考えなければいけないと考えている。

第Ⅲ部

回復共同体を支える

過去に重大な死傷事件が起きた名古屋刑務所で再び刑務官から被収容者への不適正処遇事件が起きたこと、そして調査の結果他の刑事施設でも同様の事案が発覚したことを受けて、二〇二三年七月、矯正改革推進プロジェクトチームが再発防止プランを含めた改革を打ち出した。これは、二〇二五年六月から始まる拘禁刑体制への土台づくりでもある。拘禁刑とは身体の自由を制限する自由刑と呼ばれるものの一種で、二〇二二年六月の刑法改正の中で、従来の懲役刑と禁錮刑を廃止する形で新設された。これまでの懲役刑では「一日八時間の作業」が課されていたが、それがなくなるので、被収容者の特性に合わせた多様な処遇を行うことが可能になるという。

刑罰の意味は複数ある。やったことに相応の罰を与える「応報」、刑罰を受けた本人が犯罪をやめようと思う「特別予防」、罰せられることを知ることで一般の人が犯罪をしなくなる「一般予防」、加害者を収監することで社会の安全を守る「隔離」、そして刑罰の中で行われる働きかけで本人が変化することを期待する「改善更生」である。二〇〇二年の名古屋刑務所での受刑者死傷事件以降、刑罰における改善更生の意味が認められるようになってきており、今回の拘禁刑新設によってまた一つ、改善更生とその働きかけを重視せざるを得ない時代に入った。この流れで、回復共同体という形かどうかはともかくとして、もっと治療的な関わりができる刑務所は増えるのだろうか。

第II部では、開所以降の訓練生たちとの関係に焦点を当てて当時の状況や工夫について述べてきた。第III部では、職員側で起きたさまざまな事柄に視点を変え、刑務所の何を変えていくことがその風土を治療的なものにし、治療的なプログラムを支えることになるのか、考えていきたい。

第8章　刑務官という役割──トラウマティックな組織の職員たち

暴力は弱い者に流れ、そして循環し、広がる。一般的に「暴力」と聞くと、誰かを殴りつけるような身体的な暴力を思い描くかもしれないが、対人関係の視点から見ると、暴力は「パワーの差に基づき自分の欲求を一方的に押し付ける行為」（藤岡、2008）と定義されるように、なんらかの優位性に基づき、他者の気持ちを無視して行動することだ。親が子に、介護者が高齢者にするような「虐待」と呼ばれる行為も、「ハラスメント」と呼ばれる行為も、この定義の下ではすべて暴力に含まれる。

第2章で触れたように、研修で出会った刑務官たちを見てなんて奴らだと思った私だが、同じ組織で働き始めてみると、組織自体がとても暴力的で抑圧的であり、彼らはここで生き延びるために、挑戦的に振る舞い、弱いものに暴力を流すしか手段がないのだと気づいた。

Bloom（2010）は、クライエントが自身の抱えているトラウマの歴史を支援者のサービス組織に持ち込み、支援者は無意識にその影響を受け、さらに組織もその影響を受けていく状態を「並行プロセス」として説明した。この概念は、古くは精神分析の領域で患者が過去の重要な人物との関係で抱いていた感情を治療者に対して持つ転移の概念に起源を持ち、集団やシステムにも適用されるようになったもので、「二つ以上のシステム（それが個人、集団、組織のいずれで構成されているかは問わない）が互いに重要な関係を持つとき、それらは類似した影響、認知、行動を発達させる傾向があり、それは並行プロセスとして定義される」（Smith, Simmons, and Thames, 1989）とされ、わかりやすい表現に換えれば「対象者と支援者、組織が似たような状態を呈する現象」（野坂、2019）だ。

言葉は初出で難しそうに聞こえるが、本書の読者にはもう新しい概念ではないだろう。受刑者は、社会で生活していたときに抱えていたもの、例えば過去の対人関係での傷つきや怒り、恨み、不信感などを抱えてやってくる。傷ついてなんかいない、動揺してなんかいないと示すために、感情を否認し強さを誇示してきた彼らは、傷つきをそのまま表現するのではなく、目を盗んで違反をする、信じても裏切るようなことをする、攻撃的に振る舞うなどさまざまな「問題行動」の形で表現する。職員は、彼らが行ってきた加害行為を読んだり聞いたりすることでまず二次受傷（自分が受けたわけではないがその出来事を見聞きすることで二次的に影響を受けること）をしている。すると、世の中には危ない奴がたくさんいる、自分にも同様のことが起こるのではないかといった認知の変化、嫌悪感や無力感（もしくは逆の万能感）などの感情の変化、肩こりや疲れ、音に過敏になるなどの体の変化、表情が硬くなる、話が聞けなくなるなどの行動の変化などが起きるようになる。*それに気づかずケアもされない中では、訓練生たちが見せる問題行動を「トラウマの症状」や「何かのつまずきの表れ」と見ることができず、彼らを「反抗的」「問題性の高い人」とみなし、罰を与え、押さえ込む対象にしてしまう。

組織も同様にトラウマを負う。慢性的なストレス下にある組織のさまざまな反応は**コラム6**を参照されたいが、刑務所組織はその中でいう「組織的エラー」「権威主義の増大」「攻撃性の増大」などの症状が顕著だ。すなわち、被収容者が組織に投げ込んでくる敵意や不信感などの感情に否定的な感情を刺激されることで、組織の中で問題行動は「刑務所の安全を損なう排除すべき行為」と認識され、徹底的に取り締まる方針がとられる。そして組織の抑圧は職員にも向かい、減点方式でしか仕事を評価されず、ミスをした職員は責められる。このような中では、組織に対しても困りごとを気楽に相談できない、使命感を持てない、風通しが悪いと感じるなどして、ますます疲弊する。そうなると抱えきれない感情は弱い者に流れるしかない。組織全体が職員・受刑者に一方的に指示・支配することを容認しているので、必然的に個人が一方的に権力を行使することも見逃されやすくなり、受刑者に対して抑圧的、暴力的に振る舞う職員も出てくる。職員自身も、傷ついてなんかいない、怖がってなんかいないと示すために、感情を否認し受刑者に対して強さを誇示する。

最終的に、最下層に置かれた受刑者は、支配・抑圧と無力感から逃れるために独特の集団心理を持つようになり、刑務所文化で対抗し、防衛する。そして暴力は循環する。受刑者たちの反抗（受刑者にとっては防衛）を面白く思わない刑務所組織や刑務官がますます受刑者たちの権利を制限し、管理する……。第4章では、訓練生たちが職員に挑戦してくる動きについて述べたが、それも「連鎖の中

＊　武蔵野大学心理臨床センター：https://cpc.musashino-u.ac.jp/rinsho/albums/abm.php?f=abm00015415.pdf&n=sheet_H.pdf（最終閲覧：二〇二四年十月七日）

の被害と加害の切り取り」でしかない。刑務官が受刑者に暴力を振るうニュースもまた一つの断片だ。刑務所という場所には、大きな暴力と権力の乱用の連鎖があって、彼らの行動はその一つの反応にすぎない。そしてそもそもその連鎖は、受刑者が受刑者になる前に受けた「社会の中にある大小の暴力」から始まっている。

最近、対人援助職業界で流行しているトラウマインフォームドケアはまさしくこうした連鎖に気づき、みんながトラウマの影響を受けていることを自覚しようという考え方だ。支援者の行動を「問題行動」ではなく「トラウマの症状かもしれない」ととらえて、罰や制限ではなく支援や治療を行うとともに、組織や支援者自身もケアしていこうとするものである（**コラム7**参照）。

本章では、このトラウマを受けた組織の一員となった私が、民間の職員という立場にあってどのような体験をしたかについて述べていく。ただ断っておきたいのは、この章も「連鎖の中の被害と加害の切り取り」にすぎないということだ。「トラウマ化された組織だったので仕方がない」と割り切り、わざわざ言葉にしなくていいのかもしれないが、書いておきたい強い気持ちがある。それは良く言えば「今後の予防と対策のため」と言えるかもしれないが、私の中で体験したことがまだ生々しく残り、何も終わっていないからだ。物わかりが良いふりをしてこのことを書かないことは、自分の傷つきとそこで我慢した自分を否定することになる。まだ整理して抽象化できないことも多いので、事実の羅列のように感じるかもしれないが、まとまらないことそのものが、傷ついたと感じている人の特徴でもあると思って目をつぶっていただけると幸いである。

官と民のすれ違い

第Ⅱ部は開所直後の話から始めたが、少し時間を巻き戻したところからお話ししよう。二〇〇八年十月の開所を控え、二〇〇八年四月には現場に赴任する国・民間の職員が集まり、実際に人の動きを想定して話し合いを進めながら、細かな取り決めを詰めていった。法務省の担当者たちと話していたことをそのまま実践に向けて修正すればよいものもあれば、打ち合わせをしたことと全く違うことを言われて最初から考え直すこと、新たに要望が出て考えることもあり、とにかくやることが満載だった。民間のスタッフの採用も終えていたので人との交流・交渉が爆発的に増えた。本章では、その中でも国職員との関係性の中で起きたことに触れていきたいと思う。しつこいようだが、国職員の中にも人格的にも素晴らしい人、新しい刑務所にしようとサポートしてくれる人、私の未熟さを見守ってくれる人はいたので、実際には以下で述べるようなネガティブな体験だけしていたわけではないことはご理解いただきたい。

国職員との関係で起きたことに名前を付けるとしたら、「暴力の被害」だ。これを読む当時の職員は加害者呼ばわりされて心外だろうし、片方からの発言でしかないが、やはりこの言葉を選びたい。力の振るい方は、現場の刑務官か、中間管理職か、幹部かによっても異なってくるし、暴力の種類も、特定の職員を出入禁止にしたり、仕事を任せなかったりといった人事に関わるものから、ミスしたことを大ごとにして民間の管理職を立たせたまま何時間も叱るようなパワハラ、女性の能力に対する差別、性的言動とその黙認までさまざまで入り混じっている。それが毎日、各所からやってくる。また、ＰＦＩ事業という仕組みを利用したパワー乱用も散見された。

女は弱く守るべきもの

まずは女性の扱いで感じたことから触れていく。刑務所における女性職員の扱いは、ここだけ時空が歪んでいるのではないかと思うほど前時代的だった。

最初のエピソードは島根あさひの開所前のことだ。現地で採用になるスタッフを連れて他の刑務所を見学しに行った際、ある場所で「ここから先、女性は待機してください」と言われて女性だけ待たされた。受刑者の目に入る場所には女性を入れないという。女性をほとんど見かけることのない刑務所に女性が現れたら、不躾な目でじろじろ見られるのは事実（男女逆もしかり）であり、女性に配慮をしているつもりだったのかもしれないが、嫌かどうかはこちらが決めることだ。事前に説明して「（こういうことが起こり得るので）嫌な人はここで待機してください」と選択肢を示すとか、もしくは男女とも平等に見せない、という選択肢もあるだろう。「女性」というラベルで人を一括りにし、守るべき弱いもののように扱うことが、司法領域で働く覚悟を持った女性の専門職に対する差別や侮辱だとは気づかないようだった。

刑務所で女性だけ待たされたことの別の理由としては、「受刑者の落ち着きがなくなるから」ということもあったのだろう。不思議なことに、刑務所の男性たちは、女性を見てソワソワする受刑者に著しく厳しい。島根あさひでユニットと呼ばれる居住区のホールで教育プログラムを実施していた際、めったに受刑者の前に顔を出さない事務職の女性刑務官が書類交付のためにユニットにやってきたことがあった。そのときにはたしかに、「おお、見ない人だね」という普通の反応に混じって「かわいいね」という訓練生の声も聞こえたが「はいはい！　集中してください」と言ってまた通常の作業に戻った。私からしたら、校庭に犬が迷い込んできて小五の男子が騒いでいるくらいの感覚だったのだが、事務室に帰ったら中間管理職に呼ばれ、立たされたまま、「監督ができていない」「かわいいとか言った奴もいるそうじゃないか」と言われ、その発言すら私の責任であるかのように叱られた。「いつもの場所に見たことがない人が来たら、程度の差はあれ見るのは自然な行動ですよね」という正論は、「受刑者は女性が来ると下心から落ちつかなくなる」という固定観念の前には不戦敗だ。

専門職としての技能を女性というだけで低く見られることもあった。島根あさひには拘置支所もあり、そこで刑が確定した受刑者との面接と書類作成も民間の仕事になっていたのだが、開所直後、私が拘置支所で面接をしようとしたところ、突如止められた。現場の幹部が「(刑が確定した受刑者に私が)殴られたり襲われたりしたらどうするんだ」と言っているという。そもそも普通の刑務所や拘置所にも女性の専門家はいて（心理技官が調査専門官として勤務している）、普通に調査もやっているのになぜ民間だとだめなのか？　何より、ずっと彼らを見ているプロでありながら、女性が絡むと突然思考が曇り、被収容者を「女性と見たら襲い掛かる」「何か言ったら暴れ出すかもしれない危険な人たち」と、一括りにして悪く見ているわけなので、彼らにも失礼な話である。

ちなみに「男性ばかりの刑務所に女性がうろうろしていたら危ない。殴られたり襲われたりするリスクがある」というのは事実だと思われるだろうか。たしかに開所直後は、別の刑務所で受刑していた人が集められたため久しぶりに女性を見たという人も多く、歩いている後ろをついてきてシャンプーの香りを嗅いだり、調子に乗って女性職員の手に触れたりして懲罰になっている訓練生もいたが、数か月もたてば、彼らは女性がいることに慣れ、何も反応しなくなった。考えれば当然である。彼らがいた一般社会には普通に女性がいたのだから、それに戻っただけだ。犯罪をしたという一点において違いがあるだけで、基本的に訓練生も普通の男性と何も変わらない。無駄に怒らせるようなことをしなければ女性どころか人を殴ったりはしないし、常に女性のことだけ考えて鼻の下を伸ばしているわけでもない。実際のところ、私が島根あさひで働いている間、殴りかかられた刑務官はいたが、訓練生から殴られたり性的な被害に遭ったりした女性は一人もいなかった。勝手に女性のいない特殊な社会をつくっておいて、勝手に受刑者を危険視して、ついでに女性も差別する。

なお、北欧ノルウェーの刑務所は更生支援を主眼とした自由な刑務所があることで有名だが、二〇一九年、ノルウェーの収容人員最大の刑務所であるオスロ刑務所を訪れた際には、女性刑務官がたくさん勤務していることが印象的だった。聞くと、「女性がいるほうが空気が柔らかくなり、コミュニケーションが活発にとれ被収容者と刑務官の関係性も良好になるので、男女半々になるようにしている」という。この辺りの話は実は男女比だけの問題ではなく、「支配・管理による保安か」「関係性構築による保安か」という刑務所運営の大きなテーマが絡むところであり、詳しい話は本章の後のほう（「教育か保安かの対立構造」）に取っておくが、社会に近い環境を維持して、訓練生たちが持つ健康な側面を発揮できるようにするために、男性も女性も刑務所の中にいるようにすることは、実はとても大事なことだと思っている。

女は弱い、守るべきものと言いながら、性の対象として見られることを前提として自分たちの邪魔をしかねないものとして扱う。一人の人として扱われない、そんな時代錯誤がまかり通っていた。

性の対象か歯向かう生意気な女か

刑務所に女性が入ってくることで一番不適切な反応をしたのは実は訓練生ではなく刑務官集団のほうだ。セクハラに限らずハラスメント行為において心を削っていくのは、その行為以上に、訴え出たときにその後関係が悪化したり、何かの関係で不利益が生じたりするのをおそれることで、一つひとつに声を上げていくエネルギーさえ奪われていく無力感だ。

具体的な内容は、訓練生たちから言われたようなことも含む。誰が美人で誰が不細工で誰がタイプだ、などという話を聞かされ、彼らが不細工だという人たちにあだ名をつけて笑うのを耳にする。彼氏はいるのか、これまでどんな人と付き合ってきたかといった質問や、若い女性支援員に対する、一般社会でもありそうなしつこい飲みの誘いはデフォルトだ。ひどい人になると、お前の胸は何カップなのか、男性の陰茎は大きいほうがいいのか形なのかなどと執拗に尋ね、女性が聞いているのをわかっていて、女性は性行為でどの体位が快感が大きいらしいなどと雑談する。飲み会で酔った勢いで好みの女性をお姫様抱っこしたとか、お尻を触ったとか、陰茎の写真を女性職員に送り付けて問題になったとか、挙げればきりがない。「かわいい」「きれいだ」「タイプだ」と言えば女性が喜び良好な関係が築けると思っているのは、訓練生と同様だ（第4章参照）。

あるときには、飲み会の席で私が当時の所長と雑談しているのを写真に撮り、翌朝に印刷してきて、「この笑顔を俺たちにも見せろ」と書いたものを当時の統括専門官と言われる人の机の横に貼られたこともあった。周囲はにやにやと笑い「冗談」としてしか受け止めていないようだった。ここまで来ると性的ハラスメントというよりも、単なるいやがらせである。直属の上司にそういう紙が貼られているからやめるよう申し入れしてほしいと頼んだが、状況が変わることはなかった。

どんなハラスメントでも、笑って流せるほうが、うまくあしらえるほうが、もしくは聞かなかったふりをするほうがエネルギーの消耗が少ないので、どうしてもそうしてしまうのだが、こういうやりとりがあったときは、帰ってからどっぷり疲れる。なんで自分はあのとき笑顔で返していたのかと自己嫌悪になる。そしてしばらくたってからすごく不快だったことや、傷ついていたことに、ふと気づく。調子が悪いとそのときの夢を見たりもする。そのとき誰も守ってくれる人がいなかったこと、周囲は笑っていたことに気づき、孤独を感じる。そんなことの繰り返しだ。「今さら言ってもな」とか「自分も受け流したしな」と自分が抗わなかったせいにして沈黙していく。「しんどかったけど乗り越えたこと」にしていくしかない。声を上げる勇気がなかっただけだろう、もっと方法はあっただろうと言われればそれまでだ。でもその一歩が踏み出せない。それが暴力の被害の本質でもある。

上記のような行動をした人たちは、民間職員が刑務官と良好な関係を保たなければ仕事がしづらくなることを利用して自分たちのパワーを乱用したということや、その後相手がこんなことを感じているということには一切気づいていないだろう。職場での性暴力が告発されたときに加害者がよく言う

「そんなつもりはなかった」なんていうのと同じセリフが聞こえそうだ。今ここで加害をした側を責めたいのではない。関係性の中で起きる暴力は、車と車がぶつかり合うようにその瞬間がわかるわけではなく、被害が形を持つまでに時間がかかるという話だ。だからこそ、なかなかなくならない。

組織に根づく無自覚な暴力

ＰＦＩ事業では、定期的にモニタリングが行われ、一定の基準（週三回下着を洗う、どこそこを掃除するなどの具体的な業務）を満たせなかったときに要求水準未達事案として減点され、サービス対価が減額される。事業の質を維持する仕組みなのでモニタリングや減額が悪いわけではないのだが、問題にするかしないかはパワーを持っている国職員次第の部分もある。彼らは小さいことを大きく騒ぎ、減額に響くかもしれないとおそれさせ（減額という言葉を使わなくても、不安を刺激されやすい構造を巧みに使う）、民間職員に「我々官が民間さんに委託してるんだからちゃんとやってもらわないと」と上から目線で振る舞う。何かミスがあったら揚げ足を取ろうと人の行動を観察しているような人もいた。ちなみに、この「委託しているんだから」という言葉は本当に乱用されていた。実際委託なので、要求されたことに応えるのも仕事である。とはいえ、新しい刑務所にするという民間の提案を採択した「協働」刑務所なので、ただの下働きではないはずだ。ただ、従来の刑務所のままでいいと思い、言うことを聞かせたいだけの人にはそんなことはどうでも良かったのだろう。「協働なんて名前捨てちゃえばいいのに！」と何度呪ったかわからない。大学教員になって、職員が派遣の事務員の方に礼儀正しく接し、権力を振りかざして言うことを聞かせるようなことがない様子を見て「そうだよな、これが普通だよな。いくら委託してたって、あの態度は絶対なかったよな」と改めて普通の世界から乖離していたことを実感したくらいだ。

組織同士のいびつなパワーの行使は、私個人が現場を出入禁止になった経緯にも影響している。何度も触れているように、坂上香氏が島根あさひのTCを撮影して「プリズン・サークル」という映画を作ったのだが、撮影が始まって数日後にそれは起きた。前半の内容を終えて休憩している際、私が「カメラに映りたくない人はグループの端に寄りますか」とメンバー全員に声をかけたところ、国の幹部から「映画のためにそんな配慮をする必要はない」と注意を受けた。そもそも国側は誰が拒否者で誰がそうでないかは把握していて、カメラを逐一チェックしてその人たちが映り込みそうになると制止するという手法を採用していたのだが、私たち民間側は当初、誰が拒否しているのかも、どんな仕組みで撮影しているのかも聞かされていなかったし（撮影者たちとの顔合わせやコミュニケーションも一切なかった）、訓練生たちが何を説明されているかも教えられていなかった。

通常、研修やイベントなどでは、映りたくない人は画角に入らないところに移動してもらうことが多いので、私はただ自分が映ってしまっていないか心配で集中できない人がいるのではと思い、端に寄るかどうかの意向を確認しただけだった。さらに言えば、グループの実施中、ただでさえ人がたくさんいていつもと違う雰囲気になりメンバーが緊張しているのに、国職員が撮影スタッフのカメラを覗き込みああしろこうしろと指示している声がうるさくて、私やグループメンバーの気が散っていたのだ。拒否者が端に寄ってくれれば、あれこれ雑音が聞こえなくなりメンバーがグループの内容に集中できると思ったということもある。しかし幹部は、自分たちが民間職員とのコミュニケーションを忘れていることにも気づかず（意図的に情報を流さなかったのかもしれない）、映画撮影に夢中でグループを邪魔していることにも頓着せず、「（私が）映画のために配慮・肩入れしてそんな発言をしている」という解釈をしたようだった。それが「映画のためにそんな配慮をする必要はない」という注意となったのだろう。

私はすぐに「そういう意図で言ったのではありません。安心してグループを受けてもらうために、映らないところが良いなら移動してくださいと言っただけです」と言い返した。するとその幹部職員は押し黙った。そしてその後、私は現場への出入禁止を言い渡されることとなる。いや、正確には民間企業が国側の意向に配慮してそういう措置をとったという形にするため、上司から業務制限を指示された。気に入らなかったなら、その場で、もしくは別室に行って直接話せばいい。しかし対話や議論ができないまま、遠くから頭を押さえつけられてしまった。その幹部とは、別の場面で親しく話したこともあったのだが、おそらく受刑者の前で言い返され、面子を潰されたことのほうが気になったのだろうと推測する。

ちなみに私以外に出入禁止になった二人のスタッフも、「受刑者の前で、刑務官が指導した内容に反論した」ということが理由で同じ目に遭った。一つのケースは、教育中に突然部屋に入ってきて椅子の背もたれに肘をかけていた人を怒鳴りつけた刑務官に状況を説明しただけ、もう一ケースは、民間職員の指示通りに動いていたことを注意した刑務官に「あ、誤解です。民間職員がそうしろと言ったんです」と言っただけだ。それが「公務執行を妨害した」とされた。公務という言葉をそんなことに使用していいのかという疑問はさておき、彼らは感情が刺激された結果、対処行動をフリーズさせ、その場は立ち去って、後日、解消されなかった怒りをパワーの差を利用して一方的に表現した。すべて話せば済んだことだ。

後日別の筋から、私を出入禁止にした所長が、私が挨拶をしなかったと文句を言っていたと聞いた。無視した覚えはないが、朝はテンションが低く下を向いて歩いていた私が悪いのだろうし、尊重されなかったのが気に入らなかったのだろう。立場の弱い者は尊重しないが、自分は尊重されないと気が済まない。暴力が循環する組織の中で、無自覚に暴力を振るう。民間職員は、受刑者以上、国職員以下の場所に置かれた。

刑務官の敵対的姿勢

前節は「組織が振るう暴力」について述べたが、ここからは、現場の職員たちとの個人的な関係の中で起きる暴力に視点を移そう。専門資格を持ち、直接訓練生の処遇に当たる支援員たちに対して国職員たちから最も強く発せられたのは「民間（職員）なんかに何ができる」というメッセージだった。「民間なんかに」という言葉は、ほかにも「心理士だか福祉士だか知らないけど」「大学院卒だか知らないけど」「女なんかに」「刑務所の厳しさを知らない若造に」などさまざまに置き換えられ、あからさまにぶつけられた。

開所直前に現場に配置された刑務官たちにＴＣのアプローチについて説明した際には、説明のスライド内の細かいデータについて質問され一桁台まで明瞭に答えられなかったら「そんなこともわからないのか」と言われ「あいつは数字を答えられなかった」とその場にいなかった人にも吹聴され、なぜか長くその人から敵対視された。また教育の中身についての説明で彼らの過去の人生を振り返ることもあると説明すると「あいつらの過去の傷をほじくって情緒不安定になったらどうしてくれるんだ」と言われ、「その傷がきちんと癒されていないから犯罪行為につながっている可能性もあるので、刑務所という枠組みのある場所でそれを扱うんです」と答えても「何のためにそんなことをする必要があるんだ」と返されて平行線で終わったりもした。対話するというよりは何か引っかかる点を見つけて責めたい、そんな雰囲気だった。実際に教育としてグループを始めた後も、職員が仲間数人でやってきてグループを取り囲み、聞こえよがしに「こんな横文字ばっかり使って懲役なんかにわかるわけないだろ、あはは」と笑って去っていき、わざと雰囲気を悪くされたこともあった。

「あいつは肩で風を切って歩いているから気に食わない」「俺に挨拶をしなかった」「話し方が生意気だ」とあちらこちらで言いネガティブキャンペーンをするとか、第4章で触れたように、訓練生の動きに翻弄され、訓練生から聞いた加工された曖昧な情報を鵜呑みにして「あいつは教育の時間に刑務官を軽視する言葉を吐いた」といううわさを流すなど、個人に対する価値下げも多くあった。「尻ぬぐいをするのは俺たちだぞ」という言葉もよく耳にした。実際、なんらかの介入の結果訓練生が行動化（不快な感情を抱えきれず不適切な行動や違反行為などをすること）すれば、調査や懲罰の手続きの仕事が増え、調査になった人が欠けた刑務作業の工場で人の配置を変えなければならないなど影響を受けるのは確かだが、「成長していく過程でのよくある失敗である」とか「失敗が変化の契機になる」

という発想はない。訓練生の失敗＝支援員の失敗であり、「それ見たことか」「迷惑をかけやがって」と、支援員の無力感を刺激していく。言われた側の人間は悪く言われないように相手の顔色を窺い、萎縮するようになる。

もちろん実際に民間職員が生意気に映ったとか、偉そうにしているように見えたということもあるかもしれないが、これらの行動の多くは、彼らが「おそれ」の感情を刺激されたことから来ていたと感じている。本章冒頭で述べたように、刑務所の組織は男性社会で、弱音を吐くことが許されないのは当然のこと、努力したことをほめてもらえる機会はほとんどなく、一つの失敗は単なる失敗と受け止められ叱られる。そしてそれらの評価は即、職務配置（どの部署でどんな仕事をするか）に反映され、自分がどう評価されているかが自他に瞭然になる。大きなヒエラルキーの中にいて、下の者が上の者に物を言うなど許容されない。何より、彼らにも刑務官人生の中で傷ついたり失敗したりして自分なりに処遇スタイルを確立してきたというプライドがある。そんなところに、官民協働だかなんだか知らないが法務省の方針というお墨付きを得た民間の支援員たちがポッと現れたら、自分たちのパラダイムを変えられるのではないかという脅威を感じるのも当然だろう。専門資格を持っているという支援員が新しい刑務所について処遇理論や理念を話していたら、自分たちのこれまでの処遇を否定されるような思いも抱いたかもしれない。そのおそれは、変わることへのおそれと、変わることはこれまでの自分たちを否定することと同義だと誤解してのおそれだ。当の刑務官たちは「おそれなんか抱いていなかった」と言うかもしれない。でも本当におそれを抱いていなければ執拗にたたきに来たり、いちいちマウントを取りに来たりする必要などなかったはずだ。本当に力のある人たちは「俺は偉い、お前はだめだ」と言って優位性を保とうとしたりしない。

男性であることがしんどいのか、刑務官だからしんどいのかはわからないが、非常に感情を消費する仕事であるうえに、こうして何も迷いのないふりをして堂々としていることを求められるのは、心に強い負荷がかかるのだと感じた。傷つきを負った対象者を扱うことで自身も傷つく二次被害と、彼ら自身の傷つきの両方があるにもかかわらず誰にも扱われない、「トラウマを受けた組織の影響を受けている人たち」という言葉が頭に浮かんだ。

教育か保安かの対立構造

少し解説的にはなるが、刑務官たちの挑戦的な態度の背景には、トラウマティックな組織で働いているということ以外にも理由があったと考えている。それは「教育（改善のための指導）か保安か」という二項対立だ。この問題を、より上のパワーを持った人間が解消しないまま現場任せにしているせいで、無駄な対立とストレスが生まれているように思われるのだ。

保安とは、安全な状態を維持すること、そのために秩序を保つことを意味する。日本の矯正職員が学ぶ保安は、「自殺・逃走・火事」の防止のほか、それらを避けるための行動観察、違反への厳正な対処などの手続き的なことばかりだ。一昔前は、欧米においても保安はルールによる徹底的な管理や抑圧によって実現されると信じられてきたが、六〇年代から七〇年代にかけて刑務所内での暴動や騒乱が絶えない状況を受けて「受刑者との専門的関係性を発展させることによる安全の維持」として動的保安（Dynamic Security）が注目されるようになった。これは以下のように定義されている。「物理的保安と手続き的保安*の整備はどの刑務所においても必須の特徴であるが、受刑者が逃げないようにするにはそれだけでは十分でない。保安は、受刑者と交流し彼らのことをよく知り注意深く観察しているスタッフグループ、肯定的なスタッフ－受刑者関係を発達させているスタッフ、刑務所で何が起きているのか気づくスタッフ、公平な処遇がなされていて受刑者間に「ウェルビーイング」の感覚があること、受刑者が社会に再統合される未来に向けて建設的で目的のある活動に勤しむよう促すスタッフに依っている。この概念はしばしば動的保安と呼ばれ、世界中で適用されつつある」（United Nations Office on Drugs and Crime, 2015）。動的保安の概念は一九八五年に使われ始め、二〇〇六年にはヨーロッパ刑務所処遇原則にも明示されたが、日本ではさほど顧みられることがなかった。

このことが生んだ弊害は、二点ある。一つは、世界の「保安」の概念のバージョンアップの波に乗り遅れ、結果として刑務官が「専門職」として扱われ、教育され（ときにケアされ）るチャンスを失ったことだ。例えば第4章に挙げたような受刑者の一般的な行動について人間科学的な視点から知識を提供され、対処スキルを体系的に教えられれば、不適切な対処や悪循環を防げるにもかかわらず、「隙を見せるな」「舐められるな」「心理的距離を近づけるな」「毅然たる態度をとれ（その中にも人間的な温かみを持って接しろ）」といった、「～するな」の多い、根性論的な、具体性に欠ける職員心得だけを学ぶこととなる。専門的スキルを成長させる機会が現場経験のみに偏るので、行動の選択肢も少ない。最も簡単なのはパワーによる支配だ。それは即効性はあるが思考停止を生み、どこかで「刑務所の規律秩序を守る」範囲を超え、「受刑者に優しくすると増長する」「つらい目に遭って二度と戻ってきたくないと思わせればいいのだ」という専門家の一線を越えた私情が「先輩からの口伝」として無批判に語り継がれることになる。

もう一つの弊害は、「保安」の概念の枠内でも、受刑者との良好な関係性は可能であり、刑務所の最終的な目的は秩序と安全を通じた更生促進にあるととらえうるにもかかわらず、「保安」か「教育・改善更生」かという二項対立としてとらえられてしまったことである。概念をよく理解すれば両立するはずの「保安」と「教育」が対立構造になってしまったのだ。こうした誤解のもとでは「口伝による保安のポリシー」しか知らない刑務官は「科学的根拠に基づく教育プログラム」や、専門職と呼ばれる人の前では対等に共存できる気がしない。そうすると、「刑務所は保安職員で成り立ってるんだぞ」「俺たちは危険な目にも遭う。お前たちより大変な仕事なんだ」と自分の正当性を主張したくなる。相手を潰すことで自分のほうが強い、正当性がある、必要な職種だと確認しようとする。そして他を否定する。心理技官の研修で少年刑務所に実習に行った際、先輩から、刑務所は少年鑑別所のようにいかないからね、と念押しされたことを覚えている。面接をしようとしても「作業をしているからダメ」と担当刑務官に断られたり、教育プログラムで受刑者を日中連れ出すと「うちの工場で

＊ 物理的保安は、部屋に鍵をかける、窓に格子をつける、壁を高くするなど物理的環境面で秩序・安全を保つことを、手続き的保安は、違反を見つけたら速やかに対処し懲罰手続きを行うなど、〇〇のときはこうする、という手続きを明確に決めておくことで秩序・安全を保つことを、それぞれ指す。

重要な役割をしているから抜いてもらったら困る」と苦情が来たりするというのだ。実際には、たとえ重要な作業をしていたとしてもその時間の代わりの要員を見つければいいだけなので本当に困るわけではない。つまり断ったり、苦情を言ったりすることで、マウントをとってどちらが強いか見せつける意図がある。「俺の言うことを聞かないと仲間に入れてやらない」と言ういじめっ子さながらだ。

名古屋刑務所受刑者暴行死事件（第2章参照）を受けて二〇〇五年以降、「改善指導」として教育が法律に明文化されてからは刑務官から教育・心理部門へのあからさまな「拒否」「苦情」という形はなくなり、教育に対して協働的な雰囲気が増えてきたと聞くので最近はずいぶん変わっただろう。ただ二〇〇八年の島根あさひの開所時の刑務官たちは、大上段に構えて「保安か教育か」の二項対立を振りかざし、「男性か女性か（刑務所できちんと指導できるのはどちらか）」「国か民間か（どちらが強いか）」「ずっと面倒を見ている俺たちか少しの時間しか関わっていない民間職員か（どちらが彼らのことをわかっているか）」といった問題にすり替えながら、繰り返し自分たちの正当性を証明しようとしてきた。

ワンマン社長が「これもできるし、あれもできるよね」と丸投げした膨大なノルマをこなさせられる社員のように、刑務所の職員たちは法律と大まかな省令・規則だけ渡されて改善更生と刑罰の執行を任される。組織の暴力が下に下に流れた結果、無駄な軋轢を生んでいる。

コミュニケーション能力と教育の不足

パワーを自覚し適切に行使する方法に関する知識不足と同時に、もう一つ大きな問題として挙げられるのは、コミュニケーション能力不足（教育不足）だ。

刑務所で働くようになってから、私は刑務所独特の「公の場で物言わぬ男たち」の文化に驚いた。会議では役職が高い人以外はずーっと黙っているのだが、終わったらいっせいにそのことについて周囲と話し出す。会議の後、発言しなかった人が自分の上司に個人的に話をしに行って、会議で決まったことが変更になるようなこともある。もちろん研修などをしても、質問も感想も一切言わないのに、終わったらいっせいにしゃべり出す。あれはああだとか、これはこうだとか、内輪でなら話せるのだ。何度心の中で「終わって意見言うなら会議中に言いなさいよ」とつぶやいたことだろうか。もちろんこうしたことは男性社会だけの特徴ではないかもしれないが、刑務所の中ではむしろ公の場で黙っているほうが社会適応的な態度として肯定されているような雰囲気があった。

背景には、トラウマを受けた組織に特有の、何か言っても攻撃されるのではないかとか、聞いてもらえる気がしないといった安全感のなさがあるだろう。また、階級組織ならではの、下の者が上の者に口をきくなという風土もあるかもしれない。とはいえ、個人的には、多くの刑務官たちに「人と対話する」「公の場で私《わたくし》として発言する」という絶対的な経験値が不足していることが一番大きな理由なのではないかと考えている。実際、個人的に話せば普通に話がわかる人たちだ。しかし、上位下達で、自分たちの意見を聴かれて物事が決まることなど一切ない世界では、公の場で個人として、一定の責任を持って意見を言うという体験が少ない。法務省内で矯正職員以外とも折衝するような役職に就いた人などは普通に対話も議論もできる人が多い印象だが、大多数の刑務官は、人によっては高卒後の採用から狭い組織に閉じ込められ、公の場面で考えを発表し、聞いてもらえる場所などない。

そうなると、立場が上がってさまざまな人と交流しなければいけなくなっても、基本余計なことを話さない組織内の部下とはなんとかやれても、他組織の人とはうまく関係を築けずパワーしか頼りにできない。例えば、あるときイベントについてやりとりしていた広報担当幹部が異動し、後任の職員と話す機会があった。前任者から「引き継いでおきますから」と言われたので大丈夫だと思い、年度が変わってしばらくしたあと部屋を訪問し報告・相談した。何やら訝《いぶか》し気な顔をしているなとは思ったが、なぜ民間の一職員がここに来ているのか経緯がわからないだけかなと思い、丁寧に説明したつもりだった。しかし自分の机に帰りしばらくすると、民間側の直属の上司から連絡が来て、「次からは直接話さないように」と言う。理由を聞くと、「なぜヒラの民間職員が幹部の部屋に話をしに来るんだ、どうなっているんだ」と苦情を言われたらしかった。訝し気な顔をしていたのは、経緯がわからないのではなくヒラ職員に普通に話しかけられるのが嫌だったのだとそこで悟った。もちろんその幹部職員と同等の役職の上司に連れて行ってもらわずに個人で会いに行ったことがダメだったという考えも正論だと思うのだが、だったらその場で「前の担当者がどういうやり方だったかわからないけど、その話は別の人とすべきだと思うから、そうしてくれるかな」と言ってくれればよかっただけだ。これは前述の、撮影のときに私に注意をして言い返されたが、その後黙って後から出入禁止にした幹部と同じだ。その場で面と向かって相手に気持ちと要求を伝え、相手の意見も聞き、すり合わせることができない。命令や指示の能力だけが伸び、職員同士や受刑者とのコミュニケーションに重要な対話や議論の能力を伸ばす職員研修もなければ、伸びる環境にもない。

「内輪と話す」以外のコミュニケーションスキルしかないことは、「コミュ障ですね」「言葉足らずですね」では済まされない。それは組織の職員同士が健康的で適切なコミュニケーションができていないということであり、被収容者と適切な関係性を築くスキルを持てていないということでもあり、結果、受刑者への不適正処遇の温床になっていると思うからである。

トラウマを受けた組織から抜け出すヒント

ここまで、起きた出来事を書きながらできる限りその原因を分析しつつ、体験を整理してきた。何度も言うが、ひどい目に遭ったという告発をしたいわけではない。そういうことが起きる場所だということを伝えたかっただけだ。原因を分析して、では何をすれば良くなるのか。それは組織風土の改善に取り組んでいる矯正局も努力しているところだし、いろいろな意見があるだろう。私としての意見はすでに述べた通り、トラウマを受けた組織であることを認識しつつ組織の健康度をモニタリングし、職員のケアをすること、動的保安の考えを取り入れて受刑者と関係性を築く刑務所にすること、そしてそれを実現するためにコミュニケーション能力を伸ばし、刑務官たちが一人の人間として対話や議論をできるようにすることだと考えている。ただ、大きな枠組みを整えるだけではなく、一人一人の職員が、一人の人としていられる場、本音を語れる場、心を動かせる場をつくることもボトムアップの活動として重要だと考えている。

あるとき、親との関係を話す訓練生とのグループワークを見ていた若い刑務官が話しかけに来てくれたことがあった。彼は、「自分、義理の父が刑務官で、ぼっこぼこに殴られて育ったんです。そういうもんだと思っていたし、刑務官もそういうもんだって思ってビシバシやってました。子どものころの経験ってやっぱ仕事にも影響するんですかね。でも親父にあのときどうやって対処すればよかったんですかね」と話してくれた。この人のように、訓練生のグループワークに保安要員として配置される中で彼らの話を聞いたり教育の内容を継続的に見たりして、考えを伝えてくれたり意図を汲んでくれたりした人はたくさんいた。「罪名として何をしたかくらいは知っていても、あいつらの生い立ちとか細かく聞いたりしたことがなかったんで、なんか大変だったんだなと知りました。だからといって許されるわけじゃないけど、ああいうことを一人で抱えてそのまま社会に放り出されても頑張り切れないですよね」とか「何を話してるのかと思ってましたけど、何回か見てイメージができてきました。こういうことがしたかったんですね」など感想をたくさん伝えてくれた。一緒にサークルの椅子に座っていなくても、彼らは一緒にグループに参加してくれていたのだと思う。話を聞いたからといって受刑者に突然優しくする必要もないが、相手も自分も「人」として見られるようになることは、暴力の連鎖を防ぐ一つの堰《せき》にはなるように思う。

別の例を挙げよう。大した接点もないのに、なぜか冷たく喧嘩腰の話し方をしてくるなと思っていた刑務官が、突如飲みの席で近寄ってきたことがあった。その人は、「自分は法学部卒で、刑務官になって刑務所を変えるぞ、受刑者の更生に直接携わるぞって思っていた」と熱く語った後、私の何が気に入らないかを滔々と述べ始めた。突然の接近とダメ出しに戸惑いながらもいろいろ聞いていくと、「ああ、この人やりたいことができない不満がすごく溜まってて、これまで八つ当たりしてたんだな」と腑に落ちた。そして「誰かに葛藤や想いを聞いてほしい」のだとも。最後に彼は自分から「まあちょっと、これまでの態度は自分の感情をぶつけて行き過ぎたところがあったかもしれない」とツンデレ風に謝って去っていった。制服を脱いで一人の人として話せば、このように胸襟を開いてもくれるが、人としての彼らを知ると、逆に刑務官という仕事の過酷さにも気づく。前にいた刑務所の組織でこんな思いをした、あんな思いをしたと傷つきを語ってくれた人が、翌日「弱いところなど何もない刑務官」として振る舞っているのを見ると、「支援職」「トラウマを受ける職」として認識されず、ケア体制も十分でない刑務官という職業がいかにサポート不足かということを痛感しもした。酒の席ではないと本音を語れないというのは、一昔前ではありだったかもしれないが、この時代、そしてトラウマの影響を受けやすい組織の中では、もう少し本音や不満を出し、無力感を語れる場が必要だろう。

そしてサポート体制だけではなく、刑務官が人として普通であることが許容される文化ができていくことも重要だと感じている。ある日の夕方、仕事を終えた刑務官と雑談や情報共有をしながら事務室まで帰ろうと待っていたときの話だ。いつも点呼を終えた後にも、「洗濯物に違うものが混ざっていました」といった申し出やちょっとした質問などがあり、訓練生が列をなして個別の対応を求める。すぐ終わるだろうと思って見ていると、何人目かの訓練生の対応中、突然その刑務官が「いい加減にしろ！」と大きな声を上げた。そのベテランの刑務官は温厚で、声を上げて恐怖で支配をするようなタイプではない。一瞬ユニット全体の空気が凍り付いた後、その刑務官はすぐにはっとしたようにいつもの表情に戻り、過剰な要望をした訓練生に「すまない」と謝った上で、いつも通りに接した。帰り道、その刑務官は「さっきは変なところを見せてすみませんでした。実は今日、子どものころからずっと世話になっていた恩人が亡くなったと聞いて、悲しい気持ちや動揺があって、そんなときに「隣の部屋の音がうるさい」と今の自分には些末に聞こえることを何度も言ってきたので、思わずキレてしまいました」と話してくれた。

訓練生相手にミスがあっても謝らない刑務官は結構いる。私は、いったんかっとなってもすぐに平静を取り戻し、きちんと謝ったことを尊敬するとともに、自分の感情状態がどうで、どう感じたからこうしてしまった、と話せる情緒的な力を素晴らしいと思った。誰にだって、いろいろなことが重なって、心のコップの水があふれてしまう、そんな日はある。刑務官は不公平であってはならないし、感情に任せて処遇をしてはいけないが、完璧でなくてもいい。大事なのは、この刑務官のように自分の感情状態をモニタリングする力や、自分の感情状態を他者に説明できる力、ミスをしたときに謝れる関係性をつなぐ力だと思った。もともと信頼されている刑務官だったこともあったが、実際にこの出来事に対し不満を持った訓練生は一人もおらず、むしろ要求ばかりしていた訓練生は、刑務官をなんでも要望を聴いてくれる人とみなして甘えていたことを反省していた。人間は、相手が開き直るのでなければ、欠点や人間らしい弱さを見るほうが相手に対して愛着が増す。権威ある人が頭を下げてくれたなどと言ったらそれだけで意気に感じて「ついていこう」と思ってしまう。訓練生も人であり、刑務官も人だ。人間らしさを互いに受け入れる関係性の下で恐怖や抑圧におびえないでいられたら、訓練生も自分自身のことを考え反省し、次に向かうことにエネルギーを向けられるし、刑務官も無理をしすぎずに勤務ができるだろう。

ちなみに、この刑務官はTCの担当だった人なのだが、私が在職中の九年間にTCの担当（一般には工場担当と呼ばれる）を務めた三人の刑務官は、それぞれがとても人間味があり、それぞれのスタイルで訓練生を尊重し、民間職員と協働してくれた。

最初の刑務官は年は四十～五十代だが工場担当になるのが初めての刑務官で、威張らず、訓練生の前でもときに「どうしようかなあ」などと迷っている姿を見せたりするのが訓練生にも愛されていた。中国地方の方言で「わしは教育のことはわからんですけえ」と言っていたが、話し合いの際に輪の中に入ってほしいと頼むと、ちょこんと椅子に座って訓練生の話に耳を傾けて、「ようわからんですけど……」と前置きしながら、自分なりの意見を言ってくれたこともある。

二人目は先の例できちんと謝罪したベテランの刑務官で、以前の勤務地で組織の方針などで苦しんだことがあったようだが多くは語らず、毅然としているものの訓練生の話もよく聞き、情にも熱く、彼も訓練生から大変信頼されていた。ユニットの人間関係に不満があり「工場作業を拒否する」と主張して部屋から出てこなかった訓練生に私が話しかけに行き、説得して思いとどまらせたときも、他の人からは「担当刑務官に逆らった時点で調査・懲罰行きで、あそこで毛利さんが出て止めることは刑務官の権威や面子を傷つける行為なんだよ。担当刑務官が何も言わなかったのはすごいことなんだよ」と教えてもらったが、当の刑務官はそんな様子はおくびにも出さず、変わらずニコニコと話をしてくれていた。また担当の刑務官は教育の時間に同席していることも多いので教えている内容をよくわかってくれていて、実際TCで教えている認知行動療法の言葉を使って、「出来事、認知、行動、結果だろう！　その枠組みで今起きてることを考えてみろ！」と訓練生の不適切な行動を指摘し指導しているのを見たときには、なんと素晴らしくありがたい「今、ここ」を扱うTC実践をしてくれているのだろうと感激もした。

三人目は中堅の刑務官で、特に訓練生と接しているときには冷静沈着で感情を表情に出さないが、それがまた「徹底的に公平で気持ちが良い」と、彼もまた訓練生から厚い信頼を得ていた。訓練生同士の関係や休憩時間の会話などもよく観察していて、私たちが見えていない時間のこともたくさん情報共有してくれたし、私たちからの報告も真剣に聴いてくれていた。境界線を意識してか教育のことや私の方針には何も言わない人だったが、ある日のユニットミーティングで訓練生が別の訓練生に自発的にアファーメーション（その人の良い点を肯定する）をした日、事務室に帰りながら雑談をしていたときに「毛利さんがしたいのはああいうことなんですよね。笑顔がめっちゃ満足そうでした」とからかい半分に言われ、こちらがしたいことを汲み取って陰で動いていてくれるんだなと実感した。また私がユニット内に忘れ物をして一か月ほど出入禁止になった際には、当時の所長に宴会で頭を下げ「（私を教育に）戻してほしい」と言ってくれたらしく、後日その所長から「刑務官に頭を下げさせるなんてなかなかないぞ」と、その刑務官の熱意や懐の深さについて教えてもらったこともある。そしてこの人も、そんなことをしたとは自分からは絶対言わなかった。この刑務官は、（忘れ物での出入禁止とは別の）退職前の出入禁止中も密にコミュニケーションをとってくれていて、諦めると伝えたときも「諦めたらそこで試合終了ですよ」という有名な漫画の言葉を使って引き留めてくれたりした。

それ以外にも、刑務所幹部に言い返したことで出入禁止になった一年半の間は、複数の刑務官が飲み会に誘ってくれたり、事務室に声をかけに来てくれたりした。面と向かって言葉で励ましてくることは少ないが、多くの刑務官たちが、出入禁止という形ではなくても「失敗して干される」という経験を自身もしてきているか目の当たりにしてきており、そうした目に遭うことのしんどさを理解して配慮してくれているのを感じた。

トラウマの影響を最小限にし、罪を償うことと暴力を循環させることを混同しない組織になるには、まず職員を大事にすることだ。職員が人として、組織の一員としてのウェルビーイングを達成できるかどうかで、受刑者への処遇の質も変わるだろう。

コラム6　組織のトラウマ

Bloom（2010）は、メンタルヘルスや社会サービスに関わる領域では、過剰な事務処理、クライエントのニーズや共感的配慮を無視した生産性向上の要求、人員削減などのさまざまなストレスに加え、自殺・自傷、スタッフの負傷、メディアからの攻撃などのトラウマ的な出来事にさらされることもあり、組織が繰り返しトラウマを経験すると述べた。

そして、慢性的なストレスや集団的なトラウマを負った組織では以下のようなことが起きると述べている（項目の説明は抜粋して簡潔になるよう修正している）。

（1）基本的安全感の欠如：スタッフも管理者も、クライエントに対して、またはスタッフ同士でも安全を感じることができなくなる。

（2）情動統制の欠如：生産的な会議や参加型運営ができなくなり、職場での感情や対立に対処できなくなる。職場での薬物使用やハラスメント、いじめ、性的問題が起きることもある。

（3）解離と記憶喪失、機能の断片化

・コミュニケーション不全：情報共有が重要な仕事にもかかわらず、コミュニケーションネットワークが切れてしまい情報がいきわたらない。

・組織の記憶喪失：人員整理や主要なスタッフの退職で暗黙知や経験的・直感的知識、または交流によって伝達される知識が失われていく。

・組織の学習障害：情報が伝達されないために、過去の過ちを繰り返し、成功から学べない。

（4）組織的エラー：コミュニケーション不全によって情報の正確性が減るため、混沌を避けるために構造化を行おうとし、硬直的で柔軟性のないシステムをつくり上げる。ルールづくりや遵守がプロセスに関する話し合いの代わりとなり、お決まりの結果にしかならなくなる。クライエントは治療を受けるに至った問題を理由に罰せられ、スタッフはミスを理由に罰せられる。より有益なフィードバック情報が得られなくなり、対人関係の紛争が拡大することもある。

（5）権威主義の増大：問題の対処の際、統制的な権威主義的手段を採用する。危機状況においてはグループが団結し一定の対応ができるため有効だが、慢性的な権威主義は、下位の層にいる人たちの批判的思考を抑制し、組織が学習する力を低下させる。

（6）認知機能の低下と反対意見の封殺：意思決定がますます非参加型になり、問題に反応する形で解決しようとし、近視眼的な対策の決定が多くなる。反対意見は封殺され、異なる視点がもたらされないため誤った判断をする可能性も高くなる。組織成員も意思決定に妥協的になる。

（7）貧弱な関係性：対人関係の衝突が増大するが、組織が適切な対立解決スキルを欠くため解決されない。正直に、オープンに、安全に話し合うことができない。経営者やスタッフの対立が無意識のうちにクライエントに投影され、クライエントが葛藤の感情的な側面を問題行動として表現する。

（8）権限剥奪と無力感：組織が階層的で独裁的になるにつれ、リーダーの孤立とスタッフの思考停止が同時に起こり、学習性無力感（何をしても変わらないと諦めること）が生じて批判的思考が失われる。

（9）攻撃性の増大：視野が曇り、パフォーマンスを低下させている大きな問題を見逃して報酬と罰のシステムで問題に対処しようとする。スタッフは罰や対立のエスカレート抵抗を行動で表したり、受動的攻撃性（沈黙や無視、サボタージュ、抑うつ気分を示すなどして相手を攻撃する）を示したりする。

（10）未解決の悲嘆：自分たちがやっていることはうまくいっているのかという疑問を抱かなくなる。書類の処理や設備の設置などに着目し、質の高いケアをするという側面をないがしろにする。

（11）意味の喪失と士気の低下：自分の仕事やクライエントに大きな変化が訪れる可能性について絶望し、無力感を抱き、士気が低下していく。周囲と連携して働くことの本来の目的を見失い、仕事の満足感や意義を感じられなくなる。

思い起こすと、これらすべてが刑務所にあてはまる。読者で、メンタルヘルスサービスや教育領域で勤めている方にも心当たりがある方は多いのではないだろうか。雨が降る仕組みを理解すれば雨乞いの祈祷をしなくてもよくなったように、組織の傷つきの仕組みを知れば、癒し方も見つかる。

コラム7　トラウマインフォームドケアの流行に思うこと

トラウマインフォームドケア（ＴＩＣ）とは、一九九〇年代に北米で発展し、二〇一〇年代に入ってから日本に紹介された概念であり（亀岡、2023）、「支援する多くの人たちがトラウマに関する知識や対応を身につけ、普段支援している人たちに「トラウマがあるかもしれない」という観点をもって対応する支援の枠組み」*などと定義される。学校の勉強に集中できず成績が悪い子どもは実は家庭でネグレクトや虐待を受けているとか、自傷行為や危険な行動を示す若者が実は性暴力を受けていてその影響への対処としてその行動を繰り返しているといったように、問題行動や相談内容の背景にはトラウマがあるのではないかと考え、適切なケアをしようという考え方である（例はSAMHSA's Trauma and Justice Strategic Initiative (2014) より引用）。ＴＩＣは、「安全」「ピアサポート」「エンパワメント・意見表明と選択」など主要な六つの原則があり、リーダーシップの取り方から物理的な環境、研修、部門を超えた共同に至るまで十の実施領域において組織全体でケアを実践することを勧めている。島根あさひで起きたことを考えると、私たち支援職に必要だったのはＴＩＣの考

* 大阪教育大学学校安全推進センター：http://ncssp.osaka-kyoiku.ac.jp/mental_care（最終閲覧：二〇二四年十一月十九日）

え方をもっとよく学び、自分たちの組織のケアをすることだったと言えるだろう。

とはいえ、この概念を学んだとて実践が難しい面もあると感じる。というのも、対人支援の領域では今、TICが流行中だが、時折「ん?」「そんなに支援者だけが頑張る話だったっけ?」と思うことがあるからだ。支援者の組織自体もトラウマの影響を受けるということを前提とし、自分たちの組織自体について考えることも含んでいるはずなのに、TICを推進していますという人の話を聞いても、「こうしましょう」「これに気を付けましょう」という目標だけが独り歩きし、支援者がクライエントのために努力、注意する話に矮小化されて解釈されているように思うことがある。孤立して抱え込まないように自分たちの組織の傷にも敏感になり、支援システムの視点や動き方全体を変えていこうと言っているのに、支援者が自分たちの傷を否認し、「クライエントの傷をいち早く見つけてあげられる支援者であらねば」と頑張る構図に落とし込まれている気がするのだ。自分たちの組織全体を振り返ることができず個人の問題に帰した島根あさひの支援職組織と照らし合わせても、対人支援の専門職の問題は、変えるべきものが自分(たち)の中にあることを認められず、クライエントや誰かをなんとかしようとすることなのかもしれないとまで感じてしまう。専門家と呼ばれる人たちは抑圧したり暴力を振るったりはしないが、それはそれで独特の「傷つきの否認」をしてしまいやすいのかもしれない。

第9章　専門職もつらいよ——支援者集団の反応

刑務所という組織そのものがいかにトラウマを負っているか、組織が、そしてその成員である刑務官がどのような反応をしているかは前章で触れた。またそのパワーの循環の中で、女性や民間職員が抑圧を受ける側に回ったことにも触れてきた。

本章では、私が所属した心理師・福祉士がいる支援専門職の集団に視点を移し、抑圧を受けた専門職集団にどのような反応が起きたのかについて述べていく。簡単に言えば、私たち民間の専門職たちが示した反応は「攻撃を仲間に向ける」だった。刑務官の組織の傷つきは、他者を抑圧したり一方的な関わりをしたりする、いわばやられる前にやることで否認されていた。それと対比するなら、専門職の暴力への反応は、仲間を分析して問題を見つけ、誰かのせいにすることでしんどさを他者に投げ込むことだった。コミュニティ全体の課題が個人の性格や態度の問題にされる。スケープゴートがつくられ、繊細な人からしんどくなっていくという構図だ。

とはいえ、この事態をさらに複雑にさせたのは、ＴＣのスタッフに求められる態度が、従来の専門職教育の中で教えられてきたそれとは異なることだった。クライエント（訓練生）と対等な関係を築くこと、自分の過去の話や素直な気持ちを分かち合うこと、ときにクライエント（訓練生）からの厳しい指摘に耐え、自分自身が指摘を受け入れ変化するモデルになることなどである。それらは専門職教育で学ぶ「信頼関係」とはまた異なる関係性の持ち方だ。

トラウマを受けた組織の成員としての反応と、従来の専門職とは異なる姿勢を求められることへの反応が混在して、支援職集団はよりギスギスしたものになったと思う。

採用と立ち上げ

まず最初に、暴力が循環する組織で支援職がどのような反応をしたかから述べていこう。

ＰＦＩ事業では個人が国と契約するわけではないので、株式会社大林組が設立した「ＳＳＪ株式会社」で、「作業」「教育」「分類事務業務」を行うスタッフを雇用した。「作業」は受刑者が懲役刑として行う刑務作業の管理のことで、「教育」は改善指導を、「分類事務業務」は、入所時の調査や訓練生の定期的な評価事務作業、出所に関するさまざまな手続き事務をそれぞれ指す。心理士・福祉士はその中の「教育」と「分類事務業務」を担当する部署で働くこととなった。この二つは刑務所内組織では異なる部署として認識されているが、島根あさひでは、調査する人が教育もする、教育する人が出所後の手続きについても考えるという連続性や関係性を持たせるため、民間側は「社会復帰促進部」という一つの組織として運営されることが決まっていた。実際には出所後に帰る場所の調整や福祉的手続きなどは知識に長けた福祉士にお願いすることになるのだが、一つの組織で行うことで、「それは心理の仕事」「それは福祉の仕事」と分かれて縦割りになり交流も乏しくなることを避けようという意図がある。よって、スタッフの職名は全員「社会復帰支援員」とした。ちなみにここで言う心理士は「臨床心理士・公認心理師」のことを、福祉士とは「社会福祉士・精神保健福祉士」のことをそれぞれ指す。

まずはスタッフの選定から始めていった。法務省本省と話し合う準備段階では専門職は私ともう一人の福祉士のみだったが、二〇〇八年十月の開所に向けて「社会復帰支援員」という名前で募集を行った。一般企業も利用している適性試験を受験してもらった後、株式会社大林組の社員とアドバイザーの藤岡淳子氏、そして私を含む専門職二人で面接をして選定していった。応募者には地元の人もいたが、新しいことへの取り組みに関心を持ち、東京、北海道、大阪など各地から勤務を希望してくれる人もいた。最初の採用者は十五人前後だったと記憶している。そのうち一人は、開所準備段階から関わっていた逮捕歴を持つスタッフ（専門職資格は持っていない）だった。開所半年前の二〇〇八年四月には島根県浜田市に集まり、TC以外の教育プログラムのテキストの作成、細かな仕組みづくりなどを分担していった。

TC自体は一ユニットのみで始めるということだったが、TC以外の場所でもユニットミーティングは実施するなどTCの要素を残し、かつ入所直後の教育ではスタッフ全員がアミティのテキストを使った教育を担当するということで、全員でTCの理念について学んでいった。どの集団でもそうだが、職員の対人関係は大事だ。そしてTCでは、理念を理解する人たちが集まる最初のサークル、ファーストサークルをつくろうと、週に一回は集まり、互いのことを知り、一週間のことや現在の気持ちなどを話すグループを実施した。開所してしばらくは、関係性もうまくいっていたと思う。研修の機会も多く設けられ「学んでいる」感じや、新しいことをやっていくという高揚感、互いにうまくやっていこうと意識しているがゆえの「蜜月」のような感じがあった。

自分が世界を回しているわけではないので、なんでも自分のせいと思うのは幼稚ではあるのだが、雰囲気が悪くなっていくのに私は確実に寄与したと思う。人に指示をして取りまとめるという経験が乏しいために、新卒のスタッフを指示待ちのように感じてイライラしてしまったこともあったし、半年以上前から準備を進めている自分と新しく採用されたスタッフの認識のずれへの不寛容から、もっと努力しろというような有言無言のメッセージを送ることもあった。何より、自分が自分のことで精いっぱいだった。国職員との交渉で毎日イライラし、フンフンと怒っていたのでその様子を見ているだけでスタッフは落ち着かない、安心できないという感じを抱いただろう。また、開所直後、特にTCが始まってからは、毎日その日のグループをどうするか、あの訓練生がこう振る舞ったらどう対応しようかなどを頭の中でシミュレーションしていて、周囲をケアしようとか、周囲と足並みと認識をそろえなければという発想がおろそかになっていた。毎日夜遅くまで勤務しているのだが、作業を効率的に行えず、土日に出社して書類を書くこともしばしばだった。一か月に四回来る土日のうち三回くらいは、土日どちらかもしくは両方出勤しており、そういう余裕のない勤務の仕方も視野を狭くしていく原因だったと思う。

ちなみに、私は訓練生が出入りする区域に忘れ物をしてくることが多々あり、何度も注意され、最初の出入禁止（一か月程度で解除）の原因もそれだった。私のせいで全員が持ち込むもののリストをつくらされるようになるなど本当に周囲に迷惑をかけた。「ＡＤＨＤ」などと言い出せばそうなのかもしれないが、刑務所勤務をやめてからは忘れ物の数が減ったことを考えると、気持ちの落ち着かなさや焦りの感情が冷静に周囲を見ることができない態度に影響していたと思う。もともとの気の強さや怒りっぽさもあると思うが、このように、私自身も膨大な仕事量と感情に圧倒されトラウマ反応を起こしているような状態だった。当時一緒に働いていた人からすればそんな綺麗なものではなく、声がでかいとか、口が悪いとか、酒癖が悪いとか、問題行動が多いとか、偉そうだとかもっと違う問題点を指摘するかもしれない。トラウマを受けやすい組織に反応していた面が大きいとはいえ、その反応を制御できなかったことをこの場をもってスタッフには謝罪したい。

スケープゴート

もちろんしんどかったのは私だけではない。全員が、強いストレス下で働いていた。加害者との初めての面接、慣れない業界用語を使っての書類作成、教育で集団を動かす緊張感によるストレスや、グループをうまく運営できなかったことによる失敗感への対処、訓練生から文句を言われたり言いくるめられてしまったりしたときの無力感や悲しみや怒りへの対処、一部の刑務官から受ける抑圧的な扱い、物事をうまくいかせるためには頭を下げニコニコし嫌なことを言われても笑って流さなければいけない雰囲気、民間の失敗はことさら大きく問題視され、国職員の問題行動は見逃されていく体制。開所五、六年目以降は前述のように何かあれば出入禁止にするような圧力も働いていて、怒られないように怯えながら仕事をする日々だった。勤務中は、さまざまな負の感情が蓄積して塊になったものが体全体にのしかかっているように感じていた。

余談だが、退職してすぐは、世の中の人は失敗しても大ごとにして罰したりせず、誰もが笑顔で丁寧に話しかけてくれるというだけで「シャバ」はなんて優しく温かい世界だろう、こっちが普通の世界だよね、と感動し、実際に筋肉がほぐれて肩が軽くなったことを実感した。刑務所の仕事は大好きだったし、いい関係を持てたことがゼロというわけではないが、それだけ体と心全体が警戒し、萎縮し、不信感を抱いていたのだと思う。そう感じるほど、毎日拳をぎゅーっと握って仕事をしている、そんな場所だったと想像していただきたい。

しばらくして起きたのは、分離と排除だ。組織管理上いくつかのチームに分かれて仕事をするのだが、他のチームのリーダーたちから私が問題児扱いされ、彼らが私抜きでアドバイザーと会社の上司との話し合いの場所をつくり、私の問題行動を挙げ対処を迫ったと聞いた。ざっくり言うと、私がチームの部下に記録を全部書かせて仕事を押しつけ、好きなことだけをし、配慮してくれている国の教育の職員に礼も尽くさずひどい、という話だったらしい。仕事量についてここで「あれもしていた、これもしていた」と言うつもりはないが、土日のうちどちらかは必ず出勤しないと仕事が回らない状態で、暇ではなかった。そして文句を言っているという人たちと土日に事務所で出会うことはなかった。とはいえしんどいと感じている人たちに、私の行動は「楽をしている」「なんであの人だけ」と思われても仕方なかったのだろう。ただ、それ以外の部分はなぜそんな話になっているのか謎だった。記録は部下と半分ずつに分担しており、時折気を利かせて負担を担ってくれたことはあったかと思うが、やれと命じたことなどない。礼を尽くしていないという国の教育職員に対しても、もちろん意見のぶつかり合いや、あれをしたいこれをしたいと提案ばかり出して面倒をかけた部分はあったと思うが、直接言ってもらえないほどの関係ではなかったと自覚していただけに驚いた。

会社が私をリーダーから降ろすなどの対処をしないとわかると、上司に訴え出た人たちは、今度は私が組織の決裁を通して呼んだ外部講師の授業を中止にするよう上司に働きかけた。私だけが好き勝手に外部講師を呼んでいる、不平等だと主張したようだった。しかし外部講師を呼んだときには他のユニットでも一コマ授業をしてもらって利益が他にも行くように配慮もしていたし、そもそも全員に外部講師を呼ぶ権利があり、不平等だと思うなら自分で外部講師を呼べばいい。でも、互いに高い場所に行けるよう切磋するよりは、目立つ者の足を引っ張ってかりそめの平等を勝ち取るほうに関心が向く。これも機能していない組織の特徴なのだろう。スケープゴートが特定され、対立が深まると、ズレた歯車はなかなか元に戻ることはなく、倒れるまで攻撃が続く。

上記は私がスケープゴート側に回った例にすぎないが、私が加害側に回っていることもあった。上司に向かって、思うように対応してくれないことを徹底的に非難し、上司を被害者にしたこともある。誰かをやめさせようとか引きずりおろそうと画策したことまではないと記憶しているが、人間関係がうまくいかないことや業務がスムーズにいかないことを個人の責任に帰して文句を言ったことも多々あり、私が傷つけた人もたくさんいる。そのうえ私の場合、前述の通り忘れ物を繰り返して周囲の負担を増やしたり、出入禁止になった分の業務を誰かに負担してもらったりと、対人関係の加害以外にもたくさんの実害を与えてきた。またそれぞれの個性も絡み合う。AさんからBさんに対する愚痴を引き出し、Bさんからも Aさんの愚痴を引き出し、AとBを仲たがいさせて自分は両方と仲良くしてサブグループづくりをする人や、穏健派のような顔をして戦うべき問題や責任から上手に逃げる人、自分の仕事だけ過重だと訴え出る人……。みんなが、被害者にも加害者にもなった。とはいえ人は勝手なもので、やられたことは覚えているがやったことは自覚もなく、さらに忘れている。私の在職中の記憶は、常に誰かに嫌われていて、誰かと接するとまた嫌われる対象が増えるのではないかという思いだけが常に頭にあったというものだ。今でも調子が悪いときには、刑務所や少年鑑別所に勤めているが周囲から疎外されていて、自分の机がなく、端で仕事をしているという夢を見る。しかし他のスタッフから見たら、私こそがトラウマを引き起こした根源であり、いつまでも忘れない嫌な相手で、誰かに悪夢を見せているかもしれない。

ストレス下での反応の違い

うまく伝わることを願うしかないが、これらのエピソードを書いたのは、こんなひどい目に遭ったと主張したいのではない。これらはトラウマティックな出来事への反応の違いが生んだことでもあり、組織の問題はこのような様相を呈するという事実を伝えたいだけだ。

トラウマになりうる強いストレスがかかったときの反応は、闘うか、逃げるか、フリーズするか、そして傷つけるものに対して擦り寄ることで安全を確保するかである。最後の擦り寄りとは、例えば、虐待されている環境で、子どもが親の機嫌を取ることで殴られないようにするといった危機回避を意味する。

読者はすでにおわかりだろうが、私は闘うスタイルをとった。早々に辞め、逃げるスタイルをとった人や、身をひそめ何かのあおりを食らわないように立ち回りフリーズに近い対処をした人もいた。しかし多くの人は、相手にできるだけ合わせようとする、擦り寄りに近い姿勢をとった。面と向かってもめず相手に合わせることが善とされる日本社会では一番受け入れられやすいスタイルだ。闘っていては何も実現に向かわない、相手に合わせて懐に入り、その中でやりたいことを実践すればよいという論理だ。

もちろんどのスタイルもそれぞれの適応方法であり、間違っていない。ただあくまで私見だが、擦り寄る反応は、一定の常識や健康な関係性が成り立つ中ではうまくいくが、暴力的な要素の強い組織では、「その中でやりたいことを実践すればよい」とはならないように思う。自分に降りかかる攻撃からは身を守れる一方で、暴力的な人を無意識に肯定することになり、誰かが抑圧を受ける構造からは抜けられないからだ。実際、このタイプの適応をした人が後輩に、「訓練生を刺激して不適切な行動を誘発すると、刑務官の人たちにも迷惑をかけるから、教育では不用意に訓練生の心に踏み込むようなことをしないほうがいい」と教えていると聞いたこともある。あくまで専門職が一番に考えるべきことは訓練生の変化であり、トラブルを回避することではないはずだが、抑圧を受け入れそこになじもうとすると、誰を向いて仕事をしているのかわからなくなる。ほかにも、擦り寄り適応タイプの人が訓練生に対し、何かあったときに誠実に説明せず「大人の事情で」という言葉を繰り返しているのも見たことがある。「察してね、大人だからこれ以上話せないのはわかるよね」ということをにおわせ一見スマートにコミュニケーションしているように見えるが、結局は訓練生に「聞くな、しゃべるな」という抑圧をかけ、そして力で黙らせ、自分は説明の責任から逃げることで、暴力の構造に加担してしまう。

かといって、闘うスタイルもあまり賢い策ではないことは、私が出入禁止にされたりスケープゴートにされたりしたことでもおわかりだろう。すでに述べたようにこれは反応の違いであり、それぞれに言い分があることだ。今でも、自分の反応がまずかったことはわかるが、ではどのように振る舞っていればうまくいったのか、正直正解は見つかっていない。

伝統的な支援職の姿勢との齟齬

分断や排除が起きた背景には、これまで述べたような、トラウマを受けた組織の一員だったということだけではなく、従来の日本の支援職の伝統的な姿勢にTCという新しいパラダイムを持ち込んだということもあると考えている。海外で刑務所内TCが導入された歴史を振り返ると、TCの導入に際して、軋轢は既存の権力との間でだけではなく、内部でも起きている（コラム2参照）。

海外の刑務所内TCで起きた内部の軋轢は、二種類に分かれる。一つはTC以外のスタッフや保安職員が、TCだけがカリキュラム上特別なことをしていることを「甘やかしている」「自由にさせすぎている」と見て批判することだ。もう一つは、TCにいるスタッフが、生々しい感情のやりとりや直面化（言動の矛盾や不一致を指摘されること）に耐えられず、受刑者を統制できずに受刑者集団の腐敗を招いたり、職員がバーンアウトしてしまったりすることである。

前者はTCに関する情報共有・伝達が不十分であることで引き起こされる。「自分たちは規則の中でやっているのにそちらはルールを曲げて好きにやっていていいですね」「ちょっとやりすぎじゃないですか」という感情論でもあるのだが、結局はTCが既存の刑務所内の関係性の持ち方を変えていくものであるという情報が伝わっていれば防げることだ。後者の統制不良やバーンアウトは、専門職・支援職がどういう仕事をするのか、どんな力を求められているかの認識のズレによって生じていると言え、TCのスタッフになるためのトレーニングが不十分だったことを示唆している。TCの理念を維持し、その質を保ちながら継続・拡大しているTCはおしなべて、OJTも含めスタッフトレーニングに多くの時間を割いている。

島根あさひの支援職スタッフが一丸となれなかったもう一つの要因は、世界の刑務所内TCの失敗と同じ轍を踏み、TCに関する情報伝達・認識のすり合わせとトレーニングが不足してしまったことにある。

熱意を伝えていく難しさ

まずTCに関する情報伝達・認識の擦り合わせの点について述べよう。

世界治療共同体連盟をはじめとするいくつかのTCの団体は、TCの概念がずれていかないために、どの要素が入っているとTCと言えるかという「TCの基準」を団体ごとにつくって提示している。

また、TCの基準チェックリストのようなものをつくり出した研究者もいる。ただ、文字で基準を示され、それをクリアできれば良いというものでもない。TCの理念を失わずに実践できている団体は、かなりの期間をかけてスタッフを育成し、そして継続的に理念を共有する時間を設ける。

例えばアミティは、メンバーが将来スタッフになりたいと希望すると、日ごろの言動でTCの理念を実践できているとスタッフたちが判断したところで見習いとなり、その後グループセッションを仕切ったり、セミナーと呼ばれる特別な内容のレクチャーを担当したりする経験を積みながら、長い時間をかけてTCの理念とその理念に沿ったスタッフの振る舞い方を体にしみ込ませていく。二〇二三年十一月にアミティのサークルツリーランチと呼ばれる場所をごく短期間訪問した際は、アメリカ各地に広がっているアミティのキャンパス（支部をそう呼ぶ）のスタッフを定期的に集め、理念を共有し自分を見つめ直す一週間の集中的なセッションを行っていると話していた。また、スペインのTCであるプロジェクト・オンブレでは、大学の講義の中に設けられたTCの理念を学ぶ講座で相当集中的に学習を行い、かつ当然ながら各地のTCの実践の中でスタッフトレーニングを積んでいくと聞いたことがある。このように、TCを見聞きしたこと、体験したことがある人が、自分もやりたいと手を挙げ、そこに知識と経験を織り込み、TCのスタッフになっていく方式だ。第2章で、What, How, Why のゴールデンサークルの中で人が心を動かされるのは Why であるというサイモン・シネックの説に触れたが、アメリカでもどこでもTCは、なぜTCにひかれ、TCのスタッフになりたいと思ったかという Why を持っている人を招き、そして Why が消えないように、もしくはずれていかないように、情報伝達と体験を織り交ぜた研修を相当慎重に行っている。

日本ではどうだっただろうか。島根あさひでTCをやりたいと思った株式会社大林組の歌代氏も、それまでの矯正領域の経験からアミティの可能性に賭けていた藤岡氏も、そして私も、TCに対する熱意（Why）は持っていた。しかしそれをどれだけ、多くのスタッフに伝播できただろうかと考えると、もう少し改善点もあったように思う。もちろん開所年度の四月から開所月の十月にかけて、さまざまなスタッフ研修を行い、その中にTCについてのレクチャーや体験も含めた。ただ、刑事施設で働くことが初めてのスタッフが、その制度を一から学び、さらにさまざまな犯罪行動の心理機制や、認知行動療法を含むTC以外のいろいろなアプローチまでシャワーのように浴び続ける中で、TCの核をしっかり理解することは難しかったと今ではわかる。そこには私自身の「同業者だしTCの理念が良いってことはわかるよね」という無意識の甘えや、TCそのものをしっかり伝えないと後でまずいことになるという危機感の乏しさがあった。TCとは何か、従来の刑務所とは異なる部分はどこか、従来の支援のアプローチとは何が違うのか、そして「島根あさひの支援職」のスタイルになってもらうのであって、従来の支援や学んできた支援とは異なる態度を求めることがあるということをもっと掘り下げて話しておくべきだったと思う。

また、初手を間違えたために、継続的な研修も難しくなった。当初、週に一回は必ずスタッフが集まり、自分の感情や考えを分かち合うスタッフミーティングを設けていたが、忙しい中でもそれを行うことがいかに重要かということをうまく伝えられず、かつそれが良いものだと体験してもらう機会をつくれなかったゆえに、スタッフミーティングは「忙しい」という理由のもとに廃れていった。つながりを欠いていくことで、TCはTCで独自に実施しており、他のプログラムは認知行動療法に基づいた別物であるという認識が増大し、そのことが、前述の分離や互いの批判にもつながった。開所に向けてスタッフを集めなければならない状況では、TCを実践したい人から選ぶということが現実的に難しかったこと、開所前の数か月ですべてのことを伝えていくにはどうしてもWhatとHowが多めになってしまったことは仕方なかったと思うものの、やはりもう少しやれることはあったと思う。つくり上げた人たちの理念がうまく伝わらず、分断を生んだり、違うものになったりすることは、TCに限らずよく起きることだろう。今更の話ではあるが、熱意を伝え続けるには、熱意だけではだめで、相応の工夫がいる。「きっと共感してくれるだろう」ではなく、きちんと共感できる場をつくる必要がある。訓練生のコミュニティづくりではそれをわかっていたはずなのに、支援職のコミュニティではそれができなかった。

こう書くと「TCの理念や熱意は全然引き継がれなかったのか」と思わせてしまうかもしれないが、組織全体で共有するものとして失敗したというだけで、TCの熱意を引き継ぎ実践を続けているスタッフは今もいて、彼らが情熱を燃やし続けていることは強調しておきたい。そしてTCを撮影した映画「プリズン・サークル」を観て、TCをやりたいというWhyを持ってスタッフに応募した人も出てきたと聞く。継続している施設だからこそ、最初からWhyを持った人を集め、引き継いでいける環境はようやく整った。現在のTCのスタッフたちのたゆまぬ努力と熱意にとても期待している。

対立や関わりを避ける文化とＴＣ

認識のすり合わせに加え、ＴＣスタッフとしてのトレーニングが不足した二点目の話に移ろう。分断の背景には、専門職組織全体がＴＣのスタッフであるという認識を持ち、その中で、もしくは訓練生と開かれたコミュニケーションを行うという文化に塗り替えられなかったという失策も存在していたと感じる。

これも私の判断の誤りではあるのだが、専門職と言われる人なら、もっと率直に自分の気持ちを言ったり、相手とやりとりして対立を解決できたりする力があると思っていた。決して見下しているのではない。私はたまたま、ディベートと称してさまざまなテーマで議論をする文化を持つ高校で育ち、大学院もいざこざが絶えない感じの研究室で自分が考えていることは主張しないと誤解されるので、何か出来事があると、考えや気持ちをよく言葉にし、最初に勤めた少年鑑別所の法務技官の先輩も法務教官たちも、言いたいことがあればきちんと言葉にする習慣を持っていた。出会った人たちが特殊だったというより、言いたいことがあれば言っていい、伝える・徹底的に話すことは善という文化で育ったのだと思う。そのため、島根あさひの支援職と接して初めて、黙っているほうが賢い、話して対立するくらいなら話さないほうが余計なストレスを感じなくてすむ、自分の主張をすることはわがままだ、と思う文化があるらしいこと、訓練生たちの多くがその文化で生活していることを知り、その文化の中では私のほうが、処世術を持っていないスキル不足の人間になるのだと気づいた。

もちろんこれも、ストレスに対する適応方法に善悪はないのと同じで、どちらにも言い分があり間違っていない。ただ、訓練生たちの人生に接し、彼らの語りを聞き、一緒に考え、関係性の中で変化を促すTCのスタッフとしては、前者の文化が必要になる。対等に議論をすることや対立を話し合いで解決していくことは実は全員が体験していることではなく、文化の中で学習し積み上げていくスキルであり、触れなければわからないものでもある。それにもかかわらず、日本社会の対話を避ける文化について理解したうえでの丁寧な対話と議論のトレーニングができていなかった。

加えて、対立を避ける文化のうえに構築されている、開かれることを避ける専門職文化の性質をうまく理解していなかった。すべての専門職文化がそうだとまでは断言できないが、TCのスタッフに求める文化と最も違いがあったのは、クライエント（訓練生）との関係性の「つなぎ方」「開き方」だろう。TCが、リアルタイムで起こる相互作用を重んじ、それそのものを成長の場とする動的なものであるのに対し、専門職文化は関係性を重視するという点は共通するが、いったん持ち帰って振り返り、相手を冷静に理解して次にどう関われればいいかを考えるという静的なものである。もう少し具体的に言うと、TCでは、専門家自身が、ときに同じメンバーとして相手に向き合い、伝えたい気持ちを伝え、相手からの気持ちや考えを受け止めるモデル、あるいはともに成長する存在となるので、専門家の鎧の中に逃げて分析したり自分の気持ちを言わなかったりするのはNGである。一方専門職文化では、必要な情報を提供したり、理解が間違っている場合に修正したり、表現した気持ちを受け止めたりするときには言葉を発するが、基本的には相手の気持ちや考えを引き出して考えを深めてもらうのが専門家の役割とされ、自分の率直な感情や意見を言う、ましてや自分の否定的な感情を伝えるなんていうことはありえない。

この文化同士で最も強くぶつかったのは、自己開示とクライエントとの距離感の二点だろう。心理専門職の教育の最初には、セラピストは基本的に自己開示しないほうが良いと言われる。簡単に言うと「個人的なことを聞かれても答えるな」という具合だ。もちろんきちんと勉強すれば絶対禁止ということではないとすぐわかる。クライエントがなぜセラピストに個人的な質問をするのか、その背景を理解したうえで答えるか答えないか判断し、答えるなら何を伝えるかを慎重に考えなさい、ということだ。例えば「先生はおいくつなんですか」とクライエントに聞かれたとする。その質問は、男性クライエントが女性セラピストに恋愛感情を抱いていて親密になろうとして聞いているのか、単に学生時代にはまった漫画の話をしたくて世代が一緒かどうか確認したいだけなのかで背景は異なる。この場合、素直に答えることで次の質問を誘発し、より個人的な感情を強めさせて健康的な関係維持ができなくなるのか、素直に答えるほうが関係構築ができるのかで判断が分かれる。しかし初学者の場合は「慎重に行いましょうね」という言葉が呪いのようにこびりつき、拠って立つ心理療法にもよるが、ルールのようになっている専門職を見かけることがある。

クライエントとの適度な距離というのも同じ次元の話である。例えば心理的距離を例に挙げよう。セラピストが過去にクライエントがしたのと同じような経験をしている場合（被災、被虐待、堕胎、親密な家族の死、複雑な家族関係等）に、セラピストのほうがクライエントに感情移入して客観的な視点を見失い、セラピーの範囲を超えた行動をとってしまうことがある。クライエントがセラピストに恋愛感情を抱くように（転移といって、治療関係では容易に起きうる現象である）、セラピストがクライエントに親密な感情を抱くこともある。抱く感情はポジティブなものだけではない。感情が刺激されてクライエントに否定的な態度をとったり、支配欲が刺激されてクライエントに暴力（性暴力）を振るったりすることも起きうる。TCでは、むしろその「動き」を意識化し、互いに起きている問題を言語化して修正していくのだが、専門職文化では「避ける、以上終わり」と勘違いされているように感じる。

このズレは、島根あさひではTCスタッフとしての態度との違いとして意識化されたが、伝統的な専門職のあり方、教えられてきたことが本当に有効かどうかは、非行・犯罪行動の変化に関わる専門職全体で問わなければいけない課題であるとも思う。すなわち非行・犯罪をした人に対する関わり方で避けたほうが良いのは、「〜しない」「〜はダメ」という制約で縛りつけることであり、伸ばすべきは自分で考え、選択する力だ。それを促す専門職が自分たち自身に「〜しない」「〜はダメ」という制約を設け、自分で考え、選択し、距離感を調整していくことができなくなるのでは本末転倒になりかねない。対象者にはトラブルがあっても自分の気持ちを話し、対話しなさいと言いながら、自分は現場で大人のふりをして黙っている、なんていう矛盾はないだろうか。同じ対人支援専門職でも、社会福祉士や精神保健福祉士の中には、何かあればすぐ連絡できるように自分の電話番号を教え、勤務時間外でも家に訪問し、病院に同行して、そのついでに一緒にご飯を食べて……と、心理職と全く異なる境界線の持ち方をしている人もいる。境界線は、相手にとって何が最善な関係性かによって柔軟に変わるものだ。特に刑務所は、動機づけの高い人がお金を払って、決まった時間にやってきて自分のことを主体的に話してくれる場ではない。ましてや、最終的に生き方を決めるのは彼らであるとはいえ、グループの中ではこれまでの彼らの生き方に疑問を投げかけ、変化を迫ることもある。私としては、そこまで相手の人生に踏み込むなら、自分も相応の覚悟を持っていなければいけないというのが基本的な考えだ。

専門職という仕事に就く人は、自分はさておき人の支援をする、ということに価値を置きやすいと言えるだろう。その「さておき」も、自分の時間なのか、自分の課題なのかは人による。つまり、時間を「さておき」する人は、自身の生活や人生の大半を割いて支援に捧げるし、課題を「さておき」する人は、自分のことは棚に上げて、困った人に手を差し伸べる。前者は極端に言えば、支援者だけが頑張るあり方、後者は被支援者だけが頑張るあり方だ。また、自身の課題を「さておき」すると、相手には自分の基準に合うよう努力を求めたり、知識や情報を一方的に与えたりして満足してしまい、力の差・不平等が生まれる。正解はないし、いろいろなバランスがあるのだと思うが、私はやはり、自分の時間だけを捧げすぎるでもなく、課題を棚に上げるでもなく自分も向き合い、対象者には、自分との関係性をいいようにも悪いようにも「使ってもらえる」専門職になりたいと思っている。いくら人の支援をするとはいえ、支援者側が無理をして、自分の生活や人生を割きすぎたり、被支援者が支援を受けているということで支援者の言うことを聞く者のように位置づけられることは、それはそれで対等ではない。

島根あさひの専門職集団の話に戻すと、こうしたことをスタッフたちと面と向かって議論し、どう考えるかについて対話を重ねるべきだったと反省している。私自身も対立を理由に専門職同士の対話から逃げてしまったと言えるだろう。

自分たちのケアを自分たちでする

私は現在、もふもふネットという一般社団法人の中で、性加害で受刑した後社会で生活している男性のグループワークを担当している。何度逮捕されてもやめられず最終的に受刑した人、刑務所を出てもなお性加害行動を手離せない人などいろいろだが、彼らの話を聞いていると、大事なのは自分の機嫌を自分でとれるようになることだな、と頻繁に感じる。人それぞれ加害の原因を、対人関係や過去の記憶に帰したり、暇だっただけで要因はないなどと説明したりするが、共通するのは「持て余したものを一方的に誰かに解消してもらおうとしたこと」だ。その点で、就労が安定している、恋人ができるなど表面的な意味で更生に向かっているわけでなくとも、日々の生活で怒ったり笑ったり泣いたりを楽しみ、しんどいときは誰かに支えてもらい、ときに誰かを支えながら、誰かに持て余したものを流し込むことなく機嫌よく暮らしていると、「ああ、この人はもう大丈夫かもしれないな」と感じる。

組織についても同じことを感じる。本章では、暴力が循環するトラウマを受けた組織の中で、民間の支援職という立場に置かれた人たちの反応、そして反応をより複雑にさせた外的要素（TCという新しいパラダイム）について述べてきた。あえて難しい専門用語を持ってこなくても明白なのは、この問題を変えるのに必要なのは、痛みや暴力を誰かに引き渡さないこと、つまりそれぞれが、自分たちの傷に気づき、自分たちのケアをそれぞれの集団で行えるようになることだ。

ケアといっても、癒し合うという単純なイメージにとどまらない。自分たちの集団内で感情を分かち合い、しんどさを他の集団に投げ込まないように「集団で抱える」こと、起きている集団心理を言語化していき、否定的な行動をしないように互いにどう気をつければよいか考え続け、間違いがあれば互いに指摘し修正することも含む。

そしてそれは皮肉なことに、ＴＣのメンバーがすでに成し遂げていることでもある。追いついていなかったのは、職員のほうなのかもしれない。

第10章　援助職自身の成長と回復に向けて——手放すものとつかむもの

映画撮影の場面で注意を受けた刑務官に言い返したことで、訓練生がいる場に出入禁止になった数か月後、当時その場にいた幹部に謝罪する場面を設定された。なぜ自分だけ謝罪するのかと納得していない部分はあったが、それを済ませないと次に進めないと上司に言われ、従った。気持ちが表情に出やすいと言われるタイプなので完璧に振る舞えたわけではないと思うが、それでも言葉はきちんと考え、頭を下げた。しかし後日上司に呼び出されて聞いたのは、出入禁止が継続されるということと、その理由として「反省の色が見えない」と言われたということだった。そのとき頭に浮かんだのは「反省の色って何色だよ」という言葉だ。やつれてでもいれば、涙でも流せば、土下座でもすればその色が見えたのだろうか。頭を下げさせて優位に立っていることを実感したかっただけなのだという呆れもさることながら、他人が決める「反省の色」などという不確かで流動的なものに対して邁進することの無意味さを感じた。このとき、加害者もこんな理不尽な目に遭っているのだろうなと感じた。

もちろんこれが事件などになった直接の被害者・加害者関係であれば話は違う。害を受けたほうが納得することは大事なことで、加害者側が「自分は償いましたので」と終わりにはできない。ただ、それ以外のことについては、他人、いわば外野があれこれしろ、これしろと言うことに応じても、心を消耗させられるだけだ。犯罪加害者はその代表だろう。罪を犯した人に対しては、「被害者に賠償しろ」「被害者に謝れ」「一生刑務所から出て来るな」「笑って生きていけると思うな」「同じ目に遭ってしまえばいい」「近所に住むな」など「外野」がたくさんの要求、つまりそれぞれの「反省の色」を求める。しかし、直接の被害者と、加害行為によって影響を与えてしまった関係者たち以外は、加害をした人にあれこれ求める権利はない。いや、厳密に言えば自分たちの社会の中で起きたことなので言うことは構わないが、相手の頭を押さえつけるほどの権利はないはずだ。

他人から求められた色になろうと必死になるのではなく、自分で自分の色を見出すことが重要だ。他者の声を無視しろというのではなく、そんな声に惑わされずに、自分なりに罪を償う道を自分で考えなければならないという意味でだ。そしてそれが本当の反省でもある。飲酒運転で死亡事故を起こした元TC受講生が私の大学の講義で話をしてくれたとき、学生が「被害者のことはどう思っているのか」と尋ねたことがあった。彼はそれまで事件のことも刑務所のことも冷静に話し、かつ出所後起業をしたり結婚して子どもができたりしたことなども話していたので、学生としても「事件を忘れているのではないか」と気になったのだと思う。彼は、とても真剣な表情で、事件以降の被害者の遺族とのやりとりがどのようなものだったかを語り、そして遺族が「頑張りなさい」と言ってくれたことに応えることが自分の償いであると思っていること、かといって遺族は「頑張りなさい」しか言う言葉がなかったはずなので許されたとは思っていないこと、事件から十年以上経つと一日たりとも忘れていないかと言われるとそうではない日もあり、そのこと自体にも「これでいいのか」と自問自答しながら生きていることなどを明かしてくれた。

個人的には、彼が周囲から押される人殺しの烙印や周囲から浴びせられるわかりやすい反省の要求に翻弄されることなく自分なりの反省の道を見出していることをとても頼もしく思ったし、学生にも「他人から見てわかりやすい色」だけではない反省や償いがあることは伝わったのではないかと思う。第3章にも書いたが、世間は加害者に被害者の痛みを知ること、そしてそれに涙することを求めるが、支援者がすべきことは「伝達」でもなければ泣かすことでもない。彼らが自ら被害者のことを知ろうとするよう心の成長を促し、知ったときの「いくら反省しても元に戻せない」と愕然とする気持ちを受け止められるよう心の容量を増やす支えになり、自分なりの反省の色を人生に織り込んでいくお手伝いをすることだ。

そして、支援者もそれぞれ期待する「支援の色」を個人や社会から求められることがある。死刑制度反対のシンポジウムに招かれた際、私は死刑に賛成とも反対とも言わず、TCの紹介をして「加害者も変わりうること」だけを伝えたのだが、登壇を終えると被害者遺族と思しき中高年の男性が近づいてきて、「被害者遺族の気持ちがわかるのか」と詰め寄られた。被害者が報われない以上、加害者には厳しい対応をしてほしいと思ったのかもしれない。加害者の支援など、そのこと自体が言語同断だったのだろう。このように外部から思いもよらない色を求められることもあれば、自分自身でよくわからなくなるときもある。特に若手のころは、被害者の講演を聞いた後などは、自身の感情が勝手に揺さぶられ、被害者がこんなにしんどい思いをしていることを加害者に絶対にわからせないといけないという妙な正義感に駆り立てられてしまうこともあった。また東日本大震災発生後、島根県の臨床心理士会からの派遣カウンセラーとして一週間だけ被災地の学校の支援に行った直後は、ニコニコ笑っている訓練生を見て、罪を犯していない人が死に、あれだけ困っているのに、なんでこの人たちはニコニコしているのだろう、なぜ自分は社会で今困っている人ではなく、罪を犯した人なんかの支援をしているのだろう、とふと思ったこともあった。このように、いろいろな影響で自分自身の支援の色が見えなくなることもある。

たとえ自分なりに加害者を支援することの意義を見出していても、今度は組織の方針と相いれないこともあるだろう。あからさまに抑圧を受けることもあるかもしれないが、多くの場合「法律の壁」「専門家は肩入れしすぎないという不文律」が制約となり、他者から求められる色になる。人を支援するという当初の目標は、「ルール通りに物事を実行する」という優先事項にかき消されていく。いつの間にか、無力感に直面せざるを得なくなるので自分の本当の気持ちを語らなくなり、慣習と前例を握りしめている。ときに過去の自分のようにもがき慣習を破ろうとしている人間を目の敵にし、握りしめた拳で「勝手なことをすると迷惑だ」とたたこうとすることもある。

本章では、さまざまなニーズに応じながら、そしてそれぞれの人の声を聴きながらも左右されすぎず、支援者は何を軸にして、どんな支援者の「色」を出していけるのかについて考えてみたい。もちろん答えはそれぞれの支援者の中にある以上、以下の記述はあくまで私がTCと出会い、そこでメンバーたちと触れ合う中でどのように考えてきたかという一つの例としてとらえていただきたい。

「支援者 - 被支援者」というパラダイムを手放す

受刑者の変化のために、私が支援者としてどうありたいかを考えるうえで、回復共同体の存在は大きかった。まずは一人の人間として、TCメンバーの語りを聞いたり、自身も話したりしながら、家族を失った痛みや生い立ちの上で感じてきたことについて自分なりに整理をしていくことができた。通常、治療者は、治療場面以外で個人的な問題に向き合い、クライエントには自己の問題を見せないことが原則とされるが、もちろん共同体を管理するという支援者の役割は忘れないようにしながらではあるものの、TCでは支援者もその問題に一緒に取り組めた。兄の死や自分の存在価値への迷いにしても、少しずつ話して手放し、かつ自分の痛みを手放していくTCメンバーたちを見て励まされながら、序章に書いたような、話そうとするだけで涙があふれてくるので沈黙している状態から、共同体でともにゆっくり変化していくプロセスを味わえた。

もちろん自分の問題の解決にクライエントを利用してはいけないが、同じく人生の痛みを感じ、どこかにしこりを抱えつつなんとかより良く生きていこうとしている仲間同士だと思えることは、無駄な力を抜かせてくれる。大学教員になると自分のカウンセリング場面を勉強のために学生に見せることがあるのだが、決まって言われるのは「明るく友達みたいに話していてびっくりしました」という感想である。本当に友達みたいに話しているわけではないし、人を選んで態度は変えている（と私は思っている）のだが、セラピストは穏やかに「うん、うん」と話を聞き、質問し、自分の感じたことや考えたことはここぞというときにしか言わないと思っている人たちには異様に映るようだ。とはいえ、誰が「セラピストはセラピストらしく」と決めたのだろう。TCはそんなどこかで与えられた「セラピスト像」を手放してよいと教えてくれたし、手放したからこそ見えたものもある。

自分なりに過去の問題をゆっくり語り、整理できていくと同時に、現在の自分自身の感情や考えに開かれ、失敗しながらも成長できたことも得難い体験だった。鑑別所で働いていたときの自分は、自分の痛みは隠し、「私は専門家です」という顔をして他人を分析する支援職だった。あのまま転勤できて処遇の仕事に就いていたとしても「問題のあるあなたと専門職の私」の壁を越えることはできなかっただろう。でもTCでは、専門職であれば表現するなと言われる苛立ちやおそれや怒り、悲しい、悔しいなどのさまざまな気持ちに向き合うことをスタッフも求められ、自分もそれをうまく表現する方法を模索せねばならなかった。そしてこれが思った以上に難しかった。訓練生たちに求めていることを、自分ができているわけではないことに気づくのだ。しかし自分の気持ちを自覚し、隠そうとせず表現できるようになると、とても生きやすくなることにも気づく。「べき論」ではなく、実際にできるようになって「これができるようになると楽だよ」と体験者として言えたことは強みになった。そして、失敗したくないというプライドを手放しさえすれば、意外とメンバーたちが失敗を受け止めてくれるということもわかった。それは訓練生たちを単なる支援の対象としてではなく、人として本当の意味で信頼できるようになることにもつながり、一人で他者の行動変化の責任を抱え、専門知識に関する研修と学習を重ねる孤高の心理療法士でなくてもよいと気づかせてくれた。

もちろん、「支援者の失敗を受け止めてくれたのはTCのメンバーが成人男性だったからでしょう」

と言われるとそれまでかもしれないが、第5章でも書いたように、人間として触れてくる者には、相手も人間として接する。偉そうに接してくる人には反発する。援助しますよという顔をしてくる人には、拒否するか依存して利用するものである。人として接することができれば、援助職が完璧ではなくても、むしろそこから成長すればよいというモデルになれるし、彼らの成長する姿から逆に学ぶこともできる。これは相手が未成年であっても共通する部分だろう。一人の訓練生からは「毛利さん見てると、なんかこんなんでいいんだ、社会でちゃんとやっているように見える人がこんなんなら、俺も大丈夫じゃないかと思えたんだよね」と言われたことがある。ある意味けなされているのだが、彼らも変えるべき点があって罪を犯してここにいるし、支援者も欠点があって、その両者で互いに知恵と経験と感情を持ち寄って一緒に変わっていければそれでいいじゃないかという支援者の姿、支援の形が実現した気がしてとても嬉しかった。誰かと比較してこれができていない、あの心理療法をマスターしなければいけないが勉強できていない、もっと感情的に穏やかにならなければいけない、誰かに評価される人間でなければいけない……などという、自分の内外から与えられる「〜でなければいけない」という声に苛まれにくくなった。「べき」を手放せば、自分らしさを受け入れられる余力が出てくる。

そしてTCにいることで「ありがとう」と感謝されること以上に、自分の成長と他人の成長を一緒に喜べる共同体にいられることがやりがいとなった。些細なことに見えるかもしれないが、「ありがとう」「あなたのおかげで」をやりがいにしているとしんどい。彼らはめったにそんなことを言わないし、被支援者からの感謝や役立った感じをやりがいにしてしまうと、無意識に被支援者の役に立つことに必死になってしまうからだ。「まあいいじゃない、互いに成長しましょう」という心持ちでいれば、相手を変えなければいけないという思い込みや、相手の期待に沿わなければいけないという勝手な責任感を手放し、自分の個性を生かした支援ができるように思った。TCにいる支援者は、あらゆる角度で、いったん「どこかで学んだ理想の支援者」であることを放棄せねばならず、代わりに、「支援者という役割も持つ一人の私」という自分をつかみ、支援者・被支援者のパラダイムを超えて、支援の対象となる人と人としての関係性を紡ぎ、そこで互いに変化していけるようになる。「そうなりたいか」は好みがあるだろうが、どちらにも無理のない、互いに尊重し合った関係を築けるので、私はとても気に入っている。

自分の色を模索することから生まれるもの

さて、自分の欠点を見せないように、他者からの期待と現実の間の溝を埋めるようにという強迫観念を手放せるようになると、自然と自分が何をしたいのか、何を優先したいのかが見えてくるようにもなった。TCを開始して一、二年後くらいからは、社会内に施設をつくることはできなくても、SNSなどで心理的なつながりはつくることができるかもしれないと思い、フェイスブック内にグループをつくってやりとりできるようにし、かつ定期的に対面で集まる機会を設けた。刑務所の職員は出所後の訓練生と接触してはならないという暗黙のルールがあったので、「フェイスブックあるから連絡して」と直接、勧誘・宣伝することはできない。「出所後も連絡したいんだけど」と声をかけてくれた訓練生に「現代社会にはフェイスブックって言うのがあって、実名で登録するから、意外と検索したらすぐ見つけられるかもしれませんねー」と匂わせをし、察してくれた出所者から連絡をもらいグループをつないでいった。

そのほかにも、日本の刑務所内TCを一過性のものに終わらせないためには、取り組みをまとめ失敗も成功も含めて知らせるべきだと思い、大学院の博士後期課程にも通い始めた。週一回の授業参加のため三十代後半の体に鞭打って乗る夜行バスはしんどかったが、違う場所で別の視点も学ぶことで自分の実践をどう言葉にできるかを模索することもできた。そしてTCの教育、刑務所内の教育をより回復に役立つものにするためには、出所した人に話を聞かなければ始まらないという思いから、出所者のインタビュー調査を博士論文に盛り込むことにし、その成果が本書で引用した訓練生たちの言葉である。

フェイスブックも出所者インタビューも、求められる支援職の色からすればルール違反だし、同僚にとっては週一日休まれる迷惑な行為として見られたことだろう。そういう態度が自分勝手とみなされ、第9章で触れたようなスタッフからの反感を買ったのだとも思う。とはいえ、反感を買わないことよりも、ルールを守る良い子になることよりも、優先したいものは明確にあった。結果論ではあるが、これがあったからこそ、出入禁止にして支援者としての私のやりがいをつぶそうとする動きにもなんとか抗えたと思う。正直、一番好きなものを奪われ続け、目には見えない反省の色を求め続けられる出口のない毎日に、「幹部を刺すか自死でもすれば大ごとにしてくれるかな」などという非建設的な考えが頭をよぎったのは一度や二度ではなかったが、自分の中の軸が、「あ、そういうことしたいんじゃなかったな」といつも元に戻してくれた。一年半の出入り禁止期間を経て結局は退職することになるのだが、ただ敗退するのではなく、出所者インタビューを実施して、この業界に食らいついて外からでも刑務所教育に物申すぞ！という気持ちを保つことができた。

TCがもたらす新たな治療関係

ＴＣを学びスタッフとして働く経験は、従来の支援者像とは異なるものを模索せざるを得ず、それぞれの支援者の色を見つける機会となる。関係性の持ち方といい感情の扱い方といい、ＴＣが求める関係は支援者のあり方として異端だと思われた方もいるかもしれないが、異端だからこそ、支援者のこれまでの常識を問い、パラダイムを変える力を持っていると考えている。ＴＣの支援者として過ごすことは、これまでの「治療関係」と呼ばれるものが見落としていたものに気づかせてくれる。ここまでは、私自身がＴＣの実践を経て感じた個人的な変化について述べたが、ＴＣのスタッフであろうとすれば共通して見つめ、変わらざるを得ない部分についても触れておこう。

一つは、パワーの使い方だ。そもそもの前提として、支援者と被支援者の間には、その関係性において必然的に「支援する者とされる者」のパワーの差が生じる。司法領域での実践となると、「変わるべきだ」という支援者の意識的・無意識的な思いは態度に反映され、押しつける形になりやすい。しかしＴＣでは、管理者・スタッフがどの程度共同体の意思決定に責任を持つか、どの程度メンバーに任せるか、そしてその権限の行使についてパワーを持った人間としてどう説明しどう納得を得るかについて考えなければいけない。これが親や学校の先生なら「そう決まりました。以上」で終わりにできる。刑務所ならそのうえ「質問も意見も受け付けない」とする形でパワーを振るうことも可能だ。そういうパワーの振るい方の長所は、すぐに物事が決まることである。短所は、納得していない人が声を聴かれないまま取り残され、権威を信頼する度合いが低下することである。TCのスタッフに課せられる規範は、その行使がどうしても必要な場合以外は一方的なパワーの行使をやめ、むしろ個人が持っているパワー（説得力、説明能力、信頼関係、周囲のニーズを汲み取ってそれに応じて動けること等）をフル活用せよというものだ。安易な「伝家の宝刀」に頼れなくなる分、本当に人が持っているパワーとは何かを考えざるを得なくなり、彼らと「言うことを聞かせる」という形ではない関係性を結ぶ力、パワーの適切な使い方が身に付く。禁止されたがゆえに身に付くスキルだ。

ちなみに、「私はパワーなど振るっていない」と思っている人ほど危険だ。いかに表面的には優しそうに接していても「あなたの人生は今は良くないものだ」「私の助言通りにすると良くなる」というメッセージを与え続けることで相手の人生の選択をコントロールしていることはある。特に相手が子どもの場合、大人に面と向かって異を唱える言語力や経験値がないがゆえに「良かれと思って」自分の価値観を押しつけやすい。例えば女子少年が「施設を出たら前お世話になった面倒見てくれるおじさんのところに行く」と言ったとする。そのおじさんは血縁ではなく、家に彼女を招き、性的関係を求めていた人だ。すると大人たちは寄ってたかって止めようとする。デメリットを挙げて説得するか、おじさんに接触しないよう約束をさせるばかりで、彼女がなぜ複数ある候補の中で彼を選択したのかに耳を傾け、おじさんのもとに行くことを前提としたうえで、そこで起きうるリスクを考えて手を打てるかどうか一緒に吟味するといったことをしない。つまり、本人の選択を一切尊重していない。このように相手の人生のハンドルを奪い、パワーを乱用していることに気づかない、なんてことは多々ある。

TCでは、目に見える権力以外にもパワーの形はあり、スタッフも当事者もパワーを持っているという前提から関係性を築く。同時に、パワーをただ「乱用しない」のではなく、より効果的に使うことを意識する。

もう一つ、TCが新しい治療関係にもたらすものは、責任の概念だ。日本語の「責任」は、責めを負うことしか意味しないが、責任（アカウンタビリティ）は、アミティでは「応答する能力（アカウント＋アビリティ）」と解釈される。支援するとは、その人が一般社会で期待される行動に応答できるようになるまで支えることであり、過保護にも厳しくもしないということ、何にどう応答するかを本人の選択に任せ、自分の道をつかんでいく力を信じるということである。いくら罪を犯したとしても、彼らの手を引っ張って導き、代わりに人生を生きてはいけない。TCに応募するかを決めるのも、出ていくかを決めるのも、どう生きるかを決めるのも本人であり、その「選択」自体が自分の人生に主体性を持って取り組むことにつながる。運命に翻弄され自己憐憫に陥っていた人生を脱し、自分の運命を自分で決めていく、心次第ということを取り戻していくプロセスこそが重要で、支援者は一緒に考えたり、情報を提示したりはするが、選択には手を出してはいけないということだ。

これは言うは易しだが、実際には難しい。「そのままだとまた再犯しちゃうよ」とか、「そんな態度じゃこれからも生きづらいでしょ」と思うような人が目の前にいるとどうしても説得にかかってしまうのだ。相手が不器用であるほど、過保護な親のように先回りして「本当はこう感じてるんだよね」「こうしたいんだよね」と道を用意してしまう。この欲求から離れるのは本当に難しい。TCは構造的にも、TCに入るか出ていくかなど自身の選択を優先するようにできているし、それぞれの感情や意見を徹底的に出し合うことで最後は自分がどう感じるか、どう考えるかを決める仕組みになっている。支援者のおせっかいが出ないようになっているのだ。もちろんこれはTCに限った理念ではない。薬物を「やめさせる」ために支援者の望み通り動かすのではなく、薬物を使い続ける選択肢を残しつつ害を減らしていこうとするハームリダクションの考え方や、主として北欧で始まり日本でも多く紹介されているオープンダイアローグやリフレクティングのような、対話に基づき、本人の声を聴く精神科医療なども共通する理念である。Porporino (2010) は、「専門家は犯罪者を「直す」人から離脱をサポートするサービスを提供する人になるべきだ」として、専門家の役割を以下のように述べている。「私たちが本当に彼らを助けるためにできるのは、彼らの目標や、人生で価値を置いているものを明らかにし、矛盾するアジェンダがあることや変化のために払う犠牲を理解するのを助け、行きたいところに行けるように計画を改良・具体化することであり、最後に、そして結果的には私たち抜きで人生を歩む方法を学べるように、犯罪者とともに歩むことである」。

「応答する能力」を求める態度は普段の生活にも表れる。普段の一般的なグループワークや回復を支援するコミュニティでは「ケアの提供」の責任が支援者・運営者側にあり、利用者はそれになじむかなじまないか（気に入るか気に入らないか）という前提が強いのに対し、TCのメンバーはTCの文化の受益者であり責任を負う者でもあるという前提で始まるところが決定的に異なる。したがって、グループでやる気のない態度で座っていたり、宿題をやってこなかったりしても一般のグループのように「今日は調子が悪いんですかね」「そうですか、次までにやってきてくださいね」と優しく受け止めてはもらえず、TCに来た意味はなんなんだ、何に抵抗を示しているのだと問われる。そのほか、例えばグループ内で二人が私語をしていたとすると、通常は「私語はやめてください」と言われてその意味について考えさせられることはほとんどないが、TCでは「あなたたち二人がインフォーマルにこそこそと話すことがグループのメンバーに与える影響について考えてください」と言われ、自分のしたことが他者にどういう影響を与えるか逐一考えさせられる。

回復過程なのだからグループに参加できることがまず第一歩だとされ、ミーティング中に横になったり寝ていたり、気分次第で部屋を出て行ったりすることが許されるグループもあるが、TCでは、普通の社会と同様、コミュニティのメンバーに対して敬意ある態度をとることが求められ、一つひとつの行動に説明の責任がついてくる。敬意ある態度で振る舞うことは自分が敬意を持って扱われることと同じだからだ。

もちろん体調がしんどいとか、テーマによって過去の記憶が賦活されその場にいられなくなったということはあるが、そうであれば部屋を出る前に一言説明したり、そのときにそれができない場合は、後からグループでそのことを話したりすることを求められる。自分の体と心の動きに気づき、言葉にし、人に伝えていくことが、社会で生きていくということだからだ。そして素直に自分の状況や感情を話せれば、周囲からその努力をアファーメーションされる。社会でやっていけるように「支える」だけでなく、社会でやっていける基準の言動ができることを「求める」こともする。酷に聞こえるかもしれないが、障害がある人もすべて同じ基準を満たせという意味での「絶対的基準」ではない。その人がその人なりに（支えられながらも）一人で社会で自立して生きていけるようになることがゴールという意味だ。

TCは、支援する側もされる側も平等に、何をすべきか、何をしてはいけないか、求められていることは何か、自分なりにそれをどう行動に移すかを考え、「応答する能力」を発揮することを求められる、単に与えるだけではない、これまでにない治療関係であると私は思っている。

刑罰か更生支援か

ここまでは、TCの実践によって手放し、得られるものについて述べてきた。ここからは司法領域で働く支援者にとって迷いや障壁となるものについて、TC的な考え方をするとどのように克服していけるのかについて三つに分けて考えたい。その三つとは、自分の仕事では刑罰の執行と更生支援のどちらを優先すべきかという点、次に本当に行動変化に寄与できるのは当事者か支援者かという問いをどう考えるべきかという点、最後に、加害者の支援者は被害者感情にどう寄り添うべきかという点だ。

まず突きつけられるのは「刑罰か更生支援か」という選択である。これは、第8章で触れた保安か教育かという二項対立とも通じるものである。危ない人は閉じ込めておくべきか、それでも社会で回復すべきかといったこととも関連してくるかもしれない。刑務官も含め、多くの司法領域の支援者がこうした二択に悩まされ、どちらかを選択せざるを得ないような気持ちにさせられる。しかし答えは意外と簡単で、「両立可能だ」というものだ。

二〇二三年度、所属する大学から一年間の在外研究の機会をもらい、アメリカ合衆国メイン州に滞在した際、メイン州にある三つの刑務所を見学した。その一つ、メイン州立刑務所（Maine State Prison）に触れたい。メイン州立刑務所はおよそ千人の男性受刑者を収容する中警備・重警備刑務所で、難しい受刑者が収容されていることもあってその管理は支配的で、劣悪な環境の刑務所として最近まで名を馳せていたようである。余談ではあるが、作家のスティーブン・キングはメイン州の出身で、彼の小説が原作である映画「ショーシャンクの空に」はメイン州の重警備刑務所、それも劣悪な刑務所が舞台のため、この刑務所はそのモデルを自称している（映画上は「ショーシャンク刑務所」という名前であり、撮影も他州の刑務所でなされているが「ショーシャンク刑務所」と書かれたタンブラーを刑務作業製品販売所でちゃっかり売り出している）。

二〇一五年に放送されたテレビ番組「独房の国（Solitary Nation）」では、毎日のように喧嘩や自殺企図を起こし、自傷・他害のおそれがある人が入る特別マネジメントユニットの様子が映されている。四十～五十人分の隔離房のほとんどに人が入っており、罵声が飛び交い、排水溝がふさがれて汚物が溢れ、自傷で床が血だらけになり、それに刑務官が四苦八苦する映像だ（題名で検索すればインターネットで閲覧可能だが、モザイクはほとんどかからず怒号を聞くだけでもメンタルに響く衝撃映像なのでご留意いただきたい）。彼らの多くは精神疾患を抱えていてさまざまな苦しみもあり、他のユニットに出すとまた自他を傷つける、もしくは刑務官を襲ったり殺したりするおそれがあるので隔離ユニットから出せない、でも出さないとそこでまた個人の問題行動がエスカレートするという悪循環の映像だ。その映像に映る刑務官は、まさに「保安重視」「威圧や問題行動に屈しない」「危ない人は隔離せざるを得ない」という考えで行動しているのだが、新しい所長は、隔離ユニットの人とドア越しに直接話をし、受刑者を会議の場に呼んで彼らのニーズや意見を聞き、「危険があるうちは隔離ユニットから出せない」という刑務官たちと対話しながら、抑圧的な雰囲気を変えていこうとする。

映像は改革に取り組んでいる途中で終わりになるのだが、二〇二三年に現地を訪れたときには、映像で見た場所が劇的に変わっていることに衝撃を受けた。海外の刑務所をすべて見尽くしたわけではないが、うまくいっている刑務所に共通して感じる特徴がある。それは受刑者が穏やかな顔をしていて、すれ違う訪問者ににこやかに挨拶し、何より刑務官が、自分の刑務所の処遇の素晴らしさとやりがいを積極的に語る点だ。もちろん刑務官たちは保安を担っていることに変わりはないので、拳銃を携帯し、胸にはCCDカメラをつけ、あらゆるところに監視カメラを設置し、安全管理の業務はしっかり実施していたが、その言動から刑務官が受刑者を敵とみなしていないことがわかる。彼らは、ノーマライゼーションをポリシーとして刑務所改革を行ったこと、以前は違反や暴力沙汰が絶えず、特別マネジメントユニットが満杯で、新しい違反者を入れるために仕方なく定員である四十六人の中から一番マシな人を元に戻す状態だったのが、今は二人しか隔離されていないことを誇らしげに語ってくれた。

数年でそこまで刑務所が変われた理由を尋ねてみると、いくつかの要因がありタイミングも良かったと答えてくれた。まず州知事に人権派の政治家が当選し、その州知事が矯正局長に専門職を指名し、その局長が人道的な処遇政策を打ち出して、改革的な所長が就任したという政治的・行政的な動きがあったことが発端である。とはいえ重要なのは、所長が理念を打ち出すだけではなく自ら実際に受刑者に声をかけ、対話に参加したことだ。当初は刑務官も、さらには受刑者ですらも、対話を重ねて隔離ユニットに入る人を減らす方針には抵抗したものの、「こういう風に対話し、こういう風に処遇すると関係が良好になり結果的に違反も暴力も減る」ということを幹部が身をもって示したことで、みんなが同じように処遇できるようになった。そうなると、受刑者のほうも刑務官からの対話的な関わりに適応していって、治療的な関係性が出来上がったという。

映像では血だらけの人が閉じ込められていた隔離ユニットは、改装されて現在は開放的な処遇を行う寮となり、庭にあった鉄格子に囲まれた三畳×十人分程度の個人用の運動スペースも花壇になっていた。精神疾患を抱える人たちのユニットは穏やかな空気が流れており、その日のソーシャルスキルのクラスを終えて、外から通っている支援者たちとにこやかに談笑していた。犯罪者が刑務所でにこやかに過ごすことを良しとしない考え方もあるかもしれないが、しんどい状況を与えられ、それによって問題行動を繰り返して隔離ユニットを行き来し、さらに問題行動予防のためとして大量の投薬を受けてぼんやりさせられ、事件について考える暇も、出所してから自分が安定して生きるために何をすべきかを考える暇もないよりも、ずいぶん更生支援になっている。ちなみに、こうした治療的な関わりは「動的保安」として一つの保安の要素となりうるもので、同時に社会に出てからのことを視野に入れた更生の支援であるということは、第8章で触れた。保安と更生支援、治療的雰囲気の醸成と刑罰の執行を同時に同じ人が実行することは、理念上のものではなく、実践可能である。

なお、治療的な環境を持つ刑務所は、職員にとっても良い効果がある。Deitch, Koutsenok, and Ruiz（2004）は、刑務所職員の健康問題の予測因子として「受刑者との関係がうまくいっていない」ことが常にランクインしていることに注目し、カリフォルニア州の三つの刑務所に勤める一二〇人の職員に対し三つの質問紙調査を行うとともに、受刑者の規律違反、尿検査結果、職員の病気休暇数、職業上の怪我なども同時に調査した。なお、三つの刑務所とも、治療ユニット（治療共同体）と一般ユニット（非治療ユニット）があり、両者で比較を行った。

その結果、治療ユニットでは規律違反が統計的に有意に低下し、尿サンプルの薬物陽性率も他のアメリカの施設の平均より有意に低く（ただし尿の採り方は一律でなく解釈には注意を要する）、治療ユニットのほうが一般ユニットより十倍も暴力の発生が少なかった。そして、統計的に有意ではないが、治療ユニットの職員のほうが欠勤割合は低かった。刑務官の自己記入式の調査では、身体的健康に関して両者の差はなかったものの、心理的健康状態については治療ユニットの職員のほうが良好であった。さらに、治療ユニットの職員は、受刑者たちの感情により多くの関心を抱いており、感情や思考を他者とオープンに共有することに好意的であり、受刑者たちが向社会的なリーダーシップを取ることに支持的であり、釈放に向けた実際的な計画を立てることに関心を抱き、受刑者と職員がコミュニケーションをとることにも支持的で、こうした刑務官の態度が管理上プラスになって問題が少ない環境を生み出している、ということが示されている。長期的な結果として見た場合、治療的風土をつくること、その中で刑罰を執行することで、損をする人は誰もいない。

当事者か支援者か

二つ目の迷いは、当事者か支援者かである。当事者は、支援者より当事者のほうが彼らの視点に寄り添える、専門家は支援を押しつけるから有害だと言い、支援者は、支援者だからこそできる専門的な支援があると心の中で思っているというすれ違いだ。少し考えれば、当事者の当事者的側面はその人の一部でしかなく、専門職の専門職としての顔もその人の一部でしかなく、互いに目立つラベルを付け合っているだけで、人と人として関わらなければいけないということになるのだが、このテーマは、実践を通して当事者からあらゆる角度で突きつけられるので、特に初学者はとても悩み迷うところである。信頼関係ができるまでは、もしくは当事者同士の回復だけを信じる人たちから「お前たちに俺たちのことがわかるもんか」「専門家の言うことなんか聞くもんか」「当事者同士ではないと絶対に回復はありえない」などというメッセージを受け取り、「本当に自分は役に立てるのだろうか」と迷いが生じてしまうのだ。ここまで読み進めてくださった方ならもうおわかりだと思うが、こんな言葉はパワーゲームの一環で、全く生産的ではない。もちろん専門家を毛嫌いする理由には、自分が弱い立場に立たされていると思いたくないので強がっているということもあれば、本当に専門家に嫌な思いをさせられたということもあるのだろう。とはいえ「男の気持ちが女にわかるか」「女の気持ちが男にわかるか」と言い合っていても仕方がないように、それぞれが違う体験と感情を持っているのは当然であり、「わかるもんか」と主張する前に、互いの経験と感情を語り、理解し合えばいい。分断してかたまり、外部を批判し合うよりも、互いに話したほうが、自身の経験を整理し、手放し、より成長できるというのはTCのプロセスを紹介する中で何度も述べたことでもある。

ただ、「支援者」というアイデンティティを強く握っていると、これができない。互いに違う存在だと無意識に思っているので、自分の治療のほうが役に立つとアピールしようとしたり、逆に自分にできることは多くないと卑下したりしてしまう。TCには、スタッフとメンバーという役割の違いはあっても、専門家か当事者かに大きな意味を持たせず、むしろみんながそれぞれの当事者性を持っているという認識があるので、こうした軋轢はあまり前面に出ない。そして互いの異なる当事者性を持ち寄り、語り合うことで理解し合い、より強いコミュニティをつくることを優先する。支援者も訓練生も、互いの生い立ちについて語り合い、訓練生から見ると恵まれた環境で育ったように見えた支援者がしんどい思いをしてきたことを知って共鳴し、支援者は、自分の語りを受けて自己開示してくれた訓練生の歴史と努力に共感する。みんながときに何かの当事者となり、ときに何かの非当事者となる。それぞれの当事者性を持ち寄り学ぶこと、当事者性がない部分について当事者から学ぶことができれば、当事者と支援者の間には「風呂に右足から入るか左足から入るか」くらいの違いしかないことに気づく。

第4章で紹介したネイティブアメリカンの詩をもう一度引用しよう。

人々が良い意図を持って集まるとき
雲が湧き起こり　雨が大地を潤す

そして　われわれのために
新しい春がめぐってくる

大事なのは雨が降ることであって、集まる人は誰でもいい。

被害者感情と心の境界線

最後に、加害者支援をする人は被害者感情にどう寄り添うべきかという点に触れよう。支援者に求められるものが多様だということはすでに述べたが、求められていると勝手に「勘違い」してしまうことがある。それは、被害者感情を代弁することだ。それを意識化しない結果、刑務官が被害者の気持ちを知っているかのように「被害者の気持ちを考えたら刑務所で笑うなどありえない」と叱りつける例はすでに触れた通りである。

ここまで、語り合い、つながり、関係性を築くことについて触れてきたが、それと並行して重要なのは、平等な関係性には、健全な境界線があるということ、境界線を引く必要がある場面があるということである。境界線とは、私とあなたは違う、という体と心の境界線だ。それを一方的に超えることは暴力であるし、境界線があり互いに違う人間だからこそ、互いの気持ちを伝え合わないといけない。パワーの差があるとノーが言えないこともあるので、その点にも注意しなければいけない。性的同意などの文脈で、こうした考え方は一般社会にも浸透しつつある。

加害者の支援者として被害者のことを考えるとき、この境界線の概念は重要である。自分と被害者の境界線を明確にする必要があるからだ。多くの場合、加害者の支援者は被害者のことを直接知らない。そして違う人間だ。よって、代弁者になることはできない。また、事件の詳細を見聞きしたり、実際に被害者の話を聞いたりして自分の中に湧き起こった感情は「自分の」感情であり、加害者に一方的に押しつけてよいものではない。

書けば当然のことなのだが、これは実際には難しい。勉強熱心な人ほど、被害者の講演に出向いて話を聞き、被害者への共感に呑まれて、「被害者の痛みを加害者にも教えなくては」と意気込み、加害者が自分のペースで学びを深め、最終的に被害者の視点にたどり着くことよりも、「なんてことをしてしまったのだ」という懺悔の言葉を引き出すことのために努力してしまったりする。また過去に自分が被害に遭った経験があると、相手への感情も大きく賦活されるし、世論が懲罰的な視点を持つ罪種ほど、自分と世論との境界線も曖昧になり、自分の言い分に正義があるように思い込み、ひどい言葉を投げかけてしまう。例えば子どもの虐待死や性犯罪などはその典型だろう。島根あさひで、新しく入った訓練生が数人の幹部と面接しどの作業工場に行くかを決める会議に同席した際、性犯罪をした訓練生にだけ、ある幹部がものすごい勢いで「性犯罪は魂の殺人だぞ！　わかっているのか！」と怒号を上げ、終了後満足した顔をしていたのを見たことがある。それは自己満足であり、加害者のためにも、ましてや被害者のためになっているかさえ怪しい。

TCばかりをほめそやしていてもいけないが、アミティのTCのアプローチでは、最初に自分の被害者性について考え、自分の心の痛みに気づけるようになってから、してしまったことに向き合うようになっている。自分の感情に麻痺しているから他人の感情にも気づかない。自分の痛みに気づけるようになれば、「わかっているのか」などと怒号を浴びせなくても、自分のしてしまったことが想像できるようになる。相手との境界線を越えて、自分のペースでわからせようとするのは、加害者への暴力でもあると言えるかもしれない。そして「加害をしたから嫌な思いをさせられて当然」という因果応報は、暴力を本当に止めることに関心がない人の妄言だと私は思っている。

加害者が被害者のことを考えられるようになれたならそんな素晴らしいことはないが、もっと重要なのは次の被害者を生まないために加害者自身が成長すること、自分の行為をどういう形で償い修復していくのか考える力を持つことである。講演などではよく「被害者のことはどう教えているのですか」「受刑者は本当に反省しているのですか」などと聞かれるのだが、それは、被害者本人の言葉ではないなら、無関係の一般市民が求めることであり、被害者のことを徹底的に叩き込み落ち込ませることがその人の成長と再犯防止につながらないなら、そのニーズに応える必要はない。もちろん事件について考えさせないようにとは言っていない。事件の概要を見聞きして感じたことや考えたことを、一人の人間として加害者に伝えるのは、境界線を守ったやりとりだ。加害者の支援者はそれ以上のことはできない。私たちにできることはただ、自他を傷つける行動をとった人に対して、関係性を持ち、対話し、握りしめていたこれまでの生き方を手放して、暴力を振るうという形ではない新しい生き方・振る舞い方を手にしてもらうこと、それだけである。

最近始まった被害者の声を受刑者に届ける制度に対する私見は**コラム3**にも書いたが、支援者は、直接被害者の声を聴ける状態にない限りは、被害者の役に立てるのではないかという勘違いは手放さなければいけない。

＊

本章では、ＴＣの理念を学びそれを実践することが伝統的な専門職に求められることとどう異なるのかを個人的な体験をもとに示し、その理念が周囲から期待される支援者の色に染まらずに自分の色を模索することにつながりうること、そして司法領域のクライエントに向き合うときにぶつかる障壁や迷いを超える知識と力になることを述べてきた。ＴＣやその考え方がすべてを解決すると主張したいわけではない。しかし、誰かのニーズに応えたい、役に立ちたいと思って志した職業のはずが、いつの間にか周囲から期待される色に染まってしまって情熱を失っていることに気づいたとき、支援者としての自分自身に問いかけるヒントになる。また、最後に三つの障壁とその解決について論じた際に示したように、広く人と人の関係を眺める、もしくは人と人との関係性に立ち戻ることで、支援職の行き詰まりを解決する新たな視点が得られると信じている。

第Ⅳ部

回復共同体から離れて

刑務所を出てから、自他を傷つけずに生活をし、それを維持するためには何が必要だろうか。そして私たちの社会はどのような場であればよいだろうか。

第Ⅲ部は刑務所という場がトラウマを受けた組織であるという前提で話を進めてきたが、そもそも刑務所組織にトラウマ症状を持ち込んでくる受刑者は、その前に社会の中で傷を受けている。つまり、私たちの社会は、単に出所した人を「受け入れる場」ではなく、「生み出す場」になっていることにも自覚的になったうえで、自分たちの社会がどうあるべきかを考える必要があるだろう。ちなみにここでの傷は、単に虐待や差別や直接的な暴力だけではなく、安心してものを言えない、弱音を吐けない、我慢と沈黙を強いる人間関係の中にいるといったことも指す。失敗を許容せず排除する風潮や、インターネット上で匿名で人を批判するような最近の世間の空気も含まれるかもしれない。つまり、のちに加害者になる人を殴った親や差別をした人の問題といった狭い範囲の責任ではなく、私たちみんなの問題だ。

最後となる第Ⅳ部では、刑務所の回復共同体の視点から離れて、出所後の社会、つまりこれを読んでいる私たち全員が暮らす社会について考えたい。第11章では、TCを受講後出所した人たちが社会でどのような経験をし、どのように回復のプロセスを維持しているのかを述べていく。そして最終章となる第12章では、私自身がどのような社会を願うのか、自分に何ができるのかについて考えと希望を述べる。

第11章　つながりを社会へ——訓練生たちのその後

刑務所からの釈放には、仮釈放と満期釈放がある。仮釈放は、家族や施設などの帰る先がある人が対象で、地方更生保護委員会と呼ばれる法務省管轄の組織（事務局は保護観察所）の委員が面接したうえで、残りの委員とも合議して許可が出れば、言い渡された刑の期限よりも少し早く出所することができるという制度である。仮釈放となれば、刑期が満了するまでの間、保護観察を受けることになる。この期間は、保護観察官と定期的に面接し、支援を受けることが可能だ。二〇一六年には、本人の回復支援へのメリットを考え、刑務所に入れておくことだけを第一とせず、「刑の一部を執行猶予扱いにするので、その間社会内で支援を受けてくださいね」と裁判官が言い渡せる「刑の一部執行猶予制度」もできた。

仮釈放の許可に関する判断では、矯正施設内での生活状況だけでなく、事件について反省しているか、再び犯罪をするおそれがないか、保護観察下に置くことが改善更生のために相応か、社会感情が仮釈放を許すかなどを踏まえて総合的な判断がなされる。どんなにきちんと生活していても身元引受人が決まらない場合は仮釈放をもらえないし、懲罰などを繰り返していたり事件についての反省が見られなかったりする場合は仮釈放期間が短くなるか、満期釈放になることもある。最近では、刑務所に福祉専門職が配置され、満期釈放者であっても福祉的支援が必要な人には社会内の施設等とつなげていくなど、ここに書ききれないほど、必要な支援を提供する仕組みができつつある。

一方、当の受刑者たちは、自分がいつ釈放してもらえるのか、その一点に関心を集中させている。法律的には、刑期の三分の一が過ぎたら仮釈放申請が可能となり、刑務所はそのあたりから仮釈放申請の準備に入るが、すぐに仮釈放をもらう人はいない。既述の通りさまざまな基準で仮釈放は許可されるので、一定の刑期が過ぎたらもらえるものではないのだが、彼らは仲間の刑期を把握し、仮釈放になった時期を見て「あの人は何%仮釈放をもらった、だから俺もこのくらいの時期だろう」などと考え、その話題に花を咲かせている。「いつ仮釈放になるかな〜」なんて呑気に考えている暇があれば、もっと出所後のことを真剣に考えればよかったと、出所直前に気づくことになる。

島根あさひでは、仮釈放の人の出所日は毎週水曜日だった。その二週前になると、それまで生活していたユニットから「釈放前ユニット」に移動する。訓練生たちは仮釈放許可が出たことはその直前まで知らされないので、「そろそろかな〜」と思っていると、ある朝名前を呼ばれて荷物をまとめるように言われ、仮釈放が近づいたことを知る。前述の通り釈放はみんな待ち望んでいるのだが、釈放前ユニットにいるTCメンバーの何人かに声をかけに行くと、この二週間で逆に不安が高まったと述べていた。いざ出所を目の前にすると、思い描いていたように物事はうまくいくだろうか、地域社会で冷遇されるのではないか、就職先に犯罪歴がばれて疎外されたらどうしよう、家族とうまくやれるだろうかと不安に苛まれ、出所でき、家族や知人に会える喜びと、最悪の事態を想定してしまう不安とで押しつぶされる日々を過ごすことになる。

私は、TCメンバーと、そのほかに担当していたユニットの訓練生が出所する日には、出張などが重なっていない限り必ず出席した。仮釈放式は、さながら学校の卒業式のようだ。会議室の椅子や机が取り払われ、前面の壁には国旗が掲げられ、演台があり、出所人数分の椅子が整然と並べられている。私たちスタッフは、学校で言ういわば来賓席のような横の位置に座る。そこに私服の出所者たちが入ってくる。受刑服以外の服を着ている訓練生たちを見るのは初めてで、それも面白い。家族から事前に送られたであろうスーツをきちんと着ている人もいれば、入所のときに持ち込んだ服をそのまま着ていて、見た目で人を威嚇できそうないかつい格好の人もいる。事前に練習した手続きにのっとり、背筋と指先を伸ばして気を付け、礼をして神妙な顔で座っているのだが、着ているTシャツの背中の英語が大麻使用を礼賛している、なんていうシュールな光景になることもある。着ている服一つでその人の、その家の価値観や生活背景がわかったりもする。

式が終わると訓練生たちは部屋から早々に追い出されるので、スタッフは手短に声をかけ、見送る。照れながらお礼を言ってくれる人や、「手紙書きます!」なんて熱い人もいれば、嫌われていたのかと思うほどそっけない人もいた。迎えに来た身元引受人は希望すれば式に参加できるので、わざわざ「手紙でTCのことを聞いていました」と挨拶してくださる家族もいれば、式には参加せずに外で待っているという家族もいた。それぞれの態度には、いろいろな想いが詰まっているのだろう。そして十人十色、それぞれがその人らしい期待と不安に満ちた表情で再出発していく。彼らがどのような環境に帰っていくのかわからないが、スタッフから彼らに言えることは一つ、「頑張ってくださいね。

応援しています」のみだ。

この章では、TCから社会に出て行った人たちが、その後どのように過ごしているのかについて、出所後の集まりやインタビュー調査から見聞きしたことをもとにまとめていく。彼らがどのように犯罪をしないように頑張っているかだけではなく、社会にどのようにつながり働きかけをしていこうとしているかにも触れる。社会の一員である彼らの声に対し残りの人たちはどう反応できるのか、読者一人ひとりが考える機会になればと考えている。

社会とのつながりを掴む

多くの人は、刑務所を出所して立ち直るには、強い意思を持ち、仕事を得るという二つの条件があればよいと思っているかもしれない。しかし出所後、犯罪を選択しない人生を送っていくためには、意思と仕事の間にあるさまざまな条件が必要であるように感じている。そしてときに、頑張っても歯車がかみ合わないこともある。

出所した人からよく聞くのは、就職の難しさだ。採用直前まで行っていたのに、突然手のひらを返されて不採用と言われたという話は珍しくない。相手も明確に言わないが、空気感から「ああ、犯罪歴がわかったんだな」と思って理由を聞くのを諦めるという。犯罪歴により採用されないこともショックだが、相手が明確な理由を言わないまま、突然これまでと距離感を変えてくることも心を削る。「私」という存在は変わらないのに、「犯罪歴」というラベル一つで自分という存在が判断されてしまう。こうしたことが繰り返されるうちに「もう自分は組織の中では働けないんだな」と次第に諦めるようになる。実力や人脈がある人は自営業の道に行くのだが、そちらに進んでもすべての人が成功するわけでもない。

犯罪歴を隠して運良く仕事に就けることもある。しかし心の中は「ばれたらどうしよう」という不安でいっぱいで、飲み会でも人と親しくなれないという。採用担当の上司は犯罪歴を知っていても社員には黙っているという場合も多々ある。そうした場合は何かの拍子に犯罪歴がばれてしまうとすぐに全員に情報がいきわたり、良くて避けられる、悪くすると雑談中に違法行為の話になった途端、同僚がニヤニヤし始め「お前こういうの得意なんだろ？」と話を振られ、不快な思いを抑えて穏やかに話を聞き流さなければいけなくなることもあると聞く。また、罪は犯したが、あらゆる犯罪を肯定したり実行したりしてきたわけではないのに、一般人のイメージは「犯罪する奴はなんでもする」だ。いったん「犯罪歴がある」というラベルで見られると、やったこともない薬物や、所属したこともない裏社会のことを聞かれて、「私」として見てもらえなくなっていく。

犯罪歴があることで就職できないことに異を唱えたいわけではない。さまざまなリスクを考慮し防衛する、人を選ぶのも企業の当然の権利だ。昨日まで話していた人に受刑歴があると聞いたら驚く、見方が変わる、少し避けたくなるという心情も理解できる。ただ、誰もがそうであるように、一つのラベルで自分を見られ突然距離を取られたりからかわれたりするという関わられ方が、社会から排除されたような気分にさせ、社会とのつながりを断絶させることもあるという事実は伝えておきたい。

私から見ても社会が非道だと思うこともある。父親からの暴力と学歴に対するプレッシャーに苦しみ大学生時代に犯罪をしてＴＣに来ていたＴさんは、出所後は父親とは別居して働き、少しずつ生活も落ち着いてきていて、青年の支援をしている団体につながって人の支援ができないかと話していたほどだった。しかし父親から連絡が来たことをきっかけに虐待されていた記憶が再燃し、調子を崩した。トラウマ症状をＴＣで学んでいた彼は、自分は治療が必要だと思いＰＴＳＤを扱う医療機関に連絡したが、「加害をした人は受け付けません」と言われたという。Ｔさんはなかなか医療機関が見つからず、仕事も続けられなくなり、経済的に困窮し、さらにそのことが彼の調子を低下させ、家からなかなか出られなくなってしまった。最後にＴさんと話したときには、以前担当してくれた保護観察官が心配してくれて、生活支援に関する手続きを教えてもらい、かつ、うつの治療ができる病院を紹介されたと述べていたが、それまでの間に彼の社会的・心理的な機能は著しく低下してしまっていた。医療機関だからすべての人を受け入れるべきだとは言わないが、最初の医療機関が彼を迎え入れてくれていたら、という気持ちは抑えきれない。

インタビュー調査の呼びかけに応じて協力してくれたＵさんに数年ぶりに会ったときには、刑務所内にいたときとは異なる雰囲気の人になっていることに驚いた。二十代半ば、大麻取締法違反で入所していたＵさんは、両親と兄の四人の表面的には普通の家庭で育ったものの、毎日のように兄から暴力を受ける家に寄りつかなくなって不良集団に入り、高校も中退して遊興的な生活をしている中で逮捕されて入所していた。若くして感情をどこかに置いてきたのだろうなと思うほど表情が変わらない、冷静で人と距離をとる人だったが、ＴＣでは兄からの暴力や家庭環境、荒廃していった自分の感情について語るようになり、笑顔を見せることもできるようになった。話しぶりや理解力から非常に聡明な人であることは一目瞭然で、刑務所内で高校卒業程度認定試験を受けてほとんどの科目で合格し、人生の立て直しをしていくと元気に出所した。しかし数年ぶりに会った彼は、「外に出るのが久しぶりで、歩き方はこれでよかったのか、自分の服は変じゃないかと気になる」と自虐的に笑う、自称「引きこもり」になっていた。

出所後、知人に引受人になってもらったうえで自立の資金を貯めてすぐに一人暮らしをし、ある飲食業界の職人になることを夢見て、いくつか支店を持つ店で働き始めたという。経過は長いが端折って言えば、経営者は、「いつか正社員にしてやる」という言葉をエサに彼を使い捨てにした。朝早くから働き、正社員と同等の仕事をし、何度か待遇を掛け合っても「少し待っていろ」「もう少しで次の支店ができるからそのときに」などと引き延ばしたという。職人になりたいという夢も、待遇が悪くても仕事を間近で学べるという思いも徐々に廃れ、五年ほどたったときに「ああ、もう無理なんだな」と思って辞め、そこからは家の中でPCでできる仕事をしているとのことだった。彼は、自棄というよりは諦めた口調で「やらないだけで、家で大麻育てて売ろうかなとか考えることもあります。捕まったっていいし、その商売で人が依存症になっても、別にっていう気持ちなんです」と話した。また、「所詮自分たちなんて、スタートがマイナスからなんです。刑務所に入る前からマイナス。刑務所に入ってマイナス。同じ業界で働き続けたのだって、人に言わせれば辞めて次に行けばよかったとか言うんでしょうけど、自分たちなんて這い上がる能力がないんです」とも述べた。彼の中で、社会や経営者に怒りをぶつけるだけのエネルギーすらも枯渇し、自分自身の可能性を諦めざるをえなくなっていることが悲しかった。なぜなら社会を恨む、誰かを恨むというのは、まだ社会に期待している、誰かが手を差し伸べてくれるはずなのに俺のところには来ない、と期待していることの裏返しだからだ。彼にはもう社会への期待すらないように見えた。

これらの話を聞けば、おそらく「自業自得」だ、とか「犯罪をしていない人だってその環境で生き延びているんだからぜいたくを言うな」という声も出て来るかもしれない。思想はある程度は自由だが、私はいくつかの理由からそうは思えない。一つは、犯罪をしてしまうことは「自業自得」なのかを考えるべきだと思うからだ。そして、「俺も／私もしんどいんだからお前も我慢しろ」という、弱者が弱者の足を引っ張る論理は不毛な社会しか生まないからだ。これが進むと、より虐げられているべき人が自分より優遇されていると思うと批判するという歪んだ心理も生む。「最低賃金で必死で働いているのに生活保護受給者は働かず自分よりお金をもらっていていいご身分だ」「被害者がしんどいのに加害者が衣食住を確保されるのは不当だ」など、自分のしんどさの表明が、人への批判にすり替わる「他罰社会」に変わる。本当に必要なのは、すべての人が、一定水準までサービス・ケアを受けられるように底上げされることだ。

「自業自得」の循環では加害者は変わらない。そして被害者は増える。犯罪を続けている人（持続者）とやめた人（離脱者）のインタビューの内容の比較を行ったMaruna（2001）は、離脱者の語りには特徴があったと述べている。すなわち、持続者は過去にこだわり、「〜があるから／ないからうまくいかない」という非難の文脈で物事を話すのに対し、離脱者は持続者と同じようにひどい経験をしていたとしても、自分がどう変われたか、他者の助けを受けて何を成し遂げられたかということが中心に語られ、そのうえで、社会にお返しをしたい、もしくは自分たちと同じような経験をしないよう他者を助けることで自分の経験を活かしたいという回復に焦点が当たる語りが多かったというものだ。つまり犯罪を減らしていくためには、「自業自得社会」を抜け出し、「手助けしてもらえた」「居場所を感じられた」「恩返ししたい」と思う社会であらねばならないということだ。それは支援者というプロが支援すればいいでしょう、という話ではない。自分が生きている社会への愛着を持つ／取り戻すということであり、私たち社会全体がどうあれば犯罪を減らせるかという問題だ。少なくとも何かをした人の頭を踏みつけて恨みの悪循環を起こすことは、良策ではない。

社会に組み込まれる

歯車がかみ合い、周囲の協力もあってうまくいく人たちもたくさんいる。父からの暴力と面前DVの体験がある第6章で紹介したFさんは、感情を麻痺させ葛藤を避け、相手のニーズに沿うパターンとなっていた振る舞いを変化させ、待ってくれていた妻との関係性を変化させたことで日々のストレスに対処できるようになった。部落差別を経験したCさんは、自分は被害者だと自己憐憫に陥っていたことに気づき、改め、自分が支援できる立場になることを目指して大学に通った。彼は迷ったときに島根あさひの教育アドバイザーの藤岡氏のもとを訪ね、自分の想いを話して聞いてもらいながらバランスを保ち、自分なりの生き方を模索し続けた。ネグレクトにより幼少期から施設や里親のもとで育ったHさんも、出所後は更生保護施設と呼ばれる帰住先がない人の施設に行き、雇用先で暴力被害に遭うトラブルなどに見舞われたが、地域の支援者につながれていたことで支えられ、以前のような

「孤立→自己憐憫→犯罪」のサイクルに至ることなくなんとか踏ん張ることができた。

家族がいても再犯をする人はいるので、受け入れてくれる人がいればいいわけでもない。また支援者につながる必要があるわけでもない。高校卒業と同時に母親が自分を置いて出て行ってしまい、生きていくことに必死で人とのつながりに乏しかったKさんは、行きつけの飲み屋を見つけ、店主や常連の客と良い関係を持つことができたことで、あるときは愚痴をこぼして聞いてもらったり、あるときは他の常連客を励ましたりできたことが良かったと述べていた。彼は人とつながることができただけではなく、そのおかげで母親との関係も改善して再び同居するようになり、母の最期を看取ることができたと話してくれた。自分が支援者になるという社会とのつながり方もある。ある人は心理学を学び支援者になると言って大学・大学院に進学したし、ある人は活発な活動をする支援者とつながり、社会の中で犯罪をした人たちの支援をする仕事に就いた。Jさん、Lさんは対人支援職として活躍中だ。

Veysey（2014）は、犯罪をした人の回復は、精神障害のある人や依存症者、身体障害者や離婚した人などスティグマを抱えたグループと似ているとし、人間の変容に関する一般化されたモデルを提唱した。それは、①衣食住と情緒的・身体的安全を基礎として、②エンパワーされる関係性からさまざまなスキルを身に付けること、③価値のある社会的役割を目指し実践すること、④②と③をもとに人生の再文脈化（過去の経験の見方を変え、自分自身を再定義する）を図ることである。このように、社会とつながり直すことは、自分と他人と環境と社会の条件が整ってこそ実現できるものだ。刑務所という仮の場所で①②を整え、犯罪をするに至ったさまざまな経験を整理するとともに、出所者／犯罪者というスティグマに呑み込まれないように練習することは重要であり、TCはその努力をしている。かりそめであっても、安心できる場所、信頼できる関係がどのようなものかを知っているかいないかは大きな違いだ。とはいえやはり、刑務所はそこまでしか役割を果たせない。出所して、助けを借りながら①をつくり、②を実践し、そして③④へと進んでいくために必要なのは、本人とその周りにいる、あなたを含む誰かとのつながりだ。

受刑者同士のつながり

幸運にもつながりに恵まれる人、自分から支援を積極的に求められる人もいるが、そうではない人もいる。また、刑務所内でつくった信頼関係が出た瞬間途切れてしまうのももったいない。せめて、新しいつながりができるまで、緩やかな居場所づくりができたらいいのにという思いで、二〇一二年二月、藤岡淳子氏と一緒に、TCの出所者が集まる「くまの会」をつくった。

きっかけは、立ち上げの数か月前、一人の出所者がフェイスブックを通じて連絡してきたことだった。その彼は周囲から暴力の被害に遭ったりいじめられたりした経験があり、TCにいるときから不信感が強く警戒的な人だったが、刑期の関係もあってあまり長くTCには滞在できず、私自身も、彼の経験や対人様式に深く触れられないまま出所したため気になっていた人だった。彼は現在の職場でもその警戒的で被害的に認知しやすい対人様式からしんどい思いをしていることなどに触れていたが、こうして文字にして聞いてもらえる場所があるだけで少し吐き出せる、と書いていた。頻繁にやりとりをしていたわけではないが、「こうして自分の背景を知っている人と少し話せるだけで楽になるんだな」と気づき、支援施設を立ち上げるなど大きなことはできなくても、緩やかにサポートする人間関係ができないだろうかと考え始めた。そんな時期にタイミングよく、別の出所者が連絡をくれた。その人は、近々出張で出かける場所の近くの飲食店で働いているという。藤岡氏には、個人に肩入れしてわざわざ会いに行くまでしないほうがいいと忠告を受けたが、勇気を出して寄ってみることにした。彼が働いている店に客として訪問し、少し雑談ができた程度だったが、元気にしている姿を見られたということもさることながら、その彼も「すべての人に刑務所に行っていたって明かせるわけではないし、いろんなことを話した人とこうやって素で話せるのは大きいですね」と話していたのを聞いて、いよいよ、グループを立ち上げたいという気持ちが強くなった。そして、フェイスブック内で「秘密のグループ」（招待しなければ検索も入会もできないので部外者にはわからない）機能があるのを知り、まずはネット上でつながることを考えた。

フェイスブックのグループをつくるときに決めたことがある。みんなで支え合うグループをつくることが目的であり、グループの活動以上に私個人で誰かを支援する動きはしないということだ。近況交換などで個別のメッセージのやりとりはするとしても、そこで私たちが本格的な相談業務のようなことを行ったり、通話機能を使って困りごとに対応したり、フェイスブック以外の連絡先・居住先の情報交換をしたりはしないようにした。一度だけ、出所者の住んでいる地域で大きな災害があった際、支援物資として食料を送ったことがあるのと、インタビュー調査のために個別に連絡を取ったことはあるが、それ以外のやりとりはしていない。それが私が勝手に引いたラインだ。

連絡を取っている時点でルール違反だ、心理士としての倫理違反だという批判の声も出るだろう。私としても、絶対に連絡を取るべきだ、取ったっていいだろうと開き直るだけの明確な論理は持ち合わせていない。ただ、刑務所で「あなたたちと人として関わる」と言っていたことを嘘にしたくなかった、そこがどんな場であろうと、彼らと人として関われる自分でいたかっただけだ。何より、彼らを普通のレベルで信頼していた。普通のレベルというのは、犯罪歴に関係なく他者を信じる／警戒するレベルという意味である。そもそも、捕まったことはなくてもろくでもないことをする一般人は存在するし、犯罪歴があるから次も絶対悪いことをするとは限らない。自分に悪い影響を及ぼすかもしれない可能性は、いつでも、誰でも五分五分だ。なんなら、知らない一般人より、知っている出所者のほうがよほど安心だ。そして出所者から見た私たちも絶対安全で傷つけない存在ではない。無意識で相手の尊厳を傷つけることを言ってしまったりいらだたせてしまったりすることもあるだろう。支援者が要支援者にろくでもないことをすることだってある。互いの安全が保てるなら、ルールを守るよりも、できることをしたいという欲求が勝った。

グループをつくったことは後悔していない。連絡をくれてフェイスブックでつながった人をグループに招待し、何か相談したいことがあれば掲示板に書き込んでお互いにアドバイスできるようにしたり、私自身も対面の会を開くときの告知に利用したりした。そしてTCを理解してくれる支援者もグループに招待した。出所者同士は、このような会がなくてもなんらかの形で連絡を取り合ったりしていたようだが、TCメンバーたちは趣旨に賛同してくれてフェイスブック上で交流し、対面で行うバーベキューや、不定期で行う集まりに参加してくれた。日常に追われ、したことを忘れていくこともある中で、刑務所で見ていた支援者がいて、関係が近すぎる人ばかりではない公の場所で近況を語り、過去の自分を見つめ、今いる位置を改めて実感する場は重要だと語ってくれた人もいる。忙しくなり、別の場所で「居場所」が見つかれば来なくなっていい。でも、少し「居場所」や「語れる場所」が必要ならばこの場を使ってほしい、そんな気持ちで緩やかに始めた。また、アドバイザーの藤岡淳子氏の、「犯罪をした人を受け入れる社会をつくるには、当事者の声を聴き、「同じ人として」理解してもらうことが重要だ」というポリシーもあって年に一回はイベントを開き、ときに出所者複数名の声を聴くイベント、ときに支援者と元受刑者の対話のイベントなどを開いた。そしてそれに、くまの会のメンバーも快く協力してくれた。

一度だけトラブルが発生したことがある。フェイスブックで輪がつながると良いと思い、所属メンバーであれば「招待しますよ」という文章を書き込み、入った人は一言挨拶してもらうようにして、新規メンバーを誰でも招待できるように設定していた。何も支障なく運営できていると呑気に過ごしていたある日、全く知らない支援者から電話が来て、フェイスブックの管理はどうなっているのだと苦情を言われたのだ。聞くと、あるメンバーが書いた、「その支援者が自身の組織内で不適切な行為をしている情報があるので、知り合った人は適度に距離を取ったほうがいい」という趣旨の書き込みを目にしたという。調べたところ、いつメンバーになったのかわからない別の人が参加していることに気づいた。推測でしかないが、当時精力的に支援者の活動をしていた高齢のメンバーが、そこでつながった人を一言みんなに知らせるという手続きを無視して招待したか、もしくは招待したことすらわからずボタンを押してしまったのかもしれない。せっかく情報共有のために書き込みをしてくれたメンバーの内容が外に漏らされたことを本当に申し訳なく思ったのだが、私はさらに失敗を重ねてしまった。事態をメンバーに説明した際に、「みんなが招待できる権限を持っている以上こういうことは起こりえた」と書いたところ、あるメンバーが、「ばれないように生きているのに、こういうことから漏れることを安易に考えてもらっては困る」と怒り、グループを脱退してしまったのだ。彼は支援者になろうとしていたこともあり、過去を知られることを最もおそれていた人だった。彼が言ったことはもっともであり、自分の配慮の足りなさを猛省した。その後彼とは「どこか支援者の集まりで会っても知らないふりをしてほしい」と言われ、連絡はしていない。

この一件を経て、くまの会は自分たちの回復や支え合いのため以外に使わないというポリシーを貫き、細々とやっていくことの大事さを改めて感じた。

そんなくまの会だが、二〇一六年ごろを境に、私が退職して新しいメンバーを誘えなくなっていったことや仕事が忙しくなったことなどもあって、私たちが呼びかけて対面で集まる頻度は減っていった。それでも、イベントなどには引き続き協力してくれたし、二〇一八年ごろ、アミティのナヤさん、ロッドさん夫妻が来日したときには、二人を交えてグループで分かち合いをした後、メンバーが大阪の屋形船を予約してくれて一緒に食事などもできた。現在くまの会は、出所者と私以上に精力的に交流し、支援をしている坂上香氏や、出所メンバーが支えてくれており、関東での集まりや、コロナ後はウェブでのくまの会などを開催してくれていて、ほぼ私は何の貢献もできていないが、他のメンバーがつながりを維持している。

誰かが誰かにお金を借りて逃げたらしいといった話を聞くなど、つながりを持つからこそ生じるデメリットもある。しかし、出所者同士に限らず、気をつけなければどこにでもだまされる、引き込まれる、逃げられるという話はある。つまり、TCの人と関わるリスクが他の人間関係のつながりより高いとは思えない。一方で、メリットはとても大きいと感じる。支援者から励まされる以上に、同じ場所を共有した仲間、時期は重なっていなくても同じ立場で同じ気持ちを味わったであろう人と当時の気持ちを分かち合い、頑張っている姿を見せる／見ることができたり、ときに喝を入れながら励まし合えたりする関係は、絶対に支援者では提供できない。

そして、彼らの互いに共感し支え合おうとする力には驚かされることもある。二〇一九年、久しぶりにメンバーが集まった際、二〇一八年に松山刑務所から受刑者が脱走した話題になったときには、メンバーの一人が「いやあ、ほんと、頑張れって思いました」「どうにかして支援できないかなとまで考えたよね」と話したことがあった。メンバーはルールを破った行動を肯定したのではなく、「ダメなことはわかっているが、逃げ出したくなる気持ちも、しんどい気持ちもよくわかる」という意味で話していたのだが、私は「脱走した人にも共感するくらい同一視するんだ」と驚き、数人もうなずいていたのでこの人に特異なことではないのだとも感じた。知らない逃走受刑者にもこうなので、メンバー同士への共感的な態度はとても強い。しんどい状況にあって死にたい気持ちをフェイスブックに書き込んだメンバーに他のメンバーが、自分も同じ思いになったことがあると明かしてメッセージ上で励まし、親身に、かつ根気良く関わっているのを見ると、自分にはできないと本当に敬意すら抱いた。支援者の枠組みではできないことが、出所者同士の関わりではできる。自他を傷つけることに使っていた力が別の方向に向いたとき、彼らの持つ力は素晴らしい威力を発揮する。その価値を、

「犯罪者同士つながってもろくなことをしない」と一蹴する人がいるとしたら、「あなたは本当にいいものを見たことがないのですね」と伝えておきたい。

何が彼らを再犯から遠ざけているのか

社会とのつながり、仲間のつながりを中心に出所後の話を書いてきたが、最後に、彼らへのインタビュー調査から見えた、「何が彼らを再犯から遠ざけているのか」に触れておこうと思う。

まずは彼らの言葉から引用しよう。彼らに「なぜ犯罪をやめ続けることができていると思うか」を聞いたところ、多い順に、①考える力・自己認識力が付いたこと、②周囲との（情緒的な）つながりができたこと、③今の自分への本来感や確信、目標が持てたこと、④環境があればやる、今はやっていないだけという意見となった。

「考える力・自己認識力が付いた」は自己をモニタリングすることが可能になったということだ。生まれ変わったように考え方を一八〇度変えられるかではなく、前と同じ自分の思考が出てきたときにどう気づいて変えていけるかに重心がある。以下の語りからは、再犯率を効果的に下げると言われる認知行動療法の考え方がより実践的に身に付いていることがわかる。

自暴自棄になってるときも、自分でいろんな言い訳をしているわけじゃないですか。こうこうこうだから俺はこうなんだ、と。その「こうこう」の部分がなくなっちゃっているから。（…）「お前その自暴自棄合ってんの?」って。言い方変だけど。

TCにいたおかげかなって。こういうところで再犯する人は超えちゃうんだな、って考える力が付いたから。自分でちゃんと無理に抑えないで。だって思っちゃうんですもん一回超えてるから。(…)日々の努力ですね。だから再犯ってあるんだと思います。

「周囲との(情緒的な)つながり」は、犯罪をなぜやめていくかという研究で重視されている「絆」というものと類似している概念だろう。

くまの会もそうやし、出てからの友達の飲み会とか同窓会とかに出れるようになったっていうのは(大きい)。(…)そういうの支えですね。(…)あと、TCの若い子がみんな頑張ってるじゃないですか。(…)子ども三人できて頑張っとるとかそういうのですね。このくまの会の集まりはすごい重要ですね。自分が犯罪犯したって日ごろ意識してないから、ここに来ると、悪いことしたんだなーって思っていっぺん頭一回転できるから。

んー……(家族への)恩……もあるかな。もうああいう気持ちにさせたくないっていうのもあるし、そういうのより、いい思いさせたいじゃないけど、なんか……もっと……大事さっていうのに気づいたし。いろんなことをしてあげたい。

「今の自分への本来感や確信、目標」は、今の自分がしっかりやれているという感覚や、目標に向かえているという自信のことである。これは先述のMaruna（2001）の離脱者研究による「回復に焦点が当たった語り」と符合するところだろう。

再犯をしていない自分に、本来感というか、実感みたいなものを感じていれば再犯をする必要がなくなる、再犯する必要は限りなく減ると思うんです。（…）居場所を見つけてそこに実感みたいなものが、「俺はいいぞ、今」みたいなのが感じられれば、再犯という選択肢はないですよね。

そうですね、心の安定っていうか、目標、目的ですね。目標が「再犯しない」とかだったらマイナス過ぎるなって思って。残りの人生「再犯しない」で生きるとか、ほんとね。

「環境があればやる、今はやっていないだけ」と語った人も少数ながらいた。前者は本章の中盤で述べた、頑張ろうとしたが正社員になれなかったTさんだ。再犯した人が、「絶対やりません、今もやっていません」と周囲に嘘をついていたり、言い訳しながら徐々に自分が犯罪できる環境をつくっていったりする事例を知っている私としては、これはこれで、正直で良いと思っている。そして自分がいつでも犯罪を選択しうることを自覚していながら、もしくは自覚しているからこそその環境に自分を置かないように慎重に行動できている。

今でも、僕は薬物で捕まりましたけど、例えばすべてが安心する状況だったとして、(例えば)小さい会社で沖縄旅行しようと言われて、(そこで同僚に)薬やろうと言われても断る理由がないんですよね。今の段階で「やりたくて探す」ことはないですけど、あったら絶対に断らない自信もあるんですよね。

誘惑はあるけど……目の前に通り過ぎることはあるよ。何回もモノは見とるし。(…)見たからやりたくなったっていうのは、やりたいときに見たのであって、見てやりたくなるっていうのは、女見てやりたくなるっていうのと一緒。「覚せい剤」って思い出すけど、行為までに行くレベルにはならんわけよ。

社会的ワクチンとなる

回復した彼らに共通すると感じる点がある。それはそれぞれが「何かの役に立てるなら、自分にできることはしたい」「社会にお返しをしたい」という気持ちを持っていることだ。これは、「自分の受刑経験を役に立てたい」というストレートな表現ではないところに重要なポイントがあると私は思っている。もちろん、元TCメンバーには、経営者になって自分と同じような立場にある人や支援が必要な若者を雇用している人、経営している会社でTCの手法を使って社員たちと対話の場を設けている人、実際に支援者になっている人、資格はなくても支援の活動を行っている人などは多くいる。しかし興味深いことに、犯罪歴を隠さずに、「元犯罪者として、元犯罪者の支援をします!」と大々的に掲げて活動している人は、私の知る限り一人もいない。しかし、なんらかの活動をしていなくても、何かあればいつでも協力したいという人はとても多い。だからこそ、私のインタビュー調査に応じてくれたり、自分の過去が漏れたり批判されたりするかもしれないリスクを冒して、イベントでのスピーカーを引き受けてくれたりする。

重要なのは、彼らが「元受刑者」「犯罪者」をアイデンティティの中核に置いていないことだろう。それはアミティが伝えている理念に関連する。アミティのテキストの中には、「社会的ワクチン」と、「自分で心の中の刑務所に入らない」という言葉がある。社会的ワクチンの項目では、天然痘ワクチンが開発されたプロセスに触れ、依存症や受刑を経験できた人が社会に出て活躍することで、社会がより強くなっていく、つまり一人ひとりが社会に出て自分なりに活躍することで社会に影響を及ぼすことができるということを一緒に議論する。「心の中の刑務所に入らない」という表現は読み物の中の一行でしかないが重要な概念だ。変化を諦め、自分の可能性を捨て、世間から求められる反省や償い、批判に押しつぶされ、本当の自分自身と社会とのつながりを再度切ってしまえば、自分で心の刑務所に入ることになるという表現であり、最終的に自分を犯罪者と切り捨てるのは自分だ、という意味で使われていると私は解釈している。またアミティの教育では、当事者運動が腐敗した歴史も教え、「社会で活躍する」中身は、偏見を持たれてきた歴史に抗議することでも、経験者であることを武器に誰かの支援者になれると自我肥大を起こすことでもないということを伝える。訓練生に聞けばこうした細かい表現は覚えていないだろうが、おそらく理念は伝わっているのだろうと思う。つまり、自分自身をまず成長させ自分が地に足をつけて生きること、それができればまず自他を傷つけない生き方ができる。そうすればそのうえで償えること／自分にできることで社会に貢献できる。自分自身と社会の両方とつながりつつも、どちらかに強制された形ではない、「犯罪をしたその後」の人生を生きていくことが重要であるということだ。

加害者が自分の心の中のさまざまな葛藤を乗り越え、変化し、社会に出ていく話をすると、時折「加害者は自分が危害を加えたほうだから整理しやすいよね」とか「加害者は自分で選択した行為で嫌な目に遭っているだけで、被害者は一方的に危害を加えられて苦しんでいる」「人を傷つけておいて回復しましたなんて呑気なもんだ」「被害者がいることを忘れないでほしい」などという声が耳に入る。私は、「加害者だって」と同じ土俵で反論してどちらが不幸か、忘れられているかを争う気はない。ただ言えるのは、加害者の一部は確実に、それぞれの形で自分の過去に向き合い、人生の立て直しと自分にできる償いを考えているということだ。そして大きな社会運動はできていなくても、良き社会人になること、自身の大切な人に良い影響を与える存在であることを目指し、安心・安全を感じられる場をつくろうと努力している社会的ワクチンとして、私たちの社会をほんの少しずつだが、でも確実に強くしてくれている。

読者の多くには犯罪歴はないかもしれない。だが、彼らほど苦しみながらも過去と自分自身に向き合い、心の中にある正直な感情を否認せず表現し、ごまかしたり逃げたりせず他者と向き合い、自分にとっても他人にとっても安心・安全な場をつくることができているだろうか。

出所者たちの頑張りや苦労にむやみに同情してほしいわけでも、必要以上にたたえてほしいわけでもない。ましてや彼らの物語を聞いて、生身の「人」から離れた政治や法律のことを考えてほしいとも求めていない。ただ、自分がいる社会のために、自分にできること、これからできることは何かを、ともに社会に生きる仲間として、彼らと一緒に考えてほしいと願うばかりである。

第12章　対話の場を広げる――治療法から尊重の文化へ

　ここまでの間に、すでに読者の中にはさまざまな思いが巡り、自身の生活圏にある組織や人との相違点を思い出したり、感じ、考えたことをどう自分の人生や仕事に生かしていこうと考えたりしているかもしれない。日本で最初の刑務所内TCが成立するまでの過程、そしてその中の訓練生たちの物語を書いた本書が、内容に賛同したり批判したりしながら皆さんに利用してもらえるものになればと思っている。というわけで本来ならここで終わりでもよいのだが、私自身も転職によりある意味刑務所を出所し、社会の中で自分が経験したことをどのように生かせるか模索してきたところもある。最終章となる本章では、私自身がTCでの経験のその後、どのようなことに取り組んだか、そこでどのようなことを考えてきたかに触れつつ、今後に向けて思うことを共有していこうと思う。

性犯罪被害者のTC

　私が所属する一般社団法人もふもふネットでは、性犯罪の加害者やその家族の個別面接やグループワークに加え、性犯罪の被害者や子どもが性被害に遭った母親の会などを実施している。被害者のグループ「たぬきの会」は、私がまだ刑務所で勤務中に出入禁止になって仕事を干されている真っただ中の二〇一五年ごろ始まった。代表の藤岡淳子氏、野坂祐子《さちこ》氏（当時、大阪大学大学院准教授）が音頭を取り、両氏が個別に関わりを持っていた人たち数人を集めて被害者のTCにチャレンジするという。私は、両氏の意向を汲みながらTCのテキストをアレンジしてこの会用のオリジナルテキストを作る担当となり、一緒にグループにも参加した。

トラウマの直接的治療ではなくあくまでつながりをつくることが目的のため、参加者になる条件を、すでにトラウマ症状に関する治療が終了しているか相談できる支援機関を持っていることとし、月一、二回のペースで、試行として全五回行った。ちなみに「たぬきの会」の名前は、出所者のグループ「くまの会」にちなんで代表の藤岡氏が適当に考えた名前であるが、「た：たくましく」「ぬ：ぬけてるくらいがちょうどいい」「き：きっとうまくいく」の頭文字を取ったと後付けでそれらしくした。

テキストはアミティの女性用テキスト「心の庭を手入れする（Tending the Heart's Garden）」の内容を引用・加筆したもので、表4のような内容で構成されている。

いい体験だったかそうでもなかったか、うまくいったかいかなかったかは参加者個人の感想によるだろう。実際、一人のメンバーは、初回参加後参加を辞退した。ただそれも、自分が嫌だと思えば無理をしない主体性だと思う。私の視点で感想を言うなら、「いろいろなことが起きてとても興味深い五回だった」ということになるだろう。

最初に自己紹介を終えた後に気持ちを聞いた場面では、「加害者も使っているこの部屋、椅子にい

表4 「たぬきの会」のTCで用いたテキストの構成

1	春を信じますか？	自己紹介。厳しい冬を経験した後の「春」を回復・蘇生の比喩とし、人生の冬（被害）と春（回復）についてのそれぞれの意見・気持ちを述べる。
2	役割	人生の中でどのような役割を与えられ、果たしてきたかを振り返り、役割（や身に付けた反応）を自ら変えていく可能性について語る。
3	傷	最初に呼吸法やグラウンディングを復習したうえで、人生に影響を与えた傷について語る。傷つきを理解し、傷つけたものより大きく成長できる可能性について語る。
4	葛藤とサンクチュアリの年表	葛藤を与えた人・場所、安心や保護を感じることができた人・場所について時代を追って思い出し、互いの記憶を共有する。
5	まとめ	これまでの体験について感情や意見を語る。

ることがしんどい」「トイレも同じものを使いたくない」という意見が複数出た。藤岡氏、野坂氏は全員の気持ちを聞き取り、どうすればいいか話し合い、消臭スプレーで手を打つことで合意した。初回の「春を信じますか？」という問いかけをする詩を読んだ後には、一斉に「春を信じるも何も、春が来たことがない！」という怒りに満ちたテキスト批判が繰り広げられたのも興味深かった。これまで体験した男性グループの場合は、不満があってもかなり溜め込んでから言う、無言によって怒りを表す、言うとしても一人で文句を言うか、論理的な矛盾を突いてくるという経験のほうが多かったが、このグループでは、瞬間的に感情に火が付き、またそれがメンバーにすぐに飛び火し、「そうだそうだ」という同調の波になってグループの統制が失われんば

かりになった。また怒りの理由も、これまでの経験では、怒り出したとしても、ゆっくり聞けばあの言葉のあの表現が気に入らなかったんだな、とか、あの人にわかってほしかったんだなということがわかることが多かったが、このグループでは、どれだけ聞いても「私はこんな文章嫌いだ！」といった感情と、加害者や社会や環境への怒りが一気にまとめて話されており、文章に怒っているのか、スタッフに怒っているのかもわからず混乱した。起きている出来事の性質が、メンバーが女性であることによるものなのか、被害者のグループであることによるものなのかはわからない。またこのグループの動き自体も、パワーゲームとしてリーダーの主導権を奪うために行われている試し行動なのか、被害を受けた方のトラウマ症状としての反応なのか、はたまた、自分の感情を主張できるようになる回復のプロセスの一環として肯定的にとらえるべきなのかも判断がつかなかった。頭の中でずっと、「私は春なんて気持ちになれない」と言ってその理由を冷静に話せばいいだけなのに、なぜ何人かの人はずっと何かに怒り続けているんだろう」と思っていた。

　ここに書いた反応が正しいとか間違っていると言いたいのではない。ただ、刑務所での男性受刑者たちとはかなり違っていて驚いたというだけだ。もし自分が進行者だったら、議論をしてしまったり、「まあまあ」となだめてしまったり、「トラウマ症状」という病気の話にすり替えてしまったりしただろう。しかし進行者の藤岡氏、野坂氏は冷静で、それぞれの話をじっくり聞いて、「そういう気持ちなんですね」と感情の照らし返しをしていった。すると、怒っていなかった他のメンバーも発言するようになって、違う考えも出るようになり、男性グループで起こる「頭」「論理」の話で説得され納得するという雰囲気とは異なる、情動面において時間経過とともに互いを慰めいたわり合う雰囲気が起こり、グループ全体の感情の高ぶりが収まっていくような、面白い動きを感じた。両リーダーは、リーダーが解決したり答えを出したりせず、時間をかけて気持ちや考えを吐き出してもらい、メンバー同士での解決に導くだけでなく、メンバーを被害者というラベルで見るのではなく一人の人として意見を聞いて、コミュニティ全体でその人を抱えることにも成功しており、ＴＣのやり方を見事に体現していた。これらのリーダー・メンバーの動きは、加害者相手・男性相手とは異なる新たなグループの進行を学ぶ機会となった。

その後も、もともと知り合いだったメンバー同士がグループの外での関係性で悩み、個別にリーダーに相談を持ち掛ける問題も起きたが、ＴＣの「グループのことはグループで話す」という原則に基づき、最終回の内容をほぼそっちのけでメンバーみんなで話し合いを行った。個人の話も入るので内容は割愛するが、最後には、すべての物事が解決したわけではないにしても、「ひとまず言いたいことを言い合えた」という感想が出て、残っていたメンバーは満足して最終回を迎え、ベッド・ミドラーの「The Rose」を訳詞を見ながら一緒に曲を聞き、会を終了した。とても有名で良い曲なので、是非どこかで聞いてもらいたい。「春を信じますか?」というアミティのテキストの題名にも通じる、彼女たちにとてもふさわしい曲だと感じている。

ちなみにたぬきの会は、その後被害当事者たちのグループとして正式に立ち上がり、運営が続いている。私は被害者支援のグループにはその後入っていないが、最初のメンバーたちの中には、たぬきの会に参加し続けスタッフになってくれた人もいれば、別の場所で支援に関する活動に携わっている人、今の家族を大事にして生活している人もいて、さまざまな道を歩んでいる。

対話イベントを開く

たぬきの会同様、私だけの努力で成し遂げたわけではないものの、年一回くらいのレベルで、対話イベントも開いた。多くの一般の方や支援に携わる方に当事者の声を届け、TCという手法を広げるために、とりあえず体験談を聞いてもらい、実際に参加者にも体験して知ってもらう作戦をとったという感じだ。

最初は、TCを受講した出所者のメンバーたちにスピーカーになってもらって経験を話してもらった後、参加者たちと小グループの輪になって分かち合いをする試みを何度か行った。その後、当時偶然同じ大学に所属していた矢原隆行氏（現：熊本大学大学院教授）に声をかけてもらい、矢原氏が研究・実践している「リフレクティング」という手法を用いた対話について学ぶ機会を得て、この手法を用いた出所者・支援者の対話イベントも実施した。矢原氏には、リフレクティングの手法を使っているノルウェーの刑務所への視察にも同行させてもらい、TCとはまた違った対話の手法を学んだ。

なお、リフレクティングは、ノルウェーのトム・アンデルセンが家族療法の実践からヒントを得た対話の手法で、「話す」という外的対話と、「聞く」という内的対話を分け、聞くことと話すことを行きつ戻りつしながら、互いの気持ちや意見を伝えたり、考えたりして、問題解決を図る手法である。ものすごく粗い説明でお許しいただくなら、話す側と聞く側や話す順番が決められており、あるときは誰かが話すのを聞くことに徹し、それを踏まえて聞いていた側が今度は話すというやり方である。

通常の議論や分かち合いでは、聞いて相手の言葉を理解することと、自分の考えをまとめて話すことをほぼ同時に行うが、リフレクティングでは聴くことに徹することで相手の言葉を自身に落とし込み考える過程と、自分の感情や考えを整理し話す過程が分かれていることで、より深い思索を巡らせたり、純粋に相手の言葉に耳を傾けたり、自分の言葉をきちんと練って話したりできると私は理解（体験）している。現在矢原氏は日本の刑事施設内の対話的空間創出の研究・実践にも取り組んでいる。

出所者のイベント以降も、対話サークルと称して定期的にイベントを実施している。さまざまな参加者が自己開示したり自分の気持ちを分かち合ったりしてくれて、これからもみんなそれぞれの場所で頑張ろうと温かい気持ちで終われた会もあれば、モヤモヤして終わった会もある。私が最もモヤモヤして終わったのは、性被害当事者と性加害当事者の対話の会だ。同種の会は二回ほど開催されたと記憶しているが、一回目はさほどでもなかったものの、二回目はモヤモヤが強すぎてイライラし、飲み会をしないで帰ったほどだった。

そのときの対話は、リフレクティングの形式を真似て行った。会場の真ん中に被害者三人と支援者が座る輪と、加害者三人と別の支援者が座る輪が隣り合わせで二つ並び、参加者はその周りをぐるっと囲んで座る。最初に被害者当事者三人に支援者が一人ずつ話を聞いていき、それが終わると、加害者三人に支援者（私はこの役割を担った）が一人ずつ話を聞いていく。最初は「どうしてこの場に参加しようと思ってくれたんですか」から始めるが、あとは本人が話したいことを話したり、他の人が言っていることを聞いて思ったことをその場で分かち合ったりしてもらう。一人に話を聞くのは数分程度で、時間が許す範囲で被害者の輪→加害者の輪→被害者の輪→加害者の輪と順番に話をしてもらい、最後に周囲で聞いていた人の気持ちや考えも分かち合う。ちなみに、加害者と被害者は同じ事件の当事者同士ではない。

モヤモヤしたのは単に私の心の狭さでしかないのだが、被害者に対する怒りを強く感じた。最初、被害者が自身の受けた被害やその後の影響を話しているうちは、その声と内容は心に入り「聴く」ことができていたのだが、何度か被害者の輪↓加害者の輪を繰り返していくうちに、被害者が加害者に対し「全然反省していない」「何をしたかわかっているのか」といらだつ気持ちを語り出し、自分に加害した人への怒りを今ここにいる加害者に転嫁して攻撃をし始めたように感じて、何やら加害者を守りたい気持ちになってしまったのだ。

たしかに加害者も「その表現は引っかかるでしょうね」ということも言ったし、被害者も分かち合いのルールの範囲内で話していただけなので、どちらが悪いとかという話ではない。偶然、加害者は非接触型の犯罪（覗き・住居侵入・痴漢・盗撮等）で被害者に甚大な影響を与えたという実感が乏しいゆえに、問題意識がないように聞こえた不運も重なった。とはいえ、申し訳ないという気持ちを持っていることを加害者が話しても、加害への衝動はまだ残っていてそれに向き合っていることや、犯罪歴ゆえに会社でしんどい思いをしたことなど自分のつらさを語ったことに被害者はこだわっていた。最後は被害者も「この場に出てきてみんなの前に顔を出したことは勇気があると思う」と加害当事者をたたえており、加害当事者も、厳しい言葉もあったがそれも考えさせられるきっかけになったと肯定的体験として後日語ってくれたが、私は全くもってモヤモヤして終わった。会場からも加害者が責められている感じがした、と同じ感覚を語ってくれた人もいたし、終了後に寄ってきて感想を話し

「理由はわからないけど」と泣いている学生もいたので、ある程度は言葉にできない何かが共有されていたのだと思う。

断っておくが、別に会自体が失敗だったわけではない。この会は、それぞれの気持ちを聞き、話すということが狙いなので、何かを解決することは目指していない。むしろ結論を出さずモヤモヤしたまま帰り、考え続けることも狙いにしている。被害者と加害者が直接対話し、起きた損害を修復するためであれば、修復的正義もしくは修復的対話という手法が確立されており、そのほうが優れているが、あえてその手法はとっていない。私がこのモヤモヤから実感として学んだのは、加害と被害を感情的に同時に理解し共感することは至難の業だということ、あれだけ場づくりしても、人の関係性は容易に一方通行の要求的なものになるということだ。

同時に理解し共感することはさほど難しくないという人もいるかもしれない。もちろん、知識を学び、思考面で中立に考えることはいくらでもできる。今、ここで起きていないことであれば多少冷静にもなれる。仲介者の役割を果たすため、双方の話を聞き、自分の感情や意見を除外して対話の場を設けることも、研修を受ければスキルとしては可能だろう。しかし、今、ここで、同時に両方の（複数の）立場を理解し、自分の感情や意見に折り合いをつけることは多くの人にとっては難しいのではないだろうか。私が加害者だけの味方をするつもりはなくても、そばにいたというだけで加害者をかばう気持ちを持ち被害者に怒りを覚えたように、どうしても、どちらかの味方になりどちらかの視点を取りたくなる。それが、誰かが傷ついたという出来事であればなおさら、悪者を見つけ、怒り、それをぶつけたり加害をした側を排除したりするとスッキリする。トラウマティックな組織の中でみんながら被害者になり加害者になっていることに気づかず、誰か悪者を決めて責めるのも似たような心理かもしれない。自分の気持ちを理解してもらえばよかったはずが、一方的に責め、攻撃し、相手が降伏するのを見たくなる。支援者を名乗りつつ、感情面での中立を維持し、本当の意味での対等で双方向の関係性を維持するのは、予想以上に難しいと感じた。

良いものは同じ根を持つ

ここまでは、私自身が刑務所をやめた後に取り組んだり感じたりしたことを記してきた。幸い、TCの手法を広げようとする他の頼もしい研究者・実践家もいて、その人たちの熱意に刺激を受けながら、もう一度刑務所の中のTCに戻れないか、新しいTCをつくれないかと心の中では画策している。加えて、TCの手法を学びたい、実践できたらよいと連絡してきてくれる人も少なからずいて、今後もなんらかの形でTCを、もしくはTCで学んだ成長のための場づくりのノウハウを共有し、広げていけたらと思っている。

とはいえ、TCだけが答えだとは思っていない。集団で対話すること、グループを使った治療などに関心がある方は、被害者のTCの描写、つまり話を徹底的に聴き、みんなで解決法を考えて合意し、コミュニティをつくっていくという説明を読んで「それはTCじゃなくてもやっていない?」とお感じになったかもしれない。その通りである。

人と人が集まるときにメンバーが安心感を抱き、それぞれが意見や気持ちを表現する権利と機会を持てるような「場」をつくるという点では、共通する試みが私が知るだけでもたくさんある。例えばトラウマインフォームドケアを提唱したサンドラ・ブルーム氏は、二〇一八年ごろ行われたオンライン講演で、トラウマインフォームドケアはTCの考え方も取り入れていると述べていた。コミュニティ全体を安全にしていき、そこから多くの人が利益を得られるようにするという点では根は同じだ。

ほかにも、前述のリフレクティングも、もちろん手続きや場づくりは全く違うが、自分の声を自分も聞き、相手の言葉を自分の中に響かせて考え、また自分の気持ちを言葉にすること、そして単に議論して言い分を通すというのではなく、対話を通して相手が自分の中に存在し、自分が相手の中に存在する体験をすることを核としている点は非常に似ていると感じた。

違反や犯罪が行われたときに影響を受けた人たちが話し合いで修復に向かう修復的対話・正義と呼ばれる方法に至っては、起こってしまったことをどう修復するかに重点を置く、コミュニティのメンバー全員が参加するという点ではより似通っている。先日たまたま手にした『修復的実践プレイブック——学校の規律を変容させるツール（*The Restorative Practices Playbook: Tools for Transforming Discipline in Schools*）』（Smith, Fisher, and Frey, 2022）という本には、例えば遅刻して反抗的な生徒にどう声をかけるかという教師と生徒の日常のコミュニケーションにおいて会話をいかに修復的なものにできるかといったことから、大きなトラブルが起きたときにどのように全員で対話する場をつくるかに至るまで、ルールを決めて破ったら懲罰を与えて終わりではなく、いかに生徒たちの成長につながるコミュニティをつくるかという視点に費やされており、「これはTCの本ではないか」と思うほどだった。

もちろんすべてのアプローチは違う目的で構築されてきており、雑に「一緒」と言ってはいけないのだが、それでもやはり、良い実践は共通点を持つのだと考えている。同じような例として、熟練セラピストの心理療法を観察すると、それぞれが別の心理療法を使っていて用語や話の進め方は異なるように見えたとしても、実際クライエントが感じているであろう安心感、感じられていなかった感覚や思考を引き出す方法、問題全体がすぐに解決しなくても次にこれをやってみようと励まされる感じなど、何か同じものを感じるということがある。

回復共同体は一つのアプローチにすぎないが、多様な形で対話の場が広がるには、細かいアプローチの差を超えた「対話の知恵」が共有されていくことが必要だ。研究者や実践をリードする人たちに必要なことは、自分が基盤にしている手法を正しく伝える努力をすると同時に、他のアプローチに対して排他的にならないこと、そしてつながりを持ち共通点を見出していくことだろう。もちろんさまざまなアプローチが確立されていくことを否定しているのではない。困っている人たちにとって選択肢が増えるのは良いことだ。しかし万能薬がないのと同じように、一つのアプローチがどんな人にも絶対効くという保証もない。大きな知恵の泉から別々の場所で水を汲み出している感覚を維持して、その「知恵」と「細かい技法」の両方を伝える必要があるだろう。

一方実践者たちに必要なことは、いろいろなアプローチに目移りするがゆえに、知恵を汲み取らないまま盲目的に技法だけを実践したり、コラム6で引用した、支援者も健康になるはずのトラウマインフォームドケアのはずが支援者を追い詰めるような矛盾に追い込まれたりしないように、自分のWhyをしっかり持つことだ。第4章で、気楽にTCを始めようとする人がいるがそう簡単ではないと述べたが、そこには、自分の現場において、そして自分の性格を考えるとどのアプローチが一番

「クライエントのため」になるのかという視点を欠いていることへの忠告も含まれている。自分の実践に合う、あなたの価値観に合うものを見つければよい。「そんな勝手なことを言っていたらいい加減な実践が増えるだろう」という意見もあるかもしれないが、それも真面目すぎる。支援者は、「べき」のために存在するのではない。まずはそれを手放すことから始める必要があるだろう。

あなただけができる、しかし、あなたひとりではできない

本書では、刑務所においてTCをつくってきた試みの報告を通して、刑務所という場所がどう変わっていくとよいか、それに伴い職員たちが何から始めなければいけないのかについて述べてきた。刑務所内TCをうまくつくることができたと言われたら半分はいで半分いいえだ。すでに述べてきた通りうまく対処できなかったことはたくさんある。しかし、今現在もTCのスタッフたちは奮闘して、素晴らしい空間は続いている。

この本はTCの本だが、TCが増えればそれでよいという話ではないし、むしろTCが刑務所や支援者たちがその構えを変えていくための一つのきっかけになり、新しい支援のあり方を模索する変革が進むことを望んでいる。

最後に、一方的だがさまざまな人たちに望むことを伝えようと思う。

刑務所には、表面的な「新たな試み」を導入して満足することなく、職員同士の、そして職員と受刑者の関係性についてこれまでの「支配と管理」を手放し、関係性を利用した処遇を導入できるよう

な根本的な改革を進めることを期待する。そして、刑務官たちが堂々と「我々は司法における対人支援の専門家だ」と名乗り、社会に役立っているという実感が持てるようになること（その研修体制が整うこと）を願う。

心理や福祉の専門家と呼ばれる人たちには、「倫理や適切な距離」という鎧の内側に隠れず、まずは自分自身も不足したところのある人間の一人として彼らと関わり、彼らにも育ててもらいながら関係性を築ける強い支援者になっていってくれたらと願う。その支援者はきっと、非行少年・犯罪者たちにとっては素晴らしい支援者になるはずだ。

専門家嫌い、刑務所嫌いの回復の当事者とは、互いにもう少し距離が縮められると嬉しい。先日、社会内に支援施設をつくることを計画している人たちが参考のためにいろいろな支援施設を回った後、「どこに行っても、「当事者の自分たちにしかできない」というメッセージを受け取るんですが、やはりそうなんでしょうか」と悩んで私に質問をしたことがあった。島根あさひ立ち上げ前の二〇〇八年、スタッフを連れていくつかの自助グループを回ったときにも全く同じことがあり、新卒のスタッフたちが意気消沈していたのを思い出した。依存症当事者が抑圧・差別されていた時代に、スティグマを払拭するために当事者としてのアイデンティティを主張していくことが重要なことだったことは理解するし、実際専門家を名乗る人物に嫌な思いをさせられたことがあるだろうことや、刑務所が「回復にとっては無駄だ」と思うことがあることにも共感する。ただ、「自分たち以外にはできない」「専門家気取りが口を出すな」という思いをいったん脇に置いて、どうすれば互いの長所を生かし、欠点を許せる支援体制がつくれるか、一緒に考えられる日が来たらと願っている。

ボランティアで非行少年・犯罪者の支援をしている人たちには、これ以上要求するのは違うだろう。帰る社会に、理解者がいてくれることはありがたいことだ。ただ、社会や制度が、ボランティアの熱意を美化し頼りすぎていると感じることもある。ボランティアの代表格として、日本では保護司という地域の篤志家が少年院仮退院者、仮釈放者を含む保護観察中の加害経験者の地域での支援を行っている歴史があり、ときに「日本の美しい支え合いの文化の象徴」と美化されているのを聞くことさえある。保護観察所が保護司向けの研修を行っており一定のサポート体制はあるし「専門家」になる必要はないが、さまざまな疾患の理解や犯罪行動への介入の研究が進んでいる今、やる気がある保護司が本当に支援の質を上げたいと思えば、自力でより多くの研修・学習に参加しなければならないことだろう。それにはあまりにも、地域の支援者たちが頼れる専門家の数や、その体制が足りないと感じている。併せて、被害者遺族が加害者の支援をする様子などが映像化されて注目されたりもしているが、活動そのものは素晴らしいことだとしても、「感動」が優先して、その人たちが素人であるにもかかわらず情熱で関わりバーンアウトするおそれや、一人のカリスマの活動として持続可能なものになっていないことにもっと周囲が気づかなければいけないと感じることもある。少しだけ紹介した修復的対話・正義の試みでは、加害者・被害者・地域社会の人たちみんなが参加して起きた損害について話し合ったり、出所してきた加害者を地域の人たちがチームで支え、専門家がサポートしたりする活動などもある。被害者だけが、ボランティアだけが頑張るのではなく皆さんが持っている情熱と一般市民としての感覚を存分に発揮してもらえるような社会への働きかけの方法を模索できたら嬉しい。

刑務所に批判的な方たちには、刑務所の、刑務所職員の痛みにも少し目を向けていただけたら嬉しい。加害者になった背景を理解し受刑者の人権を尊重して処遇すべきだと思っていただけるなら、職員が置かれたシビアな環境に少し想いを馳せていただき、その環境を変えることに少し力を貸していただけたらと願う。私は法務省の代表ではないのでお願いする筋合いはないのだが。

最後に、受刑者は怖いなと思っている人たち、そして、そんな奴らは一生出てくんな、と思っている人たちには、是非、犯罪や加害・被害の問題に関するものでなくてもいいのでなんらかの対話の場に参加してみてくれたら嬉しい。アメリカで保護観察所に行き修復的対話の試みについて聞いた際、担当者が話してくれたことがある。「とにかく実際に参加してみることだね。すごいマッチョで、厳しく指導すべきだって思っていた保護観察官も、実際に対話の場を見学して、加害者がどんな顔で自分のことを説明するか、対話が互いの理解を進め、結局は起こした害を修復するってわかると、みんなすぐに変わっていくよ」。実際に会って話を聞いたら全然思っていたのと違ったという発見が待っているかもしれない。また、是非自分のことを語る経験もしてほしい。私たちは皆、何かしらの当事者性を持っている。そして意外と、人に自分の話をじっくり聞いてもらう機会はない。話してみると思いもよらぬ傷を思い出したり、傷つけられて二度と回復しないと思っていたしこりが変化したり、これが自分だと思っていたものが違っていたことに気づいたりするかもしれない。ぜひ、発見を楽しんでいただきたい。そして「え〜そんなのに参加するの面倒だな」という始まりから「参加して良かった！」へのプロセスを感じることができたなら、それと同じものをＴＣの訓練生たちも経験したのだと少し思い出して身近に感じてもらえたら幸いである。

第Ⅲ部の最初に書いたように、私たちがいる社会は、単に出所した人を「受け入れる場」ではなく、

「生み出す場」にもなっている。みんなで肩を組んで友達になって歌おうなどとは言わない。それぞれが、自分の握りしめていた価値観を手放し、「関係をつなぐ」ほうに向けて手を伸ばし、互いに触れ合うだけで、世界の見え方は変わる。そしてもしかすると、社会が少しだけ、変わっていくかもしれない。

あなただけができる、しかし、あなたひとりではできない。

あとがき

最初にアミティを訪問して約二十年、島根あさひを退職して八年経った二〇二三年十一月、再びアリゾナ州にあるアミティの施設の一つを訪れた。大きなサボテンが乱立する乾いた土地を運転していくと、見慣れた看板が見えてくる。最初に来たころの自分と今の自分を比較して走馬灯のようにこれまでの記憶を懐かしく思い出し……というのは嘘で、いくつもの感情が一気に押し寄せ、引き波に足を取られないように踏ん張るときのように、しばし無言で固まった。主な感情は、うまくやれなかったという悔しさだ。そこには、いろいろなことにスマートに対処できなかった後悔や、必死になりすぎて気持ちを踏みにじっていたであろう当時のスタッフへの申し訳なさ、最後は投げ出す形になったことへの不甲斐なさなどが混じり合っている。もう一つの感情は、一番好きだった現場から離れた喪失感。前は仲間と来ていたのに、今はTCに関わることはできておらず、ここに一人で来ている。あんなに好きだった受刑者たちとのわちゃわちゃとした日常は送れない。実践の残り香を嗅ぐように原稿を書いたりTCの話をしてきたりしたが、本当はもう終わってしまっているんだよな、と改めて感じた。

と、このように一瞬感傷に浸ってしまったが、単純なことに翌日は元気満々でアミティを去ることになる。それは、アミティというコミュニティの、変わりながら変わらないままでいる、そのしなやかさと強さを目の当たりにしたからだ。実は訪問する前に、「最近のアミティはすっかり様子が変わって違うものになっていた」という噂を聞いていた。行ってみて、たしかにその人の言うことも一理あると感じる面もあった。二〇二二年、創始者の一人ナヤ・アービター氏が逝去し、そのパートナーであるロッド・ムレン氏も引退、二十年前の私たちの訪問時にいたロビンさんも翌年引退だという。ナヤさんのカリスマ性と彼女が出す神聖な雰囲気によって凝集性を保っていたコミュニティは、キャンパスと呼ばれる施設の数も増え、広報など組織運営専門スタッフなども増えてますます「組織化」している。助成金をもらえる場所のニーズに合わせて滞在期間や人の構成も変化しているようだ。人数の増加により全員で集まるミーティングの頻度は減り、朝晩のミーティングは男女別で行うこともあるという。建物は増え、複雑な組織になっているという印象は否めない。

しかし、歩いてみると、そしてグループに参加してみると、「あ、大丈夫だな」と安心した。アミティのメンバーたちが私に、アミティが自分にとってどういう変化の場所になったかを語ってくれるときの目の輝きや、その変化の過程、TCの意義を語る様は、以前と全く同じだったからだ。そして、より詳しく聞いてみるとロッドさん、ロビンさんは第一線からは引いているものの、各キャンパスにいるスタッフたちを選抜し、TCの理念を学び、議論する一日八時間×五日間の集中研修を実施し、理念や歴史が忘れ去られないように手を打っているという。また、ナヤさんの理念を受け継ぎながら新しいテキストを書いてくれる素晴らしい次世代も見つかっていた。メンバーの中には若くまだ家族との関係修復が必要な人もいることから、以前は行っていなかった家族のグループを実施しているなど新たな試みも続けている。大きな木の下にあり気持ち良かった屋外の「パビリオン」と呼ばれるサークルができる場所は、気候変動で木が枯れてしまっていたが、代わりに日よけのタープが張られ、その中にはナヤさんを追悼する石碑が立ち、相変わらず、いや以前よりもバージョンアップして、心地良く神聖な気持ちになれる場所を維持していた。そんな様子を見ていたら、自己憐憫に浸っている自分が恥ずかしくなったのだ。

よく考えれば、島根あさひのTCだって、枠組み的、文化的に難しい部分は自分たちなりに変えてきたじゃないか。そしてできることを加えてきたじゃないか。変わらないために変わり続けること。形態を変えても、その理念や魂を失わないこと。失敗したなら次につなげること。状況が以前と変わっていてもその環境でやれることをやること。それは、TCで私自身が出所していく彼らに言い続けてきたことでもあった。また、やれることから頑張ろう、という気になった。

本書を書くことは、思った以上に大変だった。端的に文章を書くのが下手だということもあるが、あるときはいろいろと思い出しては怒りに任せて文句を書きまくって後から我に返って全部消し、あるときは文字にするために当時の感情や考えを掘り下げてなぜあんな目に遭わなければいけなかったか悔しくて泣き、自分がしでかしたことを思い出しては後悔や恥の気持ちでいっぱいになって、PCに向き合うたびに当時のことがよみがえり情緒不安定になった。穏やかで冷静な気持ちで書けないがゆえに、言っていることがあちこち変わっていたり、批判したかと思えば反省したりとその不安定さが読者にも伝わってしまって読みづらかった面もあるのではないかと思う。素直な気持ちであまり止まらず書けたのは、ＴＣの訓練生たちの変化の物語だ。さまざまな講演や研修で話し慣れているのもあるかもしれないが、彼らの努力と成長は、私の人生の中での希望を象徴しているがゆえだろう。

本書を書くにあたり声をかけてくださり、私の読みづらい文章をより良くする助言をたくさんいただいた青土社の山口岳大氏にはお礼を申し上げたい。そして、何度もいいから書けと繰り返される書き直しに根を上げ「もう誰にも読まれなくてもいい」としょげる私に「なんでもいいから書け。私は読みたい」と常に励ましてくれた藤岡淳子氏にも心から感謝したい。司法領域に入る時点から今日まで常に、藤岡氏は私をときに励まし、ときに尻を叩き、導いてくれた教師である。

二〇二五年六月までに拘禁刑という新しい刑が始まり、刑務所の処遇も新たな展開を見せる。対話に基づくアプローチが広く導入されるようになり、手厚い人員配置で先進的な処遇を行う実験的な刑務所もでき、刑務所も独自にさまざまな形で変化への模索を続けている。そんな流れを見ていると、嫌な記憶を思い出し「いろいろやったって組織風土が変わらなきゃ表面的なもので終わりだぜ」という批判的な意見を持つ自分と、法務省にいる優秀で心ある人たちが流れを変え改革を進めることに期待する自分と、そして「自分はもう部外者でそこに絡むことができないぜ、ちぇっ」とすねる自分が出てくる。それでも本書で、読者にも社会の一員として自分にもできることをしようと呼びかけた以上、恥ずかしくないよう前向きに、できることから少しずつやっていこうという気持ちでいる。

アミティのナヤさんが二〇〇九年に島根あさひに来た際、くれた手紙がある。美しい蝶のブローチを添えて渡してくれたその手紙は以下の通りだ。

この蝶は先住民のズニ族の蝶をかたどったもので、あなたの仕事がうまくいくようにという願いが込められています。

蝶は変身する生き物であり、幼虫から美しい存在へと変化することから、希望を理解している生き物です。

蝶は一生懸命働き、花から花へと飛び回ります。

子どもたちに喜びをもたらし、刺すこともありません。

とても優しく、多くのことを成し遂げます。

決して争うことなく、行く先々で美をもたらします。

あなたには、蝶がさなぎから羽化するのを助けるという、大きな責任を担っています。

素晴らしい春を過ごせますように。

本当にありがとう。

ナヤ&ロッド

二〇〇九年十二月

この手紙をもらった当時は、「そうか、私は訓練生たちが蝶になるのを助けているんだ」と仕事の意味付けに感銘を受け、しんどくなると自分の仕事の価値を思い出すためのお守りにしていたが、今改めて読んでみると「刺したり喧嘩したりしない。優しく、多くのことを成し遂げる」という表現を見て、「そもそも私が蝶じゃなかったな」という反省の気持ちが湧いてきた。

今後は、まず自分が蝶のようになれるよう心がけたいと思う。そしてあちこち飛び回りできることをし、何かをもたらせるようになることを心がけよう。「できること」の模索をし、花から花へ飛び回るの道のりの中で、飛び回る美しい蝶である読者や対人支援をしている皆さんと、どこかで互いの道が交わるような出会いがあれば、これ以上嬉しいことはない。

二〇二四年十月

毛利真弓

文献一覧

【英語文献】

Asukai, N., Kato, H., Kawamura, N., Kim, Y., Yamamoto, K., Kishimoto, J., Miyake, Y., and Nishizono-Maher, A. (2002) Reliability and Validity of the Japanese-language Version of the Impact of Event Scale-revised (IES-R-J). Four Studies of Different Traumatic Events. *The Journal of Nervous and Mental Disease*, 190(3), 175-182. チェックリストは一般にも公開されている。https://www.jstss.org/docs/2017121200368/file_contents/IES-R2014.pdf（最終閲覧：2024 年 10 月 4 日）

Bartol, C. R. and Bartol, A. M. (2005) *Criminal Behavior. A Psychosocial Approach*. 7th ed. Upper Saddle River, N. J.: Pearson Prentice Hall.〔C.R. バートル＋ A.M. バートル（2006）『犯罪心理学——行動科学のアプローチ』（羽生和紀監訳）北大路書房〕

Bion, W. R. (1961) *Experiences in Groups and Other Papers*. London: Tavistock Publication.〔ウィルフレッド・R・ビオン（2016）『集団の経験——ビオンの精神分析的集団論』（ハフシ・メッド監訳）金剛出版〕

Birtchnell, J. and Shine, J. (2000) Personality Disorders and the Interpersonal Octagon. *British Journal of Medical Psychology*, 73(4), 433-448.

Bloom, S. L. (2010) Organizational Stress and Trauma-Informed Services. In: Levin, B. L. and Becker, M. A. (eds.) *A Public Health Perspective of Women's Mental Health*, New York: Springer, 295-311.

Deitch, D. A., Koutsenok, I., and Ruiz A. (2004) In-Custody Therapeutic Community Substance Abuse Treatment. Does It Have an Impact on Custody Personnel? *Criminal Justice Policy Review*, 15(1), 61-83.

De Leon, G. (2000) *The Therapeutic Community. Theory, Model, and Method*. New York: Springer.

Elliot, W. N. (2006) Power and Control Tactics Employed by Prison Inmates. A Case Study. *Federal Probation*, 70(1), 45-48.

Foucault, M. (1975) *Surveiller et punir. Naissance de la prison*. Paris: Éditions Gallimard.〔ミシェル・フーコー（1977）『監獄の誕生——監視と処罰』（田村淑訳）新潮社〕

Goethals, I., Soyez, V., Melnick, G., De Leon, G., and Broekaert, E. (2011) Essential Elements of Treatment: a Comparative Study between European and American Therapeutic Communities for Addiction. *Substance Use & Misuse*, 46(8), 1023-1031.

Hobson, J. and Shine, J. (1998) Mesurement of Psychopathy in a UK Prison Population Referred for Long-term Psychotherapy. *The British Journal of Criminology*, 38(3), .504-515.

Kennard, D. (2004) The Therapeutic Community as an Adaptable Treatment Modality across Different Settings. *The Psychiatric Quarterly*, 75(3), 295-307.

Kurtz, E. (1979) *Not-God. A History of Alcoholics Anonymous*. Center City, Minn.: Hazelden Educational Services.〔アーネスト・カーツ（2020）『アルコホーリクス・アノニマスの歴史――酒を手ばなした人びとをむすぶ』（葛西賢太・岡崎直人・菅仁美訳）明石書店〕

Lerner, M. J. (1980) The Belief in a Just World. In: *The Belief in a Just World. Perspectives in Social Psychology*. Boston: Springer.

Martinson, R. (1974) What Works? Questions and Answers about Prison Reform. *The Public Interest*, 35(1), 22-54.

Maruna, S. (2001) *Making Good. How Ex-convicts Reform and Rebuild Their Lives*. Washington, D.C.: American Psychological Association.〔シャッド・マルナ（2013）『犯罪からの離脱と「人生のやり直し」――元犯罪者のナラティヴから学ぶ』（津富宏・河野荘子監訳）明石書店〕

Newell, T. and Healey, B. (2007) The Historical Development of the UK Democratic Therapeutic Community. In: Parker, M. (ed.) *Dynamic Security. The Democratic Therapeutic Community in Prison*. London/Philadelphia: Jessica Kingsley Publishers.

O'Brien, W. B. and Henican, E. (1993) *You Can't Do It Alone. The Daytop Way to Make Your Child Drug Free*. New York: Simon & Schuster.〔ウィリアム・B・オブライアン＋エリス・ヘニカン（2008）『薬物依存からの脱出――治療共同体デイトップは挑戦する』（吉田暁子訳）日本評論社〕

Porporino, F. J. (2010) Bringing Sense and Sensitivity to Corrections: from Programmes to 'Fix' Offenders to Services to Support Desistance. In: Bayford, J., Cowe, F., and Deering, J. (eds.) *What else work? Creative Work with Offenders*. Cullompton: Willan, 61-85.

Roberts, J. (1997) History of the Therapeutic Community. In: Cullen, E., Jones, L., and

Woodward, R. (eds.) *Therapeutic Communities for Offenders*. Chichester/New York: Wiley.

SAMHSA's Trauma and Justice Strategic Initiative (2014) SAMHSA's Concept of Trauma and Guidance for a Trauma-Informed Approach.〔SAMHSAのトラウマと司法に関する戦略構想（2018）「SAMHSAのトラウマ概念とトラウマインフォームドアプローチのための手引き」（大阪教育大学学校危機メンタルサポートセンター・兵庫県こころのケアセンター訳）http://ncssp.osaka-kyoiku.ac.jp/mental/wp-content/themes/original/images/mental_care/1_1.pdf（最終閲覧：2024年10月4日）〕

Smith, D., Fisher, D., and Frey, N., *The Restorative Practices Playbook: Tools for Transforming Discipline in Schools*, Corwin, 2022.〔ドミニク・スミス、ダグラス・フィッシャー、ナンシー・フレイ『学校に対話と尊重の文化をつくる――修復的実践プレイブック』（毛利真弓・藤岡淳子訳）明石書店、近刊〕

Smith, K. K., Simmons, V. M., and Thames, T. B. (1989) "Fix the women". An Intervention into an Organizational Conflict Based on Parallel Process Thinking. *Journal of Applied Behavioral Science*, 25(1), 11-29.

Stevens, A. (2013) *Offender Rehabilitation and Therapeutic Communities. Enabling Change the TC Way*. London: Routledge.

United Nations Office on Drugs and Crime, *Handbook on Dynamic Security and Prison Intelligence*, New York: United Nations, 2015. https://www.unodc.org/documents/justice-and-prison-reform/UNODC_Handbook_on_Dynamic_Security_and_Prison_Intelligence.pdf（最終閲覧：2024年11月18日）

Vanderplasschen, W., Vandevelde, S., and Broekaert, E. (2014) *Therapeutic communities for treating addictions in Europe: evidence, current practices and future challenges*. Luxembourg: Publications Office of the European Union.

Veysey, B. M. (2014) Desistance and Other Identity Transformation Processes. Promising New Directions. 刑事政策公開講演会（2014年1月30日、法務省主催）配布資料。

Warren, K. L., Doogan, N., De Leon, G., Phillips, G. S., Moody, J., and Hodge, A. (2013) Short-Run Prosocial Behavior in Response to Receiving Corrections and Affirmations in Three Therapeutic Communities. *Journal of Offender Rehabilitation*, 52(4), 270–286.

Wexler, H. K. and Love, C. T. (1994) Therapeutic Communities in Prison. In: Tims, F. M., De Leon, G., and Jainchill, N. (eds.) *Therapeutic Community. Advances in Research and Application*, Rockville, MD: U.S. Department of Health and Human Services, Public Health Service, National Institutes of Health, National Institute on Drug Abuse, 181-208.

White, W. L. (1998) *Slaying the Dragon. The History of Addiction Treatment and Recovery in America*. Normal, Ill.: Chestnut Health Systems.〔ウィリアム・L・ホワイト（2007）『米国アディクション列伝 Slaying the dragon——アメリカにおけるアディクション治療と回復の歴史』（鈴木美保子ほか訳）ジャパンマック〕

Zehr, H. (1995) *Changing Lenses. A New Focus for Crime and Justice*. Scottdale, Pa.: Herald Press.〔ハワード・ゼア（2003）『修復的司法とは何か——応報から関係修復へ』（西村春夫・細井洋子・高橋則夫監訳）新泉社〕

【日本語文献】

亀岡智美（2023）「精神看護におけるトラウマインフォームドケアの視点」『日本精神保健看護学会誌』32 巻 2 号、67-73 頁

坂上香（2012）『ライファーズ——罪に向きあう』みすず書房

佐藤寛・高橋史・松尾雅・境泉洋・嶋田洋徳・陳峻雯・貝谷久宣・坂野雄二（2006）「Social Problem-Solving Inventory-Revised(SPSI-R) 日本語版の作成と信頼性・妥当性の検討」『行動療法研究』32 巻 1 号、15-30 頁

鈴木純一（2014）『集団精神療法——理論と実際』金剛出版

セカンドチャンス！編（2011）『セカンドチャンス！——人生が変わった少年院出院者たち』新科学出版社

武井麻子（2017）「集団精神療法の歴史と広がり」日本集団精神療法学会編集委員会監修『集団精神療法の実践事例 30——グループ臨床の多様な展開』創元社、4-24 頁

野坂祐子（2019）『トラウマインフォームドケア——“問題行動”を捉えなおす援助の視点』日本評論社

深谷裕・森久智江・藤岡淳子（2020）「感情労働者としての刑務官」『立命館法学』386 号、128-159 頁

藤岡淳子編著（2008）『関係性における暴力——その理解と回復への手立て』岩崎学術出版社

藤岡淳子編（2020）『司法・犯罪心理学』有斐閣

法務省（2022）「矯正統計調査（新受刑者の罪名別　能力検査値）」https://www.e-stat.go.jp/stat-search/files?stat_infid=000040081416（最終閲覧：2024 年 10 月 4 日）

法務総合研究所（2003）『犯罪白書 平成 15 年版』

———（2022）『犯罪白書 令和 4 年版』

———（2023）『犯罪白書 令和 5 年版』

毛利真弓（2018）「日本の刑務所における治療共同体の可能性——犯罪からの回復を支える「共同体」と「関係性」の構築に関する現状と課題」大阪大学人間科学研究科博士論文

毛利真弓（もうり・まゆみ）
1977年生まれ。臨床心理士、公認心理師。大阪大学大学院人間科学研究科博士後期課程単位取得退学。博士（人間科学、2019年）。2001年に愛知教育大学大学院教育学研究科を修了した後、名古屋少年鑑別所法務技官兼法務教官、株式会社大林組官民協働刑務所島根あさひ社会復帰促進センター社会復帰支援員を歴任。その後、広島国際大学心理臨床センター助教を経て、現在、同志社大学心理学部准教授。専門は非行・犯罪臨床心理学。回復共同体を用いた犯罪者の回復支援、性問題行動を起こした人の査定と処遇について実践と研究を行っている。共著に『性問題行動のある子どもへの対応――治療教育の現場から』（誠信書房、2023年）、『司法・犯罪心理学』（有斐閣、2020年）、『治療共同体実践ガイド』（金剛出版、2019年）、『アディクションと加害者臨床』（誠信書房、2016年）など。

刑務所《けいむしょ》に回復共同体《かいふくきょうどうたい》をつくる

2024年12月10日　第1刷印刷
2024年12月30日　第1刷発行

著　者　　毛利真弓
発行者　　清水一人
発行所　　青土社
〒101-0051　東京都千代田区神田神保町1-29　市瀬ビル
電話　03-3291-9831（編集）　03-3294-7829（営業）
振替　00190-7-192955

印刷・製本　シナノ印刷
組　版　フレックスアート
装　丁　山田和寛＋竹尾天輝子（nipponia）

ISBN978-4-7917-7689-4　Printed in Japan